冲击与回应

从历史文献看近代中国

[美] 费正清 邓嗣禹 | 著　陈少卿 | 译

CHINA'S RESPONSE TO THE WEST
A DOCUMENTARY SURVEY, 1839———1923
BY JOHN KING FAIRBANK & SSU-YÜ TÊNG

民主与建设出版社
·北京·

目　录

选文目录

1979 年版前言

同 20 多年前本书刚出版时相比，相关主题的文献已经扩充数倍。北京、上海和台北出版了大量的史料和专著，"中央研究院"近代史研究所的一系列研究尤其引人注目。此外，大量日文、西文（尤其是英文）的研究成果也层出不穷。这个主题的文献目录已经今非昔比了。

但是，这个主题本身（包括中国学习西方技术以应对自身紧迫问题的需求）并没有被扔进历史的垃圾堆，反而焕发出新的生机。如今我们依然需要历史的视角，因为今日中国的现代化蓝图在许多方面同百年前的自强运动如出一辙。从这种比较来看，本书仍是这个影响深远的时代（1839—1923）最具代表性的文献选集，本书关注的人物和文献仍具有头等的重要性。

这一定程度上是因为，近几十年中国轰轰烈烈的社会革命在 1923 年之后才崭露头角。再大胆些讲，激进的新思潮从 1923 年起逐渐壮大，以新思潮为指导的新的文献编纂标准建立了起来，但这一新标准并未使本书收录的文献过时。例如，民间信仰的历史、农民抗争的历史、妇女解放的历史、现代白话文学的历史、中国法律的历史以及海外华人的历史，都从尘封的记录中被发掘出来，并被摆上了研究的前沿。我们通过再编一套文献选集来反映史学研究的新进展，这种补充使得近代中国的广阔图景变得更加完整，但不会让本书的材料显得没用或者无关紧要。

正如敏锐的批评家们所指出的，"中国回应西方"的概念意味着对"刺激（或挑战）/回应"观点的接受。阿诺德·汤因比（Arnold Toynbee）在其12卷的《历史研究》（1934—1961）中使这一生物社会学概念广为人知；这一观点似乎低估了中国自身的传统和创造力——似乎中国人只能被动接受外来影响，他们积极地投身变革也只是为外来影响所驱动。我们承认，"刺激/回应"概念确有其局限，因为"刺激"和"挑战"是暧昧而模糊的表述，它们既可以表示主观感受到的刺激，也可以表示自觉认识到的挑战，甚至可以表示客观条件的变化——以历史学家的后见之明看来，似乎它在"刺激"或"挑战"。

如果您稍微翻过本书的内容就会发现，我们一开始就提出："'刺激'（或'冲击'）和'回应'的表述并不严谨。我们斗胆假设'西方冲击'曾发生在前，仅仅是因为我们所谓的'中国回应'的行为发生在后。这种'中国回应'正是我们要研究的，但它显然是中国整体行为的一个部分。换言之，'西方冲击'仅仅是中国多样图景中的元素之一。要解读这种回应是困难的，我们必须把它放在中国的总体历史中考察。"所以，我们在编写本书时，将"中国思想传统的若干因素"作为首要的主题。

本书收尾于中国人初步接受马克思列宁主义的1923年。但是，外来影响（来自苏联、日本、美国以及其他国家）继续影响着中国历史。历史学家的解释任务与日俱增。我们仍然必须研究中国人对外部世界的观念及其应对方法，但这只是近代中国伟大革命的线索之一。

埋头于这个领域的中文史料的研究者需要许多学术工具，如引用注释、史料指南和出版物的文献目录，以及本书中出现的英汉姓名和术语对照表。这些工具在本书的姊妹篇《〈冲击与回应〉研究指南》（哈佛大学出版社，1954，以下简称《研究指南》）中应有尽有。

如果本书在今天还有些用处的话，那是由于它的成书不仅靠着两位主要编者的努力，还凝结着致谢中提到的房兆楹、孙任以都等其他30多位学者的汗水。他们在一个相当狭小且同质化的领域里，共同代表着当时的汉学研究水准。最初在1950年传阅的版本是一份篇幅巨大的稿本，得到了太平洋国际学会和洛克菲勒基金会人文学部的支持。所幸的是，太平洋国际学会未被20世纪50年代初的麦卡锡狂热所断送，而当时洛克菲勒基金会在美国提倡和鼓励中国研究已经有20年了。此番对1961年版进行重印，或许可以看作对三个人的远见的致敬，他们是太平洋国际学会的威廉·L.霍兰德（William L. Holland）、洛克菲勒基金会的大卫·H.史蒂文斯（David H. Stevens）和美国学术团体协会（ACLS）的莫蒂默·格雷福斯（Mortimer Graves）。土生土长的美国学者还会说，本书是美国汉学深深受惠于华人学者的又一例证。

费正清　邓嗣禹

1979年3月

3

致　谢

太平洋国际学会的秘书长威廉·L.霍兰德先生最早激发了我们编写本书的想法。本书的完成得益于太平洋国际学会和洛克菲勒基金会人文学部的赞助。从一开始，它就是一家中国研究专家的"合资公司"，他们在各个层面上的贡献可谓剪不断理还乱，如果要写一份详细的致谢声明，恐怕会比一份控股公司的报税单还要复杂。对本书贡献最突出的还要属房兆楹先生和孙任以都女士。房先生的贡献主要在19世纪的部分，孙女士的贡献则主要在20世纪的部分。他们是本书的合著者，虽然并不为最终结果负全责。毕乃德（Knight Biggerstaff）、休中诚（E. R. Hughes）、刘广京、施维许（Earl Swisher）、韦慕庭（C. Martin Wilbur）、芮玛丽（Mary C. Wright）等或是提供了原始手稿，或是为1950年的初稿写了大量评注。坂野正高、狄百瑞（Theodore de Bary）、弗兰克·L.本斯（Frank L. Benns）、欧仁·P.鲍德曼（Eugene P. Boardman）、卜德（Derk Bodde）、康拉德·布兰特（Conrad Brandt）、陈受颐、裴开明、玛莎·戴维森（Martha Davidson）、徐中约、洪业、马里乌斯·詹森（Marius Jansen）、列文森（Joseph R. Levenson）、拉尔夫·鲍威尔（Ralph Powell）、史华慈（Benjamin Schwartz）、苏钧炜、斯坦利·斯皮克特（Stanley Spector）、钱存训、卫德明

4

（Hellmut Wilhelm）、魏特夫（Karl A. Wittfogel）、芮沃寿（Arthur F. Wright）、杨联陞、于震寰等对本书提出了同样宝贵的批评和建议。在此，我们要特别感谢胡适博士对本书第26章提出的建设性意见。我们还要由衷地感谢陈爱丽为本书的参考文献目录和术语表提供的专业帮助，感谢罗沙蒙德·查普曼（Rosamond Chapman）在编辑方面的帮助。关于本书的技术性细节，请参看其姊妹篇《〈冲击与回应〉研究指南》。

按：《研究指南》一书已另行出版。之所以另出，是因为我们希望能使有兴趣的读者更易接受《冲击与回应》一书本身。《研究指南》包括简短的参考注释（与正文中的标号对应），若干对史料的进一步探讨，一份完整的中、英、日文的参考文献目录，以及一份中文术语表。所有这些资料都是为汉学研究者准备的。虽然这样的专家在我们看来是美国的宝贵财富，但不幸的是他们的人数实在太少，所以这本为他们编写的书将另行出版。

费正清　邓嗣禹

1953年9月

第一部分

问题和背景

第 1 章

导　论

　　本书关注的是中国近代历史上最引人入胜却又最为人忽视的一个侧面——中国士大夫阶层如何面对西方的强势扩张，如何理解一个陌生的文明，如何存续自己的文化、政治和社会体制。

　　中国是世界上最庞大的统一文明，拥有最悠久且未中断的历史。19世纪中国对西方的失败，必然地引发了一场既久且剧的思想革命。这场革命至今仍未结束。传统的朝贡体系由中国和"外夷"构成，"外夷"就是中国人所知的全部世界。随着1842年中英《南京条约》的签订，这个体系走到了尽头。1842年之后的整整一个世纪，中国一直被束缚在以不平等条约为特征的国际体系中。这个条约体系是由西方列强建立的，《南京条约》正是其开端，而它的终结则要等到1943年。

　　"条约体系"的一百年，是欧美社会扩张并占据支配地位的一百年。在此期间，古老的中国社会越来越深地卷入与欧美社会的联系之中。在工业革命的刺激下，中西碰撞对中国的传统社会造成了灾难性的后果。在社会生活的每个领域，旧秩序都遭到挑战、非难、侵蚀甚至颠覆。而造成这一切的，就是那个强势而陌生的西方触发的一系列变革——这一变革涵盖政治、社会、思想、文化等各个方面。

稳固的中国传统社会结构的崩解，就像彗星接近地球时，地壳会被巨大的引力撕裂。最终，旧中国的残余——服饰和举止、文言和复杂的皇权政治、宗族依赖和儒家伦理，以及一切属于辉煌过往的文物制度——统统要被扔进历史的熔炉里回炉再造。旧秩序在三代人的时间里就改变了。

四千年的古老中国拥有着最庞大的人口，在许多文化领域有着最高水准的成就，却在几十年内脱胎换骨。急遽的变革对西方人而言并不新奇，但近代中国的变革之剧还是超乎我们的想象：它以史无前例的规模和速度，完成了旧秩序的瓦解和新社会的重建。

近代中国：理解上的问题

在这激荡的百年间，中西社会的碰撞最终使得中国共产党成功夺取政权。注意到这一点的西方人恐怕会非常不安。这一事件无疑对美国的亚洲政策具有最深远的历史影响，所以每一个有头脑的美国人都该花点气力去理解它的意义。是否真的像有些人认为的那样，中国共产党人的胜利就等于对西方的排斥？或者在某种程度上，这是中国在某些方面接受西方的最后一步？又或者，这只是中国自身不断演进过程的最新阶段？对于这些过于简单化的问题，是不能指望有什么答案的。以上三种解释，甚至更多的其他解释，可能都有证据支持。中国的新秩序具有强烈的民族主义色彩，它反对一切形式的对西方的屈服（比如"不平等条约"）；迄今为止，它是根正苗红的国际共产主义运动的一支，但是很少有人愿意承认，该运动也是一种"西方影响"；同时，该运动显然也是中国内部长期的革命进程的顶点。

本书预设的前提是，要理解近代中国，必须将其置于中西接触的大背景下。要理解中国共产党也不例外。认识中国传统社会的发展固然必要，但是要把握近代中国，仅靠周公之礼、孔孟之道或朱子之学是远远不够的。近代中国的经验告诉我们，新的力量在发挥作用。探究这种新力量的滥觞与壮大，也要以百年来的西方影响为背景。民族主义、一党执政、人民至上、技术崇拜、青年主导、妇女解放——所有这些新的因素都得自同西方的接触。另一方面，今天中国的政治特征既是共产主义的题中之义，也是传统中国的流风余韵，但是基督教西方会矢口否认其中也有自己的一份功劳。

尽管几十年来中国的变化如此剧烈，旧传统在今天依然强韧得骇人。在近代中国的表层下，中国传统文明土脉深厚，新种子想要生根发芽，首先要适应它。在研究中，我们不可避免地要区分中国传统遗产和西方近代影响。我们假定，近代中国之所以为近代中国，二者都做出了不同程度的贡献（本书为"近代中国"所设的下限是1949 年，由于对共和国所知甚少，难予置评，只得付之阙如）。过去的百年间，历史的遗产和西方的影响究竟如何互动，是问题的要害所在。在许多案例中，中国传统和外国影响往往打成平手。例如，在法律领域，我们或许可以说（等到法学家们更多地致力于中国研究的时候），西方法律本身虽然没有取代中国法律，但西方法律的影响却侵蚀了儒家道德。而儒家道德是政府行政和实现社会正义的基石。或许可以这么说，儒家道德这个基础被削弱了，而西方法律体系却未能立足扎根，结果是中国悬在了二者之间。

本书研究的时段是 1839 年到 1923 年，因为这个时段横跨了从西方列强叩关入侵到中国接受马列主义的近一个世纪。1839 年，钦差大臣林则徐（1785—1850）为了解决鸦片问题，销毁了外国商人囤积的鸦片。此举直接导致了古老朝贡体系中的中国同强势扩张中的英国间的正面交锋。1923年，曾领导共和革命以推翻清朝帝制的孙中山（1866—1925），最终接受了俄国布尔什维克的革命方略（但没有接受其主义）。林、孙二人是各自时代的先驱者，而他们之间却横着巨大的鸿沟，很难理解对方的话语。林则徐受的是传统的儒家经典教育，孙中山则毕业于西医书院。林则徐是清朝皇帝的代表，自秦始皇统一以来，中国有过28个或统一或割据的王朝，清王朝是第29个。而孙中山大半生的奋斗就是为了推翻这个朝廷。最终，他接受了布尔什维克的奥援，目的就是为了建立一个足以取代清帝国的政权。

吊诡的是，林、孙二人表现出一个共同点，即近代中国惊人的多元性背后的统一性。无论是作为旧式官僚的林则徐，还是作为现代革命家的孙中山，都非常关心中国的国家治理；他们都感受到了西方的刺激，并做出了强烈的回应；他们都是爱国者；他们像本书涉及的所有其他官员、学者和革命家一样，极其关心中国的命运，关心中华文明及其生活方式。在这充满动荡的百年间，中国人为了救亡图存提出了种种意见、构想、分析和计划，贯穿其间的是一条文化纽带——中华民族自古就是统一体的强烈意识。"天下"和"中国"一直是中国人心中的基本概念，是中国改革者思考的起点。所以1839年至1923年间，中国的统治阶层都秉持本族中心主义和中国中心主义。虽然国际共运的研究者认为，独立于莫斯科的民族主义（即"铁托主义"）在共产主义运动中是极罕见的异数，但不少中国史的研究者感到，中国共产党人终究还是依循了前人的足迹。

要研究任意两个社会之间的文化渗透，都要考虑许多自变量。我们必须归纳出两个社会的价值体系或价值追求，并将其描绘出来。

这项任务有时会使我们归纳的东西流于空泛，几乎达到没有意义的程度。我们必须比较"美国生活方式"和"中国生活方式"。跨文化研究者不仅要出入于两种文化之间，还须同时生活在过去和现在；他既要能欣赏旧中国的儒家思想，又要能领会新英格兰的功利主义。这几乎是一项不可能完成的任务，因为我们对前近代中国的生活和思想知之甚少。然而，无论如何我们都要竭尽所能。本书就正于读者的文献和评注，正是朝这个方向迈出的第一步。

若干基本定义

让我们从"正名"开始。首先，有一种看法须加以澄清。有些人认为，前近代或"传统"的中国（亦称"儒教国家"）是陈旧、停滞、落后、一成不变的。这种看法去实际甚远。中国社会一直变动不居，新旧制度、价值观念不断嬗替。千百年来，中国文明一直以渐进的形式持续地改良着。1839年的中国与孔孟时代的中国已经完全两样，和理学家朱熹所处的中世纪中国也大不相同。当我们以"传统"形容19世纪早期的中国社会时，我们只是强调它对于自身的历史延续性。

其次，有一个问题需要面对：传统中国社会的一般性质为何？它与西欧、北美社会大相径庭，然而这是怎样的一种大相径庭呢？在所有已知的答案里，最有启发性的（对于那些想区分不同社会类型的人来说）当属"东方社会"概念。甚至在马克思使用"亚细亚生产方式"这一概念之前，约翰·斯图亚特·密尔①（John Stuart

---

① 译者按：旧译穆勒。

Mill）等西方学者已经注意到一些近东和亚洲的古代帝国的一般性质，也许正是这些性质使得它们与欧洲社会截然异趣。社会历史学家尚在推敲这些概念，我们很难在此做出概括。我们只能勾勒出一些个别特征。传统中国同其他古代帝国一样，采用中央集权的单一制国家结构，举凡政治、军事、宗教、经济等大政，都由职业官僚执掌。这个农业官僚国家的财赋，主要取自目不识丁却辛勤耕耘的农民。此外，农民还是兵役的主要来源，更要承担修渠筑堤等水利建设的徭役。大型的公共工程，如长城、大运河（好比今天的公路和机场），就是靠这种大规模徭役兴修的。官员则负责民夫的动员和工程的管理，而官员当然是从少数有文化的人当中选拔的。汉文书写系统繁复精深，而只有识文断字的人才能处理公共事务。当然，也只有殷实之家才能负担得起经年累月的经典教育。所以官员大多出身于地主士绅阶级，而非农民阶级。于是，地主里产生士人，士人里产生官员，他们构成了盘根错节、声应气求的上层社会。所以，理想的人物是地主-士人-文官，而不是武人或商人。

在这个社会里，个人总体上从属于自己的家族。无论是士人、官员还是皇帝，社会对他们的期望不仅仅是守法而已，他们还要"行道"。西方的个人主义和法律至上原则在中国从未扎根，公民自由和私有财产的保护制度更无从谈起（当然，即使在西方，个人自由的法律保障也是非常晚近的且并不完美的成就）。无论如何，传统中国是以小农家庭为基础的、由官僚机器统治的国家，政治上集权，经济上分散。风俗和道德约束力强大，"君""父"居于社会等级的顶层，财产和商业制度却很薄弱。这些因素抑制了中国效法西方运作资本和兴办实业的能力。正如下文将提到的那样，中国的企业不是官办，就是官督。而且，中国人习惯将个人储蓄投入土地而非实业。这无疑阻碍了中国的工业化。

在经济、政治、军事、社会、思想等各个领域，中国对西方的回应如何受到自身传统政教风俗的影响？或许这个问题我们已经说得够多了。到此为止，我们不再进一步概括传统中国社会的一般性质。我们虽然能看到一些历史的碎片，但是无法提前看到细节完整的整幅历史拼图，因为它尚未完成。

以上对术语的解释可能包含着两个更深层的观点。第一，有些人称19世纪的中国是"封建"或"半封建"的，这对我们来说意义不大。如果以欧洲和日本的标准衡量，"封建"一词和中国的实情凿枘不投。第二，"刺激"（或"冲击"）和"回应"的表述并不严谨。我们斗胆假设"西方冲击"曾发生在前，仅仅是因为我们称之为"中国回应"的行为发生在后。这种"中国回应"正是我们要研究的对象，但它显然只是中国整体行为的一个部分。换言之，"西方冲击"仅仅是中国多样图景中的元素之一。要解读这种回应是困难的，我们必须把它置于中国的总体历史中去考察。在我们设计出一个精准的分析框架之前，本书书名与其说是科学的，不如说是隐喻的。

本书的范围

以下考虑为本书划定了目标：勾勒出近代中国尝试理解西方、适应西方的思想历程的大致轮廓，并梳理出大体的脉络。我们的工作建立在一个假设之上：西方影响确实促成了中国生活方式和价值观的重塑。从林则徐时代开始，所有爱国者和政治家都要将中外关系当作国家和人民面对的首要问题。从鸦片战争开始，一连串关于"外夷"的问题反复出现。从效仿西法练兵，到引入"西艺"的自强运动；从提倡实业到维新变法，从共和革命到崇拜"德先生"和"赛先生"；从"中国的文艺复兴"，到一党执政和民主集中制。凡此种种都曾风靡一时，并且对中国的重塑发挥了作用，它们都或多或少地和西方影响有关。甚至时至今日，所谓的"美帝国主义"仍在制裁中国方面发挥着作用。

在本书里，我们没有正面描述或者定义何为"西方影响"。对于中外旧约章的种种不公，人们早已耳熟能详：治外法权——领事对本国公民行使司法权力；协定关税——商业剥削总是与它如影随形；条约口岸——蒋介石在《中国之命运》里直斥为"毒化的策源地"，传统的政教风俗从这里开始陵夷崩坏。对于19世纪方兴未艾的新教传教运动和卷土重来的天主教传教运动，本书着墨甚少。同样，近代中国的西学传播和留学生群体也没有得到充分研究。基础性的专题研究尚未完成，所以学术结论难以马上得出。

我们之所以编纂本书，正是为了推动这一领域的专题研究。由于可用的近代中国史料极其贫乏，西方的社会科学理论难以用来分析中国。史实的挖掘还不充分，我们要想还原历史，不能照着宣传家的那套"学术"，去罔顾事实地盲从教条，或削足适履地剪裁史实。培养学识兼备的学者，使他们或独立或协作地从事长期的翻译和研究实属必要。不然，我们将永远无从知晓中国被西方打开国门以来到底发生了什么。

研究这个题目最方便可行的下手处，恐怕当属中国政治家和改革家们的奏议、杂文和日记。文本是人造物，其原意可以通过耐心钩索而得。在这个过程中，翻译者会不由自主地解读和反思这些文本。中国的文献一直得到妥善的整理，而且有自己的话语体系，其中关于事实和观念的表述常常能够相互印证。本书收录的每一篇文章的作者，都极具研究价值。最后，为了补充恒慕义（A. W. Hummel）博士的宝贵著作《清代名人传略》（华盛顿特区，1943—1944），我们在《研究指南》里列出了参考文献。对于房兆楹、杜联喆等作者已经在《传略》中给出的材料，我们尽量避免在自己的评论中重复。我们默认本书的读者手头都有这部《传略》。

由于很多篇目是呈送皇帝的奏折，在这里必须向普通读者加以说明。清帝国的政务办理和决策制定流程，是先由高级官员拟出建议，再由皇帝及其近臣做出决策。这情形真可谓是谋事在人，成事在"天"。所以，任何一项政策，哪怕只有一点点正式的结果，都会形成相应的文牍或奏折。皇帝会在这些奏折上批注自己的看法和结论，或者径直准奏，谕旨就可以通过这种形式传达。无论谕旨后来是否得到执行，官员们都希望皇帝在御览奏折后能在上面写上几句。有些简短如"知道了"的批语，不过是皇帝在告诉别人自己没有偷懒。因为皇帝用朱砂笔批阅奏折，所以这种批语通常称作"朱批"。奏折上所署的日期一般是皇帝批阅的日期，而不是奏折写的日期。

本书所代表的译评计划，现在看来是既大胆又新鲜，但时过境迁后，就会显得既粗率又过时了。近代中国思想史的沃土荒芜已久，我们的研究只是拓荒的工作。所以，我们对材料的选择不得不略显武断，而且关于本书涉及的篇章和人物，没有长期的研究积累可资借鉴。我们将本书作为引玉之砖，相信后起学人阵容更壮，成果愈丰，将更好地认识近代中国思想的转型。

第 2 章

中国思想传统的若干因素

中国人总喜欢用过去的办法应付当前的问题，而在19世纪的中国，这一特点可谓最为突出。从公元前213年秦始皇焚书坑儒起，中国历代君王都反复强化思想的正统性，于是思想传统得以长久延续，其维持者正是史官和谙熟经典的读书人。朝廷以思想灌输为手段，确保臣民的忠顺。其结果是，无论是非正统思想还是外来思想，都会对现政权构成潜在威胁。

在这里，我们看到了西方影响中国的一个渠道：西方思想可以用作中国内部权力斗争的武器。无论是1898年的维新派还是1911年的革命党，都证明了这一点。甚至1851年至1864年间的太平天国，也打起《圣经》的旗号作为支持。最近的也是最成功的革命，则求助于马克思和列宁。纵然如此，近代中国思想的转型还是始于对传统的再诠释，而非对传统的否认或排拒。

在此，我们必须特别注意19世纪中国知识分子思想背景中的三个要素，第一个是本族中心主义，甚至可称为"民族主义"，具体说来就是反对满人异族统治的思想。第二个是早期天主教传教士遗留的影响。第三个则是清政府对西方的传统态度。

（一）几位清代早期的"民族主义"思想家

清代（1644—1911）早期，一批思想独立的思想家已经开始勇敢地挑战清朝统治者极力维护的正统思想。他们的思想虽然仍局限于儒经，却能够大胆质疑一些当时流行的学说，尤其是王阳明（1472—1529）的哲学。从明代（1368—1644）晚期开始，他们就开始反驳某些传统的注疏，呼吁对从根本上重新研究经典。于是，他们为19世纪末的学者树立了榜样，提供了思想的刺激。然而，我们也不必夸大这个榜样——17世纪学者的传统一度中绝，并没有被晚清学者直接继承。相反，他们中的一些人几乎被遗忘，直到中西交通之后，维新思想家才去搜寻故纸，寻找先例，以支持自己对传统的新解释。1898年的维新派为了论证己方的思想，就抬出了顾炎武、黄宗羲等17世纪的思想家。这批人还反对满族或任何异族的统治。两百年后，一些爱国思想家为近代中国的民族主义寻找思想基础，这些反清的文章对他们而言自然是宝贵的财富。

中国回应西方冲击的一个主要形式，就是重新评价传统，古为今用。下文将着重阐释这类古为今用的文章。

黄宗羲（1610—1695）是晚明著名思想家，他的《明夷待访录》成书于1663年。[①] 该著作的思想来源有二：其一源于《礼记》的《礼运》篇，该篇以"天下为公"为要旨，认为天下不是为了一人的享乐。[②] 黄宗羲政治哲学的主要观点是，君主制是为了增进人民的福祉，君主和官员是人民的公仆。明君该被人民当作父母来爱戴，而昏君则杀之可也。他是赞成诛除暴君的。黄宗羲认为，传说中的三

---

① 关于这本书及其他书的资料，见《研究指南》。
② 孙中山后来也使用了这个口号。关于"天下为公"，见《研究指南》的列表。

代之治以后，君主忘记了自己的职责，以天下为私产，导致了政治的失序。黄氏相信开明君主制，但是他不同意"法祖"的做法——即一个朝代的历任君主都要恪守开国君主定下的制度。他还主张一套好的法律制度是第一位的，有能力的官员是第二位的。据说，谭嗣同①曾将《明夷待访录》的节本私印了几百份秘密散发，以宣传自己的维新思想。这一节本对晚清的思想产生了重要影响。

在《原君》篇中，黄宗羲说：

> 有生之初，人各自私也，人各自利也，天下有公利而莫或兴之，有公害而莫或除之。有人者出，不以一己之利为利，而使天下受其利……此其人之勤劳必千万于天下之人，夫以千万倍之勤劳而己又不享其利……后之为人君者不然，以为天下利害之权皆出于我，我以天下之利尽归于己，以天下之害尽归于人……视天下为莫大之产业……古者以天下为主，君为客，凡君之所毕世而经营者，为天下也。今也以君为主，天下为客……然则为天下之大害者，君而已矣……古者天下之人爱戴其君，比之如父，拟之如天，诚不为过也。今也天下之人怨恶其君，视之如寇雠，名之为独夫，固其所也。②

谈到"臣"的话题时，黄宗羲说："故我之出而仕也，为天下，非为君也；为万民，非为一姓也。"③在《原法》中，黄宗羲说：

---

① 见第16章。
② 黄宗羲：《明夷待访录》，四部备要本，第1—2页。
③ 黄宗羲：《明夷待访录》，四部备要本，第3页。

然则其所谓法者，一家之法而非天下之法也……论者谓
一代有一代之法，子孙以法祖孝……此俗儒之剿说也……即
论者谓有治人无治法，吾以谓有治法而后有治人。[①]

顾炎武（1613—1682）号亭林，他学问渊博，与黄宗羲等人勠力恢复明室，在华北广泛游历，考察各地的地理和经济。他提倡使用节省人工的机械，提倡开矿，特别重视农业、水利和乡村经济。顾氏之学是对阳明之学的反动，提倡"经世致用"，追求知识对社会的实用价值。顾氏的著作中，最著名者要属包罗万象的《日知录》和《天下郡国利病书》（序言所署年份是1662年）。他是中国音韵学的先驱，并强调用归纳的方法研治经史。

黄、顾二人生活在同样的环境下，都反抗清初的政治压迫，二人的思想非常相近。但在批判专制主义方面，黄氏将平民百姓看作国家的根本，而顾氏则不认为平民百姓有如此关键的作用。顾氏反对权力过分集中于皇帝之手，称赞古时的封建制是一种公天下的手段，但并不认为应当恢复此制度；替代的方案是，将国家权力分散到县令手中，他们应有发展教育、农业和军事的全权。而县令的职权又由司仓、游徼等官分掌，人民应有充分的自治权。他憎恨士绅武断乡曲，反对以律令束缚人民。

顾炎武是支持改革的："方今郡县之弊已极，而无圣人出焉，尚一一仍其故事，此民生之所以日贫，中国之所以日弱，而趋于乱也。"[②]

顾氏赞同根本的改革，反对零修碎补；主张改革当从现实出

---

① 黄宗羲：《明夷待访录》，四部备要本，第5页。
② 《郡县论》，见《亭林文集》卷一，第6—11页；又见华忱之点校：《顾亭林诗文集》，北京：中华书局，2008年，第12—13页。

发，不应受祖宗之法的束缚：

> 前人立法之初，不能详究事势，豫为变通之地。后人承其
> 已弊，拘于旧章，不能更革，而复立一法以救之。于是法愈繁
> 而弊愈多，天下之事，日至于丛脞，其究也，眊而不行，上下
> 相蒙，以为无失祖制而已，此莫甚于有明之世。[1]

顾炎武还是怀着"回向三代"的希望，其政治理想是"用夏变夷"，即以中国的风俗同化蛮夷。他力图恢复中国人的自信，发展中国固有的道德和智慧。在一封致友人的信中，他说自己撰写《日知录》的目的是"拨乱涤污，法古用夏，启多闻于来学，待一治于后王"。[2]

幸运的是，顾炎武并不是盲目坚持中国传统的人。他也认识到了蛮夷的一些优长："中国之不如外国者有之矣。"他赞赏契丹人的朴素耐劳，称许回纥人"风俗朴厚，君臣之等不甚异"。他认为北魏（386—534）在西北推行的垦田、均田之制"有足为后世法者"。[3]

王夫之（1619—1692）号船山，以论史犀利、著作宏富著称。明朝覆灭后，他遁入湖南衡阳石船山中，隐居著述40年。他与其他学者联系极少，是一位独立的思想家。他用历史的和归纳的方法分析政治问题，从而发展出了自己的"进化论"——他认为法律制度

---

① 《日知录集释》卷二十九，第26—28页；又见陈垣校注：《日知录校注》，合肥：安徽大学出版社，2007年，第472—475页。

② 原题《与杨雪臣》，见《亭林文集》卷六，第17页；又见华忱之点校：《顾亭林诗文集》，第139页。

③ 《日知录集释》卷十，第5页；又见陈垣校注：《日知录校注》，第1672—1675页。

要因时而异，每一个朝代都是一个独立单元。据此，王船山反对任何保守主义的复古做法。他认为单纯法古是徒劳的。古代的法律当然适用于古代的社会。今天的政治制度无法套用到未来社会，每个朝代的治理都要适应当时的需求和当下的环境。例如，兵农合一在古代是一个好制度，但是当下社会战争更加复杂，需要训练有素的职业军人，未经训练的农民是不能"客串"士兵的。

王夫之还有一个独到的学说：任何物种或人种，从昆虫到人类，都致力于自保和自我组织。自保是天然法则。连蝼蚁也知自保，何况人类？因为合群乃是人类的天性，而立君是为了保群。所以，族群自治是合乎逻辑的和必要的，绝不容异族的侵犯。换言之，所有国家都应该是民族国家，并且自治。他宁可忍受同族的篡逆，也不能接受异族的统治。

王夫之的另一个创见是，不同种族的文化差异来源于其所处的地理环境的差异。因为夷夏生长的环境不同，其精神、行为和风俗也就不同。华夏不能允许蛮夷入侵自己的领土和文化。王氏认为文化是变动不居的，文明不会一成不变。他观察到很多文化上由夷变夏的例子，也有一些情况下蛮夷却止步不前。他认为华夏有再次退回蛮夷状态的可能性。王夫之防备蛮夷入侵的方法是掌握时令并善用之："故善御夷者，知时而已矣。时战则战，时守则守。"[1]

朱之瑜（1600—1682）号舜水，同样是一位本族中心主义的思想家，在中日两国都有巨大的影响。他与黄宗羲是同乡，曾到安南和日本请兵抗清。1659年，朱舜水在反清的努力再三失败之后定居日本。他的学术吸引了许多日本学者随他问学。后来，有人将他介

---

[1] 王夫之：《诗广传》，北京：中华书局，1964年，第75页。

绍给德川家康的孙子、水户藩主德川光圀。在光圀的赞助下，他著书详述了释奠礼，并且为巨著《大日本史》的修撰提供了意见。这本书后来影响了1868年的明治维新。

朱舜水志行高洁，提倡致用之学。他的反清著作《阳九述略》极大地鼓舞了清末的一批人。朱舜水死前留下遗言，自己的骸骨"非中国恢复不归"。[①]

文字狱

受黄宗羲、顾炎武、王夫之和朱舜水思想的鼓舞，中国反清的"民族"情绪逐渐高涨，清廷于是大兴文字狱，予以震慑。乾隆年间（1736—1796）文字狱达到高潮，两千多种书籍遭到全部或部分禁毁。明朝遗民曾给康熙帝（1661—1722年在位）造成了很多麻烦。而且即便是在此之后，他们也留下了很多反清的文字。早在1644年之后的顺治年间，对此类文字的禁毁就已经开始了。

欲了解文字狱，吕留良、曾静案是一个好例子。吕留良（1629—1683）是一名士人，并且著有几本小册子。他拒绝参加清朝的科举，潜心注释宋人的理学著作。在注释中，他公然哀叹神州陆沉，汉人无力抵挡满人入关。他表达出的反清情绪影响极广。雍正年间（1723—1735），湖南举人曾静（1679—1735）受吕留良的感召，同自己的弟子密谋反清。曾静极为佩服吕留良的著作，派自己的心腹弟子张熙到吕留良位于浙江的家中通读了他的遗作，并且结识了吕门弟子。1728年，曾静派张熙去策动川陕总督举兵反清。

---

① 梁启超：《朱舜水先生年谱》，见《饮冰室合集·专集之五十八》。

川陕总督将此事上奏朝廷，与闻其事的人都遭到严惩，子孙、亲戚、门生均被株连。曾、吕二人的著作几乎被禁毁一空。幸而雍正帝为了给自己的皇位辩护，写了一部《大义觉迷录》，曾静的供词也因而保留了下来，我们才得以透过这场流产的起事，窥见当时民族主义思想的蛛丝马迹。

在19世纪的士人看来，此类思想和事件无疑是本土的传统。他们对西方的回应当然主要是受这类传统影响，而非其他。正如理解了19世纪的中国，可以帮助我们更深刻地理解当代中国；我们也要追溯中国思想的源流，从而获得历史学家追求的"全景视角"。例如，或许正是因为清廷成功压制了18世纪活跃的、带有民族主义色彩的思想，中国才无法更有效地应对一个世纪后西方的冲击。

18世纪晚期，文字狱盛极而衰，此后的"民族主义"运动主要表现为名号不一、形式各异的秘密反清会党。在某种程度上，这些会党为太平天国做了贡献，之后又参与了孙中山的革命运动。秘密会党值得作为专题仔细研究，其内容不是本书能够涵盖的。

（二）耶稣会的早期影响

中西文化的第一次广泛接触始于16世纪晚期，耶稣会传教士随着葡萄牙人由海路到达中国。他们的双重使命已家喻户晓：不仅在中国传播数学、天文、地理、水力、历法以及铸炮技术等西方知识，并且将中国的思想（尤其是儒学）介绍到欧洲。耶稣会士很快发现，影响中国的科学要比影响其宗教容易些。认识到这一点之后，他们开始把科学当作接近中国士大夫的手段。虽然有中国人零星地皈依了天主教，并且参与编纂和翻译西方的宗教和科学书籍，但是大多数中国士大夫仍囿于中国中心的文化传统，并未真正接受西方思想。

杰出的耶稣会先驱利玛窦（1552—1610）力图使天主教适应中国思维。大体上讲，他接受先秦儒家的思想，反对汉唐以降的儒学新义，尤其反对宋代的理学。他接受儒家的"上帝"一词，在儒家经典中"上帝"是最高的神明；但他不接受理学的"太极"概念。同理，利玛窦和他的追随者赞成"先儒"（早期儒家），反对"后儒"（后世儒家）。

罗马教廷同理学的宇宙观有几项重大分歧：其一，理学不承认宇宙间有造物主或全能的神，相信万物的生长靠的是"理"（自然法则）。其二，理学承认"心"（精神或良知）的存在，"心"与基督教的"灵魂"概念相仿，但是理学不承认这种精神或良知是神赋予的。其三，理学承认每个人都有能力和自由意志去达到自己的完满状态，并摆脱罪孽，而且无须上帝的庇佑就可进入天堂。天主教徒和理学家都力图理解宇宙，分辨真理，培养德行，教人向善。但二者目标的相似性却足以导致竞争和冲突。

中国人对西方兴趣的不同类型

有些中国士大夫，如徐光启（1562—1633）等人，接受了西方科学和基督教，相信西学可以补儒学之不足，并且取佛教而代之；儒教和基督教完全可以并行不悖。他们之所以接受利玛窦的学说，首先是因为欣赏耶稣会士哲人加绅士的身份。一位晚明士人写道：

> 天主国在佛国之西，其人通文理，儒雅与中国无别。有利玛窦者，自其国来，四年方至广东界。其教崇奉天主，亦

犹儒之孔子，释之释迦也。其书有《天主实义》，往往与儒教
互相发明，而于佛老一切虚无苦空之说，皆深诋之……余甚
喜其说为近于儒，而劝世较为亲切，不似释氏动以恍惚支离
之语愚骇庸俗也。与人言，恂恂有礼，词辩扣之不竭，异域
中亦可谓有人也已！①

　　由于耶稣会士掌握着火器技术和其他应用科学，朝廷便将他
们召入京师。这同日本大名的做法如出一辙。远在利玛窦1601年在
北京获取朝廷俸禄之前，欧洲火器已经流入华南地区。然而，直到
1592年日本入侵朝鲜时，火器才得到中国人的广泛认可。日本早
在1542年就从葡萄牙人手中购买火器，凭借火器之利大败朝鲜。于
是，中国人认识到了改进武器的必要性。1622年，明朝已经受到崛
起于关外的女真政权的威胁。于是明朝皇帝遣使至澳门，请耶稣会
士协助铸炮。翌年，协助铸炮的西洋人应召入京。1628年，瞿式耜
（1590—1650）上奏皇帝，请求学习制造火炮等西洋武器；瞿氏称
1619年已有上谕命徐光启搜求西洋火炮，且徐氏已得到4门。1621
年，李之藻（卒于1630年）又从广州购得23门。明朝觅购西洋火炮
以抵挡女真人，恰似200年后清政府在上海采购火炮，并请"常胜
军"镇压太平天国。明朝不但想获得葡萄牙人的火器，还从澳门招
募三四百人抗击女真。由于担心西洋军队深入腹心，这一任务在南
昌被取消了。只有指挥官公沙的西劳（Gonzales Tedeira）等数人到
达了北京。

　　此后，耶稣会士和其他外国人纷纷从澳门进京，有的制造武

① 谢肇淛：《五杂俎》，北京：中华书局，1959年，第120页。

器，有的直接在军中效力。1639年，毕方济（Franciscus Sambiaso）进献给崇祯帝许多礼物，有钟表、望远镜、地图、风琴和镜子，还有一只鹦鹉。他上奏皇帝，建议他留意于修历法、选矿藏、促进国际贸易、购买西洋枪炮等事。这其实是一个中国的现代化计划，但是明朝正忙于抵抗女真，对于这些建议，崇祯帝只对历法和枪炮感兴趣。

虽然徐光启、李之藻等士大夫皈依天主教的事迹已家喻户晓，但此事仍有几处疑点。其一，据说到1640年为止，已经有几十位士大夫和皇族皈依了天主教。到底是天主教的哪些因素使他们友善地接受了天主教呢？他们受洗到底是意味着接受天主教的基本信条，还是因为他们只是出于理性主义，相信基督教同佛教、道教相比不那么不食人间烟火？徐光启和李之藻都对西洋的枪炮感兴趣。利玛窦也接受了一些汉文词汇（如"上帝"），并且承认先秦儒家思想的正确性。这些迹象是否表明，中国人入教并不是从根本上皈依了新的信仰，而仅仅是一种宽容的表示？

其次，有一点值得注意，耶稣会在华的直接影响是通过有实用价值的器物实现的，如火炮、历法和利玛窦的世界地图。为什么在接下来的一个世纪里，士大夫的著述中很难找到基督教的蛛丝马迹？有人会说，这是因为清政府的禁教政策断绝了中外联系，使得本就为数不多的信徒后继乏人。那么另一个问题就来了：为什么非教徒的士大夫没有能够受到西方知识和思想更持久的影响？

这些疑问引出了一个更复杂的问题，即中国人的宗教意识。中国人宗教经验的历史悠久而复杂。7至8世纪，佛教在众多信仰中异军突起。佛教相信有拯救者，拯救者是人格化的，也是神圣的。我们知道佛教对后世的理学影响很大，但究竟大到何种程度还没有定论。显而易见的是，佛教经验潜移默化地影响了中国人后来对基督教的反应。至于影响的方式究竟如何，仍然有待研究。

如果把眼光放长远一些，看一看耶稣会士来到中国之后几百年的情形，我们会感到，在19世纪的中国官员眼里，17世纪引入西洋火器是一个有用的先例。既然200年前中国使用西洋火炮的史事彰彰可考，要中国官员承认西方武器的先进就没有那么困难了。

反对西方宗教与科学的保守主义者

中国人反对西方传教士，部分是出于排外情绪，比如怀疑他们是间谍之类；也有人是出于道德上的顾虑，因为基督教的礼仪有悖敬天、敬祖、尊孔的中国风俗；还有的则是出于同行的嫉恨，认为如果天主教大行于中国，儒、释、道三教就要衰微，三教中权贵们的地位就会不保。果然，1610年利玛窦死后不久，麻烦就来了。

崇信佛教的统治阶层极力反对天主教。大多数士大夫也不分青红皂白地反对西方宗教。他们不但厌恶西方宗教，也同样厌恶西方的科学。从1659年起，杨光先（1597—1669）连篇累牍地抨击天主教，并诋毁汤若望所修的历书。1664年，他参奏汤若望的天文计算有误，还声言传教士有教徒"数百万"，散布各地，妖言惑众，图谋不轨。

历法之争其实是由守旧者挑起的。可以说，这是中国知识界第一次对西洋人表现出不安。而1840年至1842年间的鸦片战争，则是这种不安在政治上的首次表现。守旧者反对西方的科学仪器，认为钟表价昂而无用，认为大炮不足以杀敌，却常常炸伤己方炮手。他们还批评利玛窦的世界地图，中国在图上没有居于正中，而且面积也不够大。他们还反对西洋绘画，因为笔法有欠遒劲。

　　但是，这种反对并没有点到死穴，于是守旧士大夫又想出了另外一个办法：引用风马牛不相及的儒学经典去驳斥西方的新知。杨光先认为，尧、舜的历法纵使有欠精确，也应当行用于世。阮元（1764—1849）是19世纪反西学的代表人物，他说地球自转说有悖儒经，难以取信于人。还有一种批判思路则更厉害，即将西方新知附会于中国旧籍，然后宣称西学源出中国。循着这种思路，有人宣称西方历法出自《尚书》的《尧典》，而西方人关于地球的理论的基本观点则来源于《曾子十篇注释》；圆周计算公式是由祖冲之（429—500）推演出来并传于后世的；代数据说是元朝人李冶（1192—1279）的发明；而西方数学的其他部分则源于古代数学经典《周髀算经》。

　　对西方科学的种种非难背后，藏着一个基本的政治现实：天主教不但是一个外来宗教，而且认定罗马在精神地位上高于北京，清朝统治者绝不会容忍这样的宗教在中国传播。早在1640年，德川幕府治下的日本已经禁绝了基督教，并中断了对外交往（只留长崎一处与荷兰通商），认为二者在政治上是危险的。在17世纪末的中国，只有两个省有天主教修会。雍正年间，中国禁止了罗马天主教，但是严厉程度不及日本（中国基督徒也被迫像日本基督徒一样践踏十字架）。即便在1773年耶稣会被教皇解散之前，供职于清廷的传教士也只限于担任技术人员（如画师、乐师和建筑师），在思想上却无足轻重。他们失去了作为中西文化纽带的作用。

耶稣会士与中国科技

天主教传教士对中国数学、医学等领域的本土传统有何影响，一直是一个有趣的问题。我们知道，西方的军事优势是科技的产物，它迫使中国同欧美建立更紧密的联系。1840年的战场上，英国的炮舰就像今天的飞机坦克集群一样，具有决定性的意义。中国军事技术的不足（鸟铳手、骑射手、旌旗招展的战船），是科学落后的象征。但是，就此得出结论说中国的物质文化总是落后于西方，则又大谬不然。中世纪的中国更早地应用了印刷术、指南针和火药，昭示了她领先于同时代的欧洲。虽然现代世界已经从中医药典中找到了有效药物（如麻黄素），虽然许多中国匠人的成就被公认为史无前例，但中国科技的本土根源尚未得到深入的考察。19世纪中国的技术受到西方影响的程度，至今仍没有定论。

士大夫很快发现了耶稣会士在数学方面的优长。在中国，从13世纪起，算盘逐渐取代了古老的算筹，建立在算筹算法基础上的中国数学逐渐湮灭。到16世纪末，即使是最顶尖的学者也对高等数学一无所知。1607年，欧几里得《几何原本》的汉译本问世；随后，一些耶稣会士的数学和历算著作也相继刊行。中国士大夫对于数学研究的兴趣又被重新唤起。西洋算法需要一步一步写下推导的过程，这对士大夫的吸引力恐怕远大于算盘。在清朝前四位皇帝的治下，钦天监几乎一直由天主教传教士掌管。康熙帝曾亲自跟耶稣会士学习数学，还选拔一些官员在专门学校里学习数学。百余年间，中国数学家学习数学只能靠洋人和西书译本。直到1770年，才有人将稀见的古代数学著作重印，并加以研究。随着越来越多的中国数学著作重现人间，14世纪之前的中国数学史才渐为人知。然而，这并不妨碍西洋算法的通行，因为用西洋算法足以理解和解决中国古书上提出的问题。没有人再费力去学怎么摆弄麻烦的算筹。就这样，到了18世纪末，人们对古代数学的兴趣重新燃起，而百年前传入的西方数学仍然能得到充分的接纳和研究。1850年之后，更多的近代西方书籍被翻译成汉文。

1637年问世的《天工开物》总结了中国的机械技术。这或许是当时的物质和科学条件所能允许的最高水平。早期耶稣会士介绍了一些用机械节省人工的想法，但是没有引起普遍的兴趣。在诸多西洋器物中，最受中国人追捧的是钟表、风琴、望远镜和眼镜。但是中国工匠只仿造了眼镜。

在医学领域，1635年一部耶稣会士的解剖学著作得以刊行，但并没有引起中国医学界的兴趣。中国也进口了一些西药，比如奎宁，然而数量实在太少，难以产生持久的影响。西医在中国真正的开端是1805年亚历山大·皮尔逊（Alexander Pearson）医生引入牛痘接种技术。该技术一开始局限于广州一隅，但是很快传播到了全国各地，同样被中国大夫所采用。新教传教士发现，中国官绅不仅允许，有时甚至支持开办人道机构。于是从19世纪30年代起，他们开始建立免费的诊所和医院，视其为传教的最佳手段。此后，西医和西医教育在中国稳步成长，而中医在外科手术之外的领域仍然屹立不倒。

测量和绘图是耶稣会士带给中国的另一门技术。1707年至1717年间，清朝开展了全国性的地图测绘，这项工作是由耶稣会神父和他们培养的中国学生一道完成的。南疆和伊犁平定后，其中一名学生还参与了当地的地图测绘。此次所绘地图之精确，是东亚地区前所未有的。但是在中国，这批地图有的甚至未能刊印，即使刊印的也流传不广。只有在欧洲，这些地图才得到了充分的利用。18世纪中叶之后，西方的测绘技术在中国失传了，直到百年后中国人才把它当作一门新学问从头学起。

总的来说，中国虽然从早期传教士那里获得了西方技术，但其残余的影响微乎其微。即使是现在，其贡献也鲜有人承认。而与此同时，反西方的政治传统已经生根发芽了。

（三）清廷对西洋人的态度

清朝皇权向来是集中且强大的。皇帝绝非尸位素餐，而是事必躬亲，日理万机。任何稍有点重要性的军国政务都要经他同意。天子高踞中国社会金字塔的顶端，简直要发挥超人的作用。他既要决定主要的人事任免，又要管理钱粮兵马的调动，还要管理公共工程和庆典，每一项都是庞大且棘手的。

皇权集中派生出两个后果：一是必须要在北京维持守旧且互不统属的行政机器，在皇帝的领导下处理帝国的各种日常政务。二是皇帝个人仅是处理内政便已耗尽了精力，无暇在朝堂之外开拓新的领域。他不易受到外来事务的影响，对这些影响一般不予回应，即使回应也只是出于统治的需要。所以，皇帝本人及其左右臣工的态度对中西关系至关重要。这一情形早被耶稣会士看在眼里。

由于朝廷的态度在19世纪中国接受西方的过程中至关重要，所以我们还是简略地看一下清代前期诸帝留给其倒霉的子孙们的先例。

八旗军在1644年打进北京之初，就找到了汤若望。当时汤若望供职于钦天监，正编纂西洋历算书籍，以供推演新历。满人准许他继续工作。1645年，新历编成，预备颁行，汤若望也被正式任命为清朝的钦天监监正。其后200年间，除了少数例外，钦天监一直由天主教传教士把持。清朝入关后的首位皇帝顺治帝（1644—1661年在位）对汤若望眷顾逾常，而且会向他咨询疑难。顺治帝的儿子康熙帝对耶稣会士更是恩宠有加，并畀以重任。1669年发生了一场关于天象预测的争论，事实证明耶稣会士的预测是正确的。康熙帝因而对西洋数学产生了兴趣。此后，他开始学习数学和其他西洋科学，并将几位耶稣会士留在身边，以备顾问和传译。1689年，康熙帝派了两位教士随同中国使臣赴尼布楚同俄国谈判。这次谈判签订的条约划定了中国东北部的中俄边界，一直维持到19世纪40年代。1689年后的百余年间，只要有俄国或其他欧洲国家使团到来，通译都由在京的西方传教士担任。康熙帝还选拔一些年轻的学生，向传教士学习数学和美术，并请传教士修理钟表和八音盒。我们还注意到，康熙帝在自己的最后十年里还派遣传教士进行了全国性的地图测绘。在耶稣会和其他天主教修会的"礼仪之争"中，康熙帝尽可能做出公允的裁断。这位明主虽然宽宏，却也并未准许在中国全境传教。康熙帝颁行了一种领票制度，只允许特定的传教士留居北京或澳门。这一政策为后来的历任君主所沿袭。

雍正帝对传教士心怀厌恶，因为传教士在立储问题上支持他的对手。他放过了在京供职的传教士，但不少在各省的传教士都被驱逐出境。乾隆年间，组装和修理欧洲的钟表及其他物什仍然得靠欧洲技师。一些耶稣会士作为建筑师参与了圆明园中意大利风格的园林和建筑的营造。约1747年，传教士蒋友仁（Michel Benoist）建造了一座西式喷泉，成为郎世宁（Giuseppe Castiglione）设计的意大利风格建筑群中的核心景观。然而，到了1793年马戛尔尼（George Macartney）的使团从英国到访北京时，西方人在清廷中已经无足轻重了。他们在宫中供职虽久，却仅仅停留在技术层面，未能在思想层面发挥作用；他们显然没有让清朝君主真正了解西方。中西交流的中心从北京转移到了广州。

直至此时，在京的传教士仍被称作"西洋人"，即欧洲人的代称。但是，随着19世纪早期中西接触和冲突都不断增多，"夷"字的使用范围变广了，而以往则主要指代在广州的欧洲人。在传统中国社会，每个人都有自己的地位和称谓，而葡萄牙人则不同，1514年之后，葡萄牙探险家航海来到中国，不但在文化上与中国大相径庭，还经常干些劫掠商旅的勾当。所以"夷"这个称呼既有古希腊语所蕴含的"稀奇古怪"的意味，也有现代英语所蕴含的"野蛮残暴"的意味。从中国有历史记载起，亚洲内陆就是"夷"的渊薮。边境上出现了好勇斗狠的异族人，对中国人来说根本不是什么新鲜事。中国人把葡萄牙人和后来者都吸纳进一个充满儒家特色的体制：允许他们在东南沿海的澳门或广州居留，客客气气地对待他们，但同时严加隔离。北京的耶稣会士的成功是因为他们在朝廷内部效力，这和东南沿海西洋商人的贸易迥然不同。到18世纪末，在广州从事贸易的英国东印度公司成为西方世界在中国的主要代表。在广州，中西交往产生的问题日积月累，盘根错节，包括外交平等、贸易税、法律程序等方方面面的问题。中国人头脑中的"西方"概念几乎一成不变，这大概是清廷和广州的满汉官员最可悲之处了。

中国的统治阶层虽然对西方知之甚少，但可以把中西关系当作古老的朝贡关系来处理。朝贡体制的基础是一套宏大的概念：中国是人类文明的中心，天子在道德与礼仪上沟通着人类社会和不可见的自然力量。一切周边的部落和民族理所当然地要承认这个中心。一言以蔽之，中国的国家理论是一种普世帝国理论。外国君主如果想进行贸易或通好，首先要称臣纳贡，接受册封，并派使臣在天子面前行三跪九叩大礼，此外还要服从关于朝贡关系的种种规定。随着中西交往日益密切，清廷一直力图将西洋诸国纳入这一过时的体制。1793年乾隆帝对英王乔治三世的敕谕，言辞语气居高临下，可以说是上述心态最著名的例子：

奉天承运皇帝敕谕英咭利国王知悉，咨尔国王，远在重洋，倾心向化，特遣使恭赍表章，航海来廷，叩祝万寿，并备进方物，用将忱悃。

朕披阅表文，词意肫恳，具见尔国王恭顺之诚，深为嘉许。所有赍到表贡之正副使臣，念其奉使远涉，推恩加礼。已令大臣带领瞻觐，赐予筵宴，叠加赏赉，用示怀柔。其已回珠山之管船官役人等六百余名，虽未来京，朕亦优加赏赐，俾得普沾恩惠，一视同仁。

至尔国王表内恳请派一尔国之人住居天朝，照管尔国买卖一节，此则与天朝体制不合，断不可行。向来西洋各国有愿来天朝当差之人，原准其来京，但既来之后，即遵用天朝服色，安置堂内，永远不准复回本国，此系天朝定制，想尔国王亦所知悉。今尔国王欲求派一尔国之人居住京城，既不能若来京当差之西洋人，在京居住不归本国，又不可听其往来，常通信息，实为无益之事。

且天朝所管地方至为广远，凡外藩使臣到京，驿馆供给，行止出入，俱有一定体制，从无听其自便之例。今尔国若留人在京，言语不通，服饰殊制，无地可以安置……

天朝抚有四海，惟励精图治，办理政务，奇珍异宝，并不贵重。尔国王此次赍进各物，念其诚心远献，特谕该管衙门收纳。其实天朝德威远被，万国来王，种种贵重之物，梯航毕集，无所不有。尔之正使等所亲见。然从不贵奇巧，并无更需尔国制办物件……①

　　这些不列颠人原想破门而入，摧垮这个中央王国"万国来朝"的传统地位，却仍然被归为化外蛮夷。满汉官员在奏折中描述在广州的英国人和美国人的措辞，同描述中亚的布鲁特人（柯尔克孜人）或西南的罗罗、苗子等土著民的措辞并无二致。中国的统治阶级对欧美人全无好奇心。无知使得中国官员对西方的认识极度混乱，而中西语言转译之难更加剧了这种混乱。葡萄牙人曾被称作"佛郎机"（即法兰西），因为十字军东征时法兰西人曾同萨拉森人（阿拉伯人）交兵，而葡萄牙人和法兰西人来自同一地域。所以法国人到来时，"法兰西"就和"葡萄牙"混为一谈了。16世纪晚期，西班牙一度吞并了葡萄牙，于是中国人又分不清这两个国家了。意大利籍的耶稣会士来到葡萄牙人占据的澳门，中国人又将葡萄牙人当作意大利人。荷兰人起初与法国人混同，而当荷兰人继承了英国的王位②后，中国人又将英、荷两国人混为一谈了。

　　如果说西夷的名称是本糊涂账，那么他们来自何方更让人摸不着头脑。因为他们乘的船都是经"南洋"而来，中国商人与东南亚贸易也要乘舢板往来于南洋。有人猜测这些夷人来自西南某处，更远过马来半岛上的雪兰莪、北大年、柔佛等小苏丹国或停靠港。中国人总算弄清了这些人实际上来自"西洋"之后，混淆依然不减。

---

① 见《大清高宗纯皇帝实录》，卷一四三五，第11—15页。
② 译者按：指1688年荷兰执政威廉加冕为英国国王威廉三世。

因为印度洋位于马来半岛以西，所以中国人自古就顺理成章地将印度洋称为"西洋"。对于欧洲，只好称之为"大西洋"以示区别。

中国专门从事对外贸易的通事、行商、买办等人，非常熟悉这些西来陌生人的体貌特征。而大多数中国人则是在村谣野语中听说西洋人的。而一些村谣野语还被载入当时的书籍中，说夷人通身"奇白"、高鼻、红毛（特指荷兰人），18世纪50年代官方纂修的《皇清职贡图》则说他们"俗重女轻男，相悦为婚"，以表明西洋风俗诡异而莫名其妙。但中国人对西方的观察只停留在表面：荷兰人"黑毡为帽，遇人则免冠挟之以为礼"；瑞典人"喜以金缕盒贮鼻烟，时时吸之"。这大概就是当时中国人对西方的普遍认知水平，而西方的工业革命已经开始重塑世界了。1816年阿美士德（Amherst）勋爵的赴京使团同1793年的马戛尔尼使团一样，被贴上了"英吉利国王贡使"的标签。这次访问同样未能让中国上层社会对西方产生新的认识。无论如何，1655年至1795年间，包括俄罗斯使团在内，共有大约17个西方使团觐见了清朝皇帝，唯独英国使团没有叩头。无论欧洲诸国何时想同中国建立关系，在中方的档案记录里都没有丝毫迹象表明它们并非天朝贡国。事实上，1839年钦差大臣林则徐看到的中方记录冠冕堂皇地宣称马戛尔尼叩头了，但我们都清楚这是子虚乌有的。

当广州的丝、茶出口蒸蒸日上时，中国史家对此项贸易及对象国的记录却寥寥可数。其中有一本书题为《海录》，由一位少年时曾出海谋生的盲人通事口述，一位读书人执笔记录。《海录》记述了英格兰的"重楼叠阁"、泰晤士河上三桥横跨、伦敦的娼妓之盛，以及武官穿红色军服，而女子服装"上窄下宽，腰间以带紧束之"，凡此种种都充满了异国情调，却没有什么启蒙价值。此书和其他类似书籍的确提到了英国以海外贸易立国，并且占领了孟买、孟加拉、新加坡等贸易兴旺的据点。1839年，英国在印度的地位早已广为人知，英国的船坚炮利也已在中国沿海露了一手。但是19世纪40年代的中国官员似乎仍对自己的处境懵然无知。除了自卫，他们不得不从头研究西洋地理，像学童一样记诵西方诸国的国名、位置、物产和幅员。

第二部分

承认学习西方的必要性

1839—1860

第 3 章

林则徐应对英国之策

一个世纪前的中国人与日本人不同，他们并无向外界学习的传统。清帝国幅员辽阔，制度调整迟缓。1840年败于英国整整20年之后，统治者才意识到研究西方的必要性。在日本，"兰学"学者早在佩里叩关前就已经认识到这种必要性了。日本学者虽同样与世隔绝，对西方却明显比中国学者更加好奇。中国学者也知道在广州就有西洋商人活动，却没人肯去一探究竟。

中国官员虽对西方无知至极，却深谙人之常情和中国传统。他们不假思索地沿用对付蛮夷的老一套来对付英国人，尤其是那屡试不爽的恩威并施的手段。钦差大臣林则徐在广州软禁洋人，销毁鸦片，用的就是这种手段，结果导致了鸦片战争。下面的第一篇选文就是林则徐致维多利亚女王的信。林氏在信中晓以天良，信外却迫以武力。不幸的是，二者均未奏效。一方面，英国炮舰以摧枯拉朽之势展开报复；另一方面，英国人拒绝承认鸦片是双方争论的唯一问题。在西方人心目中，需要解决的问题还有外交平等、自由贸易、外国人在华安全的法律保障等。而中国人眼里只有鸦片贸易之害——它毒害了越来越多的吸食者，使中国的白银大量外流。他们把自己面临的问题想得太简单了。

　　下面选取的是林则徐的两篇短文，一篇作于他出手教训英国人之前，另一篇则在此之后。第三篇长文选自一部地理名著，作于19世纪40年代，是中国历史上最早系统描述西方的著作。第四篇选文则把我们的目光引向萌发于广东的民族排外主义，这种排外主义最终酿成了沧桑巨变。

　　在第一篇选文中，林则徐"晓谕"女王的道德正义的口吻十分引人注目。这种口吻说明，鸦片在中国人心目中不像有些人说的只是一个单纯的经济问题，儒教君主对臣民福祉所负的责任也被考虑在内。1839年3月10日，林则徐以钦差大臣的身份到达广州，不久就强迫英国商人上缴鸦片，并公开销毁。但是到了同年8月，他已经明白要想彻底禁绝鸦片必须从源头下手。这封著名的致"英国国王"（没有特别指出性别）的信，是解决这个无解问题的一次史无前例的尝试。

　　这封信的措辞是很有礼貌的，但这种礼貌是朝贡关系框架内的礼貌。林则徐认为，夷人若无大黄、茶叶就要完蛋。这种自负的想法直到现在也没有完全消失。林氏恩威并施，让商人们自己权衡利害，这是中国传统的治理手段。他认为人性不分中国、英国，这并不奇怪。更重要的是，他期待着英国人对自己的道德训诫会有和中国人一样的反应。

选文1　林则徐对维多利亚女王的道德忠告（1839年）①

为照会事：洪惟我大皇帝抚绥中外，一视同仁，利则与天下公之，害则为天下去之，盖以天地之心为心也。

贵国王累世相传，皆称恭顺，观历次进贡表文云：凡本国人到中国贸易，均蒙大皇帝一体公平恩待等语。窃喜贵国王深明大义，感激天恩，是以天朝柔远绥怀，倍加优礼，贸易之利垂二百年，该国所由以富庶称者，赖有此也。

惟是通商已久，众夷良莠不齐，遂有夹带鸦片，诱惑华民，以致毒流各省者。似此但知利己，不顾害人，乃天理所不容，人情所共愤。大皇帝闻而震怒，特遣本大臣来至广东，与本总督部堂、巡抚部院会同查办。

凡内地民人贩鸦片、食鸦片者，皆应处死，若追究夷人历年贩卖之罪，则其贻害深而攫利重，本为法所当诛。惟念众夷尚知悔罪乞诚，将趸船鸦片二万二百八十三箱，由领事官义律禀请缴收，全行毁化，叠经本大臣等据实具奏。

幸蒙大皇帝格外施恩，以自首者情尚可原，姑宽免罪。再犯者法难屡贷，立定新章，谅贵国王向化倾心，定能谕令众夷，兢兢奉法。但必晓以利害，乃知王朝法度，断不可以不懔遵也。

查该国距内地六七万里，而夷船争来贸易者，为获利之厚故耳。以中国之利利外夷，是夷人所获之厚利，皆从华民分去，岂有反拟毒物害华民之理。即夷人未必有心为害，而贪利之极，不

---

① 原题《拟檄谕英国国王稿》，见《筹办夷务始末·道光朝》卷七，第33—36页；又见蒋廷黻编：《近代中国外交史资料辑要》（上卷），北京：东方出版社，2014年，第57—59页。

顾害人，试问天良安在？闻该国禁食鸦片甚严，是固明知鸦片之为害也，既不使为害于该国，则他国尚不可移害，况中国乎？中国所行于外国者，无非利人之物，利于食，利于用，并利于转卖，皆利也。中国曾有一物为害外国否？况如茶叶、大黄，外国所不可一日无也，中国若靳其利而不恤其害，则夷人何以为生？又外国之呢羽哔叽，非得中国丝斤，不能成织，若中国亦靳其利，夷人何利可图？其余食物自糖料姜桂而外，用物自绸缎磁器而外，外国所必需者，曷可胜数。而外来之物，皆不过以供玩好，可有可无，既非中国要需，何难闭关绝市。乃天朝于茶丝诸货悉任其贩运流通，绝不靳惜，无他，利与天下公之也。

该国带去内地货物，不特自资食用，且得以分售各国，获利三倍，即不卖鸦片，而其三倍之利自在，何忍更以害人之物，恣无厌之求乎？

设使别国有人贩鸦片至英国，诱人买食，当亦贵国王所深恶而痛绝也。向闻贵国王存心仁厚，自不肯以己所不欲者施之于人。并闻来粤之船，皆经颁给条约，有不许携带禁物之语，是贵国王之政令本属严明，只因商船众多，前此或未觉察。今既行文照会，明知天朝禁令之严，定必使之不敢再犯。

且闻贵国王所都之咹顿（伦敦）及嘶噶吖（苏格兰）、嗳啮（爱尔兰）等处，本皆不产鸦片。惟所辖印度地方，如嗌啊啦（孟加拉）、嘛哒啦嘪（马德拉斯）、嗌喫（孟买）、叭哒哷（巴特那）、嚽哷嘛哇（马尔瓦）数处，连山栽种，开地制造，累月经年，以厚其毒，臭秽上达，天怒神恫。贵国王诚能于此等处拔尽根株，尽锄其地，改种五谷，有敢再图种造鸦片者，重治其罪，此真兴利除害之大仁政，天所祐而神所福，延年寿，长子孙，必在此举矣。

至夷商来至内地，饮食居处，无非天朝之恩膏，积聚丰盈，无非天朝之乐利。其在该国之日犹少，而在粤东之日转多，弼教明刑，古今通义。譬如别国人到英国贸易，尚须遵英国法度，况天朝乎？

今定华民之例，卖鸦片者死，食者亦死。试思夷人若无鸦片带来，则华民何由转卖，何由吸食？是奸夷实陷华民于死，岂能独予以生。彼害人一命者，尚须以命抵之，况鸦片之害人，岂止一命已乎？故新例于带鸦片来内地之夷人定以斩绞之罪，所谓为天下去害者此也。

复查本年二月间，据该国领事义律以鸦片禁令森严，禀求宽限，凡印度港脚属地请限五月，英国本地请限十月，然后即以新例遵行等语。今本大臣等奏蒙大皇帝格外天恩，倍加体恤，凡在一年六个月之内误带鸦片，但能自首全缴者，免其治罪。若过此限期仍有带来，则是明知故犯，即行正法，断不宽宥，可谓仁之至义之尽矣。

我天朝君临万国，尽有不测神威，然不忍不教而诛，故特明宣定例。该国夷商欲图长久贸易，必当懔遵宪典，将鸦片永断来源，切勿以身试法。王其诘奸除慝，以保乂尔有邦，益昭恭顺之忱，共享太平之福。幸甚幸甚。

接到此文之后，即将杜绝鸦片缘由速行移复，切勿诿延，须至照会者。

【朱批】得体周到。钦此。

回过头来看，中国当时没有丝毫以武力战胜英国的可能。而英国人对自己的武力胸有成竹，很快便挑起战端。1840年，林则徐由于未能平息事态，反而引起战祸，被就地免官，谪戍伊犁，开始了其流放生涯。1842年，他给几位朋友写信，陈述自己在广州与英国人交涉的见闻，坦承中国武备远远不如西方，主张购买和制造西式舰船枪炮。这种态度与此前他在广州强硬的做派判若两人。如果他仿造西式武器的计划得以付诸实施，那么中国的现代化将提前20年起步。不幸的是，碍于朝廷的反对，他不敢公开倡导西化，只是写信向几位朋友倾诉，并请他们保密。下面是他写给吴子序的信，就是其中的一封。吴子序是翰林院编修，同倭仁和曾国藩是好友。[1]

选文2　林则徐承认西洋武器的优长（1842年）[2]

【编者按：在信的开头，林则徐告诉吴子序"制夷"之难行。】

至逆船在海上来去自如，倏南倏北，朝夕屡变。若在在而为之防，不惟劳费无所底止，且兵勇炮械安能调募如此之多、应援如许之速？……

仆任两粤时，曾筹计船炮水军事宜，恐造船不及，则先雇船，恐铸炮不及且不如法，则先购买夷炮。最可痛者，虎门一破，多少好炮尽为逆夷所有矣。忆前年获咎之后，犹以船、炮二事冒昧上陈。倘彼时得以制办，去秋浙中尚可资以为用。今燎原之势，向迩愈难。要之船、炮、水军断非可已之事，即使逆夷逃归海外，

---

① 关于倭、曾二人，见本书第6章和选文19。
② 原题《林则徐复吴子序编修书》，见吴曾祺：《历代名人书札续编》卷二上，第18—19页；又见林则徐全集辑委员会编：《林则徐全集》（第七册），福州：海峡文艺出版社，2002年，第288—289页，题为《致吴嘉宾》。

此事亦不可不亟为筹画，以为海疆久远之谋，况目前驱鳄屏鲸，舍此曷济……惟仆此时宜亟守口如瓶之戒，而于志趣相合者，忽又倾吐于不自禁，极自悔其愚妄。然转思爱注之深，究不可以自匿，惟祈密之，切勿为外人道也。

　　林则徐十分担忧英国问题，他在广州时便开始搜集西方情报，并制定了将英夷羁縻于港口的策略。正如后来的港英总督所说："当林氏……与欧洲人交涉之初，竭其所能搜集中外文献，在通事的帮助下尽力获取关于……每一个域外国家的知识。传教士的手册、《澳门月报》、关于商业的专著、介绍英美的书籍以及地理学著作等，都在他收译之列，不过或多或少地都被删减或浓缩了。报纸上有关中国的文章一律译成汉文，与鸦片相关的文章尤其受到重视。"最后的结晶就是大名鼎鼎的《海国图志》。此书是大学者魏源（1794—1857）利用林氏搜集的材料编纂而成的。魏源在《海国图志》的序言中首先向《四洲志》致谢，这本《四洲志》很可能编译自穆瑞（Murray）的《世界地理大全》（*Cyclopaedia of Geography*），1841年林则徐将其刊印。林氏罢官之后，魏源完成了编纂，并反复增删，第一版50卷于1844年刊行，第二版60卷于1849年刊行，第三版100卷于1852年刊行。

　　1842年，魏源的名著《圣武记》刊行。《圣武记》考察了清朝开国以来的武功。魏源不但在军事史和经济地理领域卓有建树，而且能以批判的眼光研究经学。毫不夸张地说，19世纪中叶魏源在学界的地位，堪比17世纪的顾炎武和18世纪的戴震（1724—1777）。鸦片战争期间，魏源只是扬州的一介微官，1844年才中进士。他熟知中英战事，而他对于战略和大局的见解无疑来自林则徐。

　　下面的选文是关于对英军事策略的，其中出现了一个不少中国学者都有的错误倾向——从理论出发解决战略问题；分析推理虽然严密，却不是严格地以事实为依据的。即便如此，魏源重岸防、反海战的建议还是非常明智的。至少，他突破了当时官员奏折中普遍存在的说法：派水勇潜入水中凿穿英舰底部，或派火船冲击英舰，即可将英舰击沉。

　　在外交领域，林则徐和魏源提出的策略经受住了时代的检验，之后也屡试不爽。"以夷制夷"是西欧"均势"（balance-of-power）概念的中国版。这一策略的执行需要高超的外交手腕，不是什么人都玩得转的。它与清廷"分而治之"的策略异曲同工，常能起到四两拨千斤的奇效。"师夷长技以制夷"更是一个新奇的论调，它很快成为近邻日本维新时代的精神，也成为许多中国洋务和维新人士的口号。

　　林则徐运用"以夷制夷"的原则，首先尝试让俄国出兵印度，此举倒是真的有可能制止英国在中国的攻势。利用法国和美国也是碰碰运气，只不过成功概率稍大一些而已。然而，法、美两国对鸦片战争的调停工作究竟走到了哪一步，至今仍是一个谜。

　　林则徐提出了许多切实可行的建议，如翻译西书，建造西式船厂、兵工厂，制造军舰和枪炮，聘请西方顾问，培养中国技术人员，改革武举等，都与中国未来的发展若合符节。然而令人大惑不解的是，为什么这一切迟了整整20年？

选文3　魏源《筹海篇》（1842年）[①]

议　守

自夷变以来，帷幄所擘画，疆场所经营，非战即款，非款即战，未有专主守者……

自守之策二：一曰守外洋不如守海口，守海口不如守内河；二曰调客兵不如练土兵，调水师不如练水勇。攻夷之策二：曰调夷之仇国以攻夷，师夷之长技以制夷。款夷之策二：曰听互市各国以款夷，持鸦片初约以通市。今请先言守……

制敌者必使敌失其所长。夷艘所长者，外洋乎？内河乎？吾之所御贼者，不过二端：一曰炮击，一曰火攻。夷之兵船，大者长十丈，阔数丈，联以坚木，浇以厚铅，旁列大炮二层。我炮若仅中其舷旁，则船在大洋，乘水力活，不过退却摇荡，不破不沉。必中其桅与头鼻，方不能行驶，即有火轮舟牵往别港，连夜修治。惟中其火药舱，始轰发翻沉，绝无泅底凿沉之说，其难一。若以火舟出洋焚之，则底质坚厚，焚不能然。必以火箭喷筒，焚其帆索，油薪火药轰其柁尾头鼻。而夷船桅斗上，常有夷兵远镜瞭望，我火舟未至，早已弃碇驶避，其难二……

【编者按：魏源接着建议在内河攻击夷船，一是因为内河在中国枪炮的射程之内；二是因为内河水位浅、河道窄，夷船进退不灵；三是可用铁链或沉船挡住夷船去路，然后放出火船四面焚烧。魏源认为，在这种情形下，中国兵勇藏身墙垒之后，夷船的大炮难以

---

① 见魏源：《海国图志》卷一，1844年第一版。

伤人。】

所谓诱贼入内河者，谓兵炮地雷、水陆埋伏，如设阱以待虎，设罾以待鱼，必能制其死命，而后纵其入险，非开门延盗之谓也……

倭寇长于陆战，短于水战，由其人寇皆穷岛亡命，无力置大艘大炮，惟恃其胆力渡洋，恃其刀枪矛突，故登陆则不可敌。使以倭船遇闽粤之船，则如石碾米也，使其倭船遇大炮火器，则如狼驱羊也……夫倭之所长在陆，击之外海，在攻其所短；英夷所长在海，待诸内河，待诸陆岸，则失其所长。乃明人御倭者，不知御之于外，而今日御英者，又不设伏于内，故天下实效之事，必与庸众之议论相反……

议　战

内守既固，乃御外攻。岳飞曰："以官军攻水贼则难，以水贼攻水贼则易。"今以海夷攻海夷之法如何？……

筹夷事必知夷情，知夷情必知夷形，请先陈其形势。英夷所惮之仇国三：曰俄罗斯，曰佛兰西（法兰西），曰弥利坚（美利坚）。惮我之属国四：曰廓尔喀，曰缅甸，曰暹罗，曰安南。攻之之法：一曰陆攻，一曰海攻。陆攻在印度。逼壤印度者，曰俄罗斯与廓尔喀，俄与英之国都中隔数国，陆路不接，而水路则由地中海与洲中海，朝发夕至。康熙三十年间，英吉利曾由地中海攻俄罗斯，败绩遁归，自后不相往来，而兵争专在印度。

印度者，葱岭西南，与我后藏、廓尔喀、缅甸接壤，去英夷本国数万里，英夷以兵舶据东、南、中三印度，而俄罗斯兵则由黄海、里海间取游牧诸部，亦与西、中二印度接壤，止隔一雪山，各以重兵拒守。自东印度之孟阿腊之麻尔洼，南印度之孟迈之曼达喇萨，鸦片盛行，英夷岁收税银千余万，俄罗斯觊觎之。及英夷调印度兵艘，入犯中国，深恐俄罗斯乘其虚以捣温都斯坦【注：中印度】。又传闻俄夷使者已自比革特起程入中国【注：比革特，其东都也】，惴惴惧其犄角。盖康熙中用荷兰以款俄罗斯，又联俄罗斯以逼准噶尔，故英夷之惧俄罗斯者，不在国都而在印度，此机之可乘者一。

廓尔喀者，亦在后藏之西，与东印度逼处。方乾隆中，我师征廓夷时，英夷印度兵船亦乘势攻其东境，故上年英夷罢市后，廓夷亦即禀驻藏大臣，愿出兵攻击印度。当时若许廓夷扰其东，俄罗斯捣其西，则印度有瓦解之势，寇艘有内顾之虞，此机之可乘者二。故可乘而不乘，非外夷之不可用也，需调度外夷之人也。

海攻之法，莫如佛兰西与弥利坚。佛兰西国逼近英夷，止隔一海港，弥利坚与英夷则隔大海。自明季国初之际，佛兰西开垦弥利坚东北地，置城邑，设市埠，英夷突攻夺之，于是佛夷与英夷深雠。及后英夷横征暴敛，于是弥利坚十三部起义驱逐之，兼约佛兰西为援，三国兵舶数百艘，水陆数十万，不解甲者数载。弥利坚断其饷道，英军饥困，割地请和，弥利坚遂尽复故地二十七部，英夷止守东北隅四部，不敢再犯。

即印度地亦荷兰、佛兰西开之，而英夷夺之……此各国之形也。

其互市广东，则英夷最桀骜，而佛、弥二国最恬顺。自罢市以后，英夷并以兵艘防遏诸国，不许互市，各国皆怨之，言英夷若久不退兵，亦必各回国，调兵艘与之讲理。去年靖逆出师以后，弥利坚夷目即出调停，于是义律来文，有不讨别情，只求照例通商之请，并烟价香港亦不敢索，此机之可乘者三。

乃款议未定，而我兵突攻夷馆，反误伤弥利坚数夷，于是弥利坚夷目不复出力。而佛兰西于英夷再次败盟之后，是冬有兵头兵船，至广东求面见将军，密禀军务……【编者按：魏源接着记述了一件憾事：法国本来宣称愿意斡旋中英关系，但因为中方官僚的猜疑和拖沓，最终错失了机会。】

今日之事，苟有议征用西洋兵舶者，则必曰借助外夷恐示弱；及一旦示弱数倍于此，则甘心而不辞。使有议置造船械师夷长技者，则曰糜费；及一旦糜费十倍于此，则又谓权宜救急而不足惜。苟有议翻夷书、刺夷事者，则必曰多事【注：嘉庆间，广东有将汉字夷字对音刊成一书者，甚便于华人之译字，而粤吏禁之】；及一旦有事，则或询英夷国都与俄罗斯国都相去远近，或询英夷何路可通回部……

以通市二百年之国，竟莫知其方向，莫悉其离合，尚可谓留心边事者乎？汉用西域攻匈奴，唐用吐番攻印度，用回纥攻吐番，圣祖用荷兰夹板船攻台湾，又联络俄罗斯以逼准噶尔。古之驭外夷者，惟防其协寇以谋我，不防其协我而攻寇也；止防中华情事之泄于外，不闻禁外国情形之泄于华也。然则欲制外夷者，必先悉夷情始。欲悉夷情者，必先立译馆、翻夷书始。欲造就边才者，必先用留心边事之督抚始……

未款之前，则宜以夷攻夷，既款之后，则宜师夷长技以制夷。夷之长技三：一战舰，二火器，三养兵、练兵之法。请陈国朝前事。

康熙初，曾调荷兰夹板船以剿台湾矣，曾命西洋南怀仁制火炮以剿三藩矣，曾行取西洋人入钦天监以司历官矣。今夷人既以据香港，拥厚赀，骄色于诸夷；又以开各埠，裁各费，德色于诸夷。与其使英夷德之，以广其党羽，曷若自我德之，以收其指臂……【编者按：这就是中国接受英国提出的最惠国条款，并将此特权扩及其他各国的原因。】

【编者按：魏源接着陈述西洋造船之法。】其船厂材料山积，工匠云萃，二三旬可成一大战舰，张帆起柁，嗟咄立办。其工匠各以材艺相竞，造则争速，驶又争速，终年营造，光烛天，声殷地，是英夷船炮在中国视为绝技，在西洋各国视为寻常。广东互市二百年，始则奇技淫巧受之，继则邪教毒烟受之，独于行军利器，则不一师其长技，是但肯受害，不肯受益也……

请于广东虎门外之沙角、大角二处，置造船厂一、火器局一，行取佛兰西、弥利坚二国各来夷目一二人，分携西洋工匠至粤，司造船械，并延西洋柁师，司教行船演炮之法，如钦天监夷官之例。而选闽粤巧匠精兵以习之，工匠习其铸造，精兵习其驾驶攻击……广东一万，福建一万，浙江六千，江苏四千。其所配之兵，必凭选练，取诸沿海渔户枭徒者十之八，取诸水师旧营者十之二。尽裁并水师之虚粮冗粮，以为募养精兵之费，必使中国水师可以驶楼船于海外，可以战洋夷于海中……

当林则徐、魏源等清朝官员开始筹划应对英国侵侮的策略时，另外一种反应在广东民众中却愈演愈烈。1841年，英军上溯珠江，兵临城高池深的巨邑广州，"洗劫"一番后撤退。其后这里掀起了一场排外运动，可能是中国近代史上第一波民族主义骚动。从此开始，在英国蓝皮书中关于各种"事件"的记录持续不断：中国人贴出标语，谴责外国人的存在和活动；外国人到偏远的农村探险，有时被丢石头、被打甚至被杀。关于广州居民反西方情绪的背景，还没有人做深入的研究。士大夫阶层有官府撑腰，对此类运动加以鼓励和引导，也可能事情根本就是他们挑起来的。1900年华北的义和团与此事异曲同工。这场运动的后果是"入城问题"（主要是承认外国人有权进入广州府城之内，而不是像以往那样只能留在城外的十三行）悬而未决，成为外交争论的风暴中心，直到第二次鸦片战争（1858—1860）期间英法联军占领广州城，入城问题才算了结。为了让读者见识一下广州居民"准民族主义"的精神，我们节选了一篇三元里村民的著名说贴。这篇斥责英国人的说贴是在1841年英军撤退之后张贴的。村民在战争中遭受了经济损失，并坚持进行武装抵抗。他们声称自己击退了英军。这篇《广东义民斥告英人说贴》意气甚盛，夹杂着粗鄙之辞，但显然不完全是农民的手笔。

选文4　广东义民斥告英人说贴（1841年）[①]

尽忠报国全粤义民，谕尔逆犬羊知悉：

查尔英夷素习，豺狼成性，抢夺为强……尔不过贪利而来，有何知识？尔之贪利，犹畜生之贪食，不知法度，不知礼义……尔不思报我天朝厚恩，反加仇害，用鸦片烟害我百姓，骗我银钱……纵尔窜入内河。尔勾引无父无君之徒，作为汉奸，从印作乱，尔不过使钱哄买而已，有何长处？尔既妄称知兵，何不专用

---

① 《筹办夷务始末》（道光朝）卷三十一，第15—20页；又见中国第一历史档案馆编：《鸦片战争档案史料》（4），天津：天津古籍出版社，1992年，第5—7页。

尔英夷交战？今用我国人为汉奸，非尔英狗之能。我天朝素行仁义，不忍制造此等毒物，岂似尔等畜邦，专以抢夺为生？尔船只坚固，炮火惨烈，火箭威猛，除此三物，更有何能……我们义士受天朝二百余年豢养之恩，今日若不诛尽英夷，便非人类。尔杀害我乡百姓，大干天和，又将各棺骸尽行残毁，各庙神佛俱受灾殃，正为天怒人怨之时，鬼神之所不容……

我们痛恨已极，若不杀尽尔等猪狗，便非顶天立地男子汉。我们一言既出，万不折回，一定要杀，一定要砍，一定要烧死尔等。就请人劝我，亦必不依，务必要剥尔之皮，食尔之肉，方知我们利害也。特先示谕尔义律、马里逊、颠地、担拒等，及各无父无君汉奸知之。本应措词雅驯，因畜类不通文字，故用粗俗之言，浅浅告谕……

这种狂热的排外主义在广州盛行一时。直到1858年，中外政府寻求建立更和睦的关系，都对此感到尴尬，才将其平息下去。

第4章

抚夷之策

除了林则徐的"制夷"之策，还有一种"抚夷"的选择。抚夷需要谈判而非武力，但它仍然属于传统的夷夏关系模式，既没有借鉴西法，也没有改革中法。鸦片战争中清军的失利为妥协政策开了绿灯。于是有了第一批条约，包括1842年的中英《南京条约》以及1844年的中法和中美条约。根据条约，第一批条约口岸开放了，包括上海、广州、厦门、福州和宁波。外国人可以在领事和炮舰的保护下居住和贸易。这种中西关系新秩序是靠武力实现的，中国的让步可谓忍辱含垢。纵使清政府将条约委婉地称作"怀柔远人"的"抚夷"或"羁縻"之策，这毕竟昭示了清政府的失败。

妥协或绥靖政策主要是由满人官员提出的，这一点早已为人们所注意。尤其引人注目的是琦善在1840年至1841年间、宗室耆英在1842年至1848间的作为。而强硬政策则主要是由汉人大臣提出的。林则徐在1839年至1840年间、叶名琛在1848年至1858年间的作为就是显例。在这个时候，满人官员更倾向于将王朝利益置于国家利益之上，至少他们为了保住大清江山，比汉人官员更愿意向夷人妥协，哪怕是牺牲一点经济利益和文化优越感也并无不可。不管这个说法能否成立，签订城下之盟的清廷代表都相对地忽略了条约的经济影响。他们的主要目标是安抚侵略者，防止他们再开战端。为了实现这个目标，耆英特别注重拉拢外国代表，培养私谊，英国代表璞鼎查（Henry Pottinger，1789—1856）爵士、美国代表顾盛（Caleb Cushing，1800—1879）和法国人拉萼尼（Théodore de Lagrené，1800—1862）都在他的拉拢之列。耆英明显想通过私人关系影响夷人在华的政策和行动，他还有利用美国和法国制衡英国的想法。

对清朝的任何一名官员来讲，与外敌的私谊都有着致命危险，随时可能被人视为汉奸或被洋人所欺（理论依据就是"通敌罪"）。耆英不得不在奏折中反复为自己辩解。下面的奏折淋漓尽致地展现了他夹在皇帝和夷人之间两面三刀的做派。这封奏折作于他参加与英、美、法诸国的条约谈判之后。后来，英国人在两广总督叶名琛的文档中找到了这些奏折。叶名琛是一个仇外的死硬派，在1858年的英法联军之役中被生擒。威妥玛（Thomas Wade）将这些奏折译成英文并带到天津。时年72岁的耆英临危受命，赴天津与英、法谈判。被他替下的中方代表自然嫉恨他，英、法代表也抵制他。外国人将那些14年前的奏折摆在了他面前，耆英颜面扫地，只好退出谈判，随后被咸丰帝赐死，以白绫自缢而亡。

选文5　耆英"驭夷"的手段（1844年）[1]

耆英又奏：再办理各国夷务及奴才接见夷使，相机驾驭情形，均经随时缮折奏报……惟念英夷自二十二年七月就抚，米、佛二

---

[1]　原题《两广总督耆英奏陈体察洋情不得不济以权变片》，见《筹办夷务始末》（道光朝）卷七十三，第18—20页；又见中国第一历史档案馆编：《鸦片战争档案史料》（7），第524—526页。

夷又于本年夏秋接踵而至，先后三年之间，夷情变幻多端，非出一致，其所以抚绥羁縻之法，亦不得不移步换形。固在格之以诚，尤须驭之以术，有可使由不可使知者，有示以不疑方可消其反侧者，有加以款接方可生其欣感者，并有付之包荒不必深与计较方能于事有济者。

缘夷人生长外番，其于天朝制度多不谙悉，而又往往强作解事，难以理晓。即如纶音下逮，均由军机大臣承行，而夷人则尊为朱批，若必晓以并非御笔，转无以坚其信，此则不宜明示者也。

夷人会食，名曰大餐，率以广筵聚集多人，相与宴饮为乐。奴才在虎门、澳门等处犒赏诸夷，其酋长头目来者，自十余人至二三十人不等。迨奴才偶至夷楼夷船，渠等亦环列侍坐，争进饮食，不得不与共勺杯，以结其心。

且夷俗重女，每有尊客，必以妇女出见，如米夷伯驾、佛夷喇莓尼，均携有番妇随行。奴才于赴夷楼议事之际，该番妇忽出拜见，奴才跼蹐不安，而彼乃深为荣幸。此实西洋各国风俗，不能律以中国之礼，倘骤加呵斥，无从破其愚蒙，适以启其猜嫌。

又诸夷均为和好而来，不能不略为款接，往来亲热，尤应防闲。是以奴才于各国条约将次议定之时，均饬藩司黄恩彤晓谕各该夷使，以中国大臣办理诸国公事，并非越境私交，如致送礼物，惟有坚却弗受，若含混收受，天朝功令森严，不独有乖体制，实亦难逃宪典。该夷使等尚知听从。但于接晤时，或小有所赠，如洋酒花露之类，所值甚微，其意颇诚，未便概行当面掷还，惟给予随身所带烟壶荷包等物，以示薄来厚往之义……

至各国虽有君长，而男女不齐，久暂不一，迥出法度之外。如英夷属女主，米、佛二夷系属男主，英、佛之主皆世及，而米夷之主则由国人拥立，四年一换，退位后即等齐民。

其称号亦有不同，大都剽窃中国文字，妄示夸张，夜郎自大，彼为自尊其主，于我无与。若绳以藩属之礼，则彼又以不奉正朔，不受册封，断不肯退居越南、琉球之列。

此等化外之人，于称谓体裁，昧然莫觉，若执公文之格式，与之权衡高下，即使舌敝唇焦，仍未免袁如充耳，不惟无从领悟，亦且立见龃龉，实于抚绥要务甚无裨益，与其争虚名而无实效，不若略小节而就大谋。

以上数端，均系体察夷情，揆度时势，熟审乎轻重缓急之间，不得不济以权宜通变之法，或事本琐屑，或时当急迫，奴才未敢专折，一一烦渎圣聪，现值夷务粗已完竣，理合附片一并陈明。

【朱批】只可如此处之，朕已俱悉。

耆英在外交往来中遇到的问题，在条约口岸出现得更加频繁。在口岸，官员的仕途和夷务息息相关，他们在实践中学习如何同洋人打交道。当时上海的贸易规模和洋人数量骤增，同时各个口岸的中外摩擦也接连不断。1851年之后，太平天国异军突起，横扫南国腹地，削弱了清政府的地位。刚刚登基的咸丰帝（1851—1861年在位）是一个狭隘的排外主义者，支持广东方面对西方短视的轻蔑态度。然而他的统治软弱无力，不足以驱除夷人，只能虚与委蛇。这使得在条约口岸的清朝官员尽量与外国人保持友好关系。下面的引文描述了名将吉尔杭阿（卒于1856年）与洋人合作的办法。由于他能够成功地获得外国人的援助与配合，所以当起义军攻占上海县城（1853年9月—1855年2月），威胁到附近的租界时，他被火速提拔为江苏巡抚。

英夷于咸丰三年，见我内地多故，即起戎心。经吉雨山折之以理，慑之以气，而又推诚以结之，故能转为我用。其推诚之法，必先破其疑团。该夷之最疑者，中华大吏不将其苦衷据实具奏……吉雨山廉得其故，遇有可行之事，即告以据实代奏。其不可行之事，则告以尔等欲我代奏，不能不奏，然一经代奏，大皇帝必将我革职治罪。我等相好，将此顶纱帽结交朋友，无甚紧要，但不知尔等安否。设有出言悖谬之处，直告以头可断，事不能为。该夷以为不欺，尊之曰"吉大人"，而中心诚服矣。①

与外国人共事是危险的，与外国打交道是困难的，于是条约口岸出现了一批精通夷务的官员，他们就好比后来美国的"远东问题专家"。徐继畬曾辅佐耆英制定了福州、厦门两个口岸的对外策略，是口岸官员中的佼佼者。徐氏的祖父是举人，父亲是进士，他本人是道光六年（1826）进士。这样一位传统秩序下的肖子，却对西方产生了"不该有"的兴趣。他早年曾任翰林院编修、监察御史，1843年至1851年间出任福建布政使，以专派之员身份办理开放厦门、福州两口通商通行事宜，署闽浙总督。1844年年初，他在厦门首次与洋人打交道。当时的英国代理领事与地方官打交道出了麻烦。由于翻译乏人，领事和地方官的交流需要层层转译：先由一名新加坡华人将领事的英语翻译成闽南话讲给一个厦门人，这个厦门人再翻译成官话（北京话）讲给这位地方官。于是，在当地传教的

---

① 《筹办夷务始末》（咸丰朝）卷二十五，第4—6页；又见蒋廷黻编：《近代中国外交史资料辑要》（上卷），第184—203页。

美国教士雅裨理（David Abeel，1804—1846）被拉来救场。据说雅裨理懂得"许多"官话，但是只能听不能说。由此，徐继畬与爱好文学的雅裨理结识。雅氏借给徐氏一本世界地图集，徐氏由此对世界地理产生了浓厚的兴趣。雅裨理说："他是我见过的最有好奇心的中国高官。"雅氏向他介绍西方地理和历史，其他外国人也对他有所助益，比如英国皇家海军"德鲁伊"舰的史密斯舰长。

徐继畬的心血凝就于《瀛寰志略》一书。该书成书于1848年，刊行于1850年，篇幅短于《海国图志》，而无《海国图志》之汗漫，作为一部以西方资料编成的世界地理概览，《瀛寰志略》更为简明实用，甚至可以说是"科学"的。《瀛寰志略》中的地图就是按西方地图仔细摹绘的，比魏源用的示意图准确得多。

条约签订后，徐继畬与洋人的合作如鱼得水。因为他不必整天盘算防英的军事战略，而可以将研究西方当作一桩正经事来做。虽然他依然按照当时的习惯，在奏折里斥责鸦片和传教士这对孪生祸胎，但是现实中他和外国人的关系已经非常密切了。后来他奉调入总理衙门当差（1865—1869），1866年总理衙门重印了《瀛寰志略》一书。

下面《瀛寰志略》有关英、美两国的选段明显是取自甚或照抄西方材料的，而以简介的形式呈现。简介后面有徐继畬本人的按语，以解说的口吻呈现。关于英国的议会和陪审团制度，徐继畬寥寥几笔带过，并没有加什么按语；而关于英国在美洲和印度的扩张，徐继畬则从今天所谓的"地缘政治"的角度加了大段按语。徐继畬对美国国父"顿"（华盛顿的简称）的功业赞叹不已，调门恐怕不比当时的美国课本低多少。徐继畬将大量西方经济和政治制度的资料展现给国人，清晰地呈现出所谓的西"夷"代表着虽然与中国不同，然而异常发达的社会。了解双方的差异并在政治运作中运用这些知识，才是难点所在。

选文6 徐继畬接受西方地理知识（1848年）[①]

关于不列颠及其帝国

英吉利三岛物产，石炭之外兼产铜、铁、锡、铅、窝宅、硇砂，马、牛、羊最多。土宜二麦，收获甚丰，然人满食不足，资运籴于他国。织布者四十九万余人，其机以铁为之，激以火轮，关捩自能运动，是以工省而价廉。每年用棉花四十余万担，皆从五印度、米利坚运入。织造大呢、羽缎、哔叽最多，又能织丝缎，亚于佛郎西，丝由中国、意大里运买。枪、炮、刀、剑、钟表以及日用各项器皿之工，约三十万人。每年各项货价约值一万万余两。街市之中，袨帷汗雨，昼夜往来如织。其商船四海之中无处不到，大利归于商贾，而工则贫。

【编者按：徐继畬接着描述了英国的议会和陪审团制度。】

又英国听讼之制，有证据则拿解到官，将讯，先于齐民中选派有声望者六人，又令犯罪者自选六人，此十二人会同讯问，辨其曲直，然后闻之于官，官乃审讯而行法焉。

　　按：英吉利敻然三岛，不过西海一卷石，揆其幅员，与闽、广之台湾、琼州相若。即使尽为沃土，而地力之产能有

---

① 徐继畬：《瀛寰志略》，上海：上海书店出版社，2001年，第236—292页。

几何？其骤致富强，纵横于数万里外者，由于西得亚墨利加、东得印度诸部也。亚墨利加一土孤悬宇内，亘古未通声闻，英人于前明万历年间探得之，遂益万里膏腴之土，骤致不赀之富。其地虽隔英伦万里，而彼长于浮海，视如一苇之杭。迨南境为米利坚所割，所余北境（即加拿大）虽广莫，而荒寒类中国之塞北，燕支既失，英国几无颜色矣。

五印度在中国西南……乾隆二十年灭孟加拉，乘胜蚕食印度诸部，诸部散弱不能抗，遂大半为其役属。其地产棉花，又产鸦片烟土，自中国盛行之后，利市十倍，英人所收税饷，五印度居其大半，失之桑榆而收之东隅，抑何幸也。

英人既得五印度，渐拓而东南，印度海之东岸遍置埠头……麻喇甲（马六甲）、息力【注：即新奇坡（新加坡）】易之荷兰，小西洋【注：即印度海】利权归掌握者八九矣。再东则中国之南洋诸岛国，惟吕宋属西班牙，余皆荷兰埠头，繁盛如噶罗巴【注：即瓜哇】，冲要如马尼剌【注：即小吕宋】，英人未尝不心艳之，而他人我先，无由凭空攫取。然往来东道，以两地为逆旅，西与荷不敢少忤也……而目前之倚为外府而张其国势者，在于五印度，其地在后藏西南，由水程至粤东不过两三旬，盖英人之属地久已近连炎徼，而论者止知其本国，以为在七万里之外也。

英吉利本国地形褊小，而生齿最繁，可耕之土不足供食指之什一。北亚墨利加未分割之前，英民无业者率西渡谋食，迨米利坚割据之后，英所余北境之土寒不可耕，虽得五印度广土，而其地本有居人，并无旷土，英人流寓虽多，终不能反客为主，故汲汲于寻新地。近年得新荷兰（新西兰）大岛，诛锄草莱，徙罪人于此，贫民无生业者亦载往安插，移民于八万里之外，其为生聚之谋，亦可谓勤且劳矣。

英吉利岁入税饷，除还商民利息外，每年约得二千余万两，所出亦二千余万两。本国额兵九万，印度英兵三万，土兵二十三万，谓之叙跛兵。兵船大小六百余只，火轮船百余只。其兵水师衣青，陆路衣红，重水师而轻陆路。专恃枪炮，不工技击，刀剑之外无别械。

【编者按：接下来又是徐继畬的一段按语，描述了英国战舰的尺寸与形制，并且注意到外国船只不畏风浪，却怕礁石。他还描述了西洋火炮、蒸汽船的结构和操作方式。从细致的刻画中，我们可以窥见他对蒸汽动力原理颇有了解。徐氏还提到蒸汽机在西方最初用于纺织，进而用于轮船，最近在美国用于牵引机车。】

关于美国革命和美利坚合众国

乾隆中，英与佛郎西构兵，连年不解，百方括饷，税额倍加，旧例茶叶卖者纳税，英人下令买者亦纳税，米利坚人不能堪。乾隆四十年，绅耆聚公局，欲与后守大酋（即英国官员）酌议，酋逐议者，督征愈急，众皆怒，投船中茶叶于海，谋举兵拒英。

有华盛顿者【注：一作兀兴腾，又作瓦乘敦】，米利坚别部人，生于雍正九年，十岁丧父，母教成之，少有大志，兼资文武，雄烈过人，尝为英吉利武职……至是众既畔英，强推顿为帅……顿军败，众恇怯欲散去，顿意气自如，收合成军，再战而克。由是血战八年，屡蹶屡奋，顿志气不衰……

顿既定国，谢兵柄，欲归田，众不肯舍，坚推立为国主，顿乃与众议曰："得国而传子孙，是私也。牧民之任，宜择有德者为之。"仍各部之旧，分建为国，每国正统领一……乡邑之长，各以所推书姓名投匦中，毕则启匦，视所推独多者立之，或官吏，或庶民，不拘资格。退位之统领依然与齐民齿，无所异也……

米利坚全土，东距大西洋海，西距大洋海……西境未辟之地皆土番，凡辟新土，先以猎夫杀其熊、鹿、野牛，无业之民任其开垦荒地，生聚至四万人则建立城邑，称为一部，附于众国之后。今众国之外已益三部……

米利坚各国天时和正，迤北似燕、晋，迤南似江、浙，水土平良，无沙碛，鲜瘴疠【注：南方微有瘴气，亦不甚毒】。其土平衍膏腴，五谷皆宜，棉花最良亦最多，英、佛诸国咸取给焉。蔬菜、果实皆备，烟叶极佳，通行甚远。山内所出者，石炭、盐铁、白铅。境内小河甚多，米人处处疏凿，以通运道。又造火轮车，以石铺路，熔铁汁灌之，以利火轮车之行，一日可三百余里。火轮船尤多，往来江海如梭织，因地产石炭故也……

米利坚政最简易，榷税亦轻，户口十年一编。每二年于四万七千七百人之中，选才识出众者一人居于京城，参议国政。总统领所居京城，众国设有公会，各选贤士二人居于公会，参决大政，如会盟、战守、通商、税饷之类，以六年为秩满。每国设刑官六人，主谳狱，亦以推选充补，有偏私不公者，群议废之……

米利坚合众国额兵不过一万，分隶各炮台关隘。其余除儒士、医士、天文生外，农工商贾自二十岁以上、四十岁以下一概听官征选，给牌效用，为民兵……其民兵约一百七十余万丁，与古人寓兵于农之法盖暗合焉。

米利坚合众国白人皆流寓，欧罗巴各国之人皆有之，而英吉利、荷兰、佛郎西为多，三国之中英吉利又居大半，故语言文字与英同其制。土番各画地授田，不准遣徙，贸迁工作皆白人，其人驯良温厚，无鸷悍之气，谋生最笃。商舶通行四海，众国皆奉西教，好讲学业，处处设书院。其士类分三等，曰学问，研究天文、地理暨西教旨；曰医药，主治病；曰刑名，主讼狱。

第 5 章

自强说的滥觞

　　1860年，清朝皇帝因为不愿直面中西接触带来的问题，已然虚掷了20年的光阴。在此期间，一场大起义无疑使得清朝元气大伤，一度将它逼到了改朝换代的边缘。与此同时，在鸦片贸易盛行的广州以及其他沿海地区和条约口岸，摩擦依旧不断，最终引爆了第二次中英战争。这一次法国也掺和了进来。修约的提议一直被中方坚拒。于是英、法两国抓住口实，派出联军攻陷广州。1858年，双方在天津谈判订约，美国和俄国也乘机加入其中。乍看之下，这是一桩列强趁火打劫、将自己的意志强加于中国的事件，我们甚至可以把它看作近代中国对外关系的总模式。考察中国19世纪的对外关系，只看西方侵略的一面肯定是不够的。中国人自身的态度和反应也是历史进程的基本要素，这一点可以通过1860年前后的对比来说明。

　　在1860年之前《天津条约》换约时，清廷做出了一个鲁莽的举动：伏击英国使者，阻止其进京。双方在天津郊外的大沽交火，清军一度获胜，英军败退。1860年第二阶段的战争由此挑起。英法联军一路势如破竹，攻陷北京，咸丰帝逃走。英、法两国迫使清廷再次确认了其之前的要求。从此之后，外国公使可以驻京，外国军舰可以行驶于长江之上，外国货物和传教士可以深入内地。清廷软硬兼施拒洋人于千里之外的做法一败涂地，它对洋人的态度和策略开始改变。

1860年之后，清朝统治阶层开始为建立新的制度做出充满希望的努力，改革的重点有以下几项：处理中外关系；征收关税；借洋人之力镇压捻军和太平天国。如果这些政策早点实施，谁知道会有什么效果呢？如果有人说这些改革在19世纪40年代或50年代就能施行，那他一定忽略了当时的历史条件。我们的观点是，历史的趋势须从中国回应西方态度的转变中显现出来。因此，19世纪60年代清廷政策的大调整值得我们留心考察。

（一）恭亲王与总理衙门

1860年5月，太平军在南京附近击溃了清朝的经制兵，清廷只好放弃了集权于上的祖宗之法，给地方督抚以便宜行事之权，而地方督抚当中以汉人居多。四个月后的9月就发生了英法联军之役，集结起来拱卫京师的八旗军溃败，咸丰帝北逃。1851年以来咸丰帝花了巨大代价才拒绝掉的夷人的要求，至此不得不照单全收。清廷此时如梦方醒，八旗兵、绿营兵这两大朝廷的柱石已然崩塌，20年未变的对外政策至此不得不改弦易辙。19世纪60年代是浩劫之后的十年，也是新态度最为明显的十年。这一时期号称"同治中兴"，文官政治的儒家原则被重新肯定，王朝覆灭的趋势被暂时遏制。

咸丰帝逃离北京时，任命自己的弟弟恭亲王奕䜣（1833—1898）为议和大臣，同获胜的英、法两国来使谈判。恭亲王无能为力，只得订了城下之盟，除了确认两年前的《天津条约》继续有效，又满足了对方的一些新要求。为了履行新约规定的义务，恭亲王认为应当突破一切本朝先例成规，设立一个新的外事机构。1860年年末，英、法军队趁运河尚未封冻，撤往天津。恭亲王和他的左膀右臂桂良、文祥一起筹划了一个应对洋人的切实方案，并由三人联衔上奏。1861年1月13日，奏折一到热河，咸丰帝和军机大臣就立即拆阅，当即批准。

选文7　新外交方针（1861年1月）①

自换约以后，该夷退回天津，纷纷南驶，而所请尚执条约为据。是该夷并不利我土地人民，犹可以信义笼络，驯服其性，自图振兴，似与前代事稍异……惟捻炽于北，发炽于南，饷竭力疲，夷人乘我虚弱，而为其所制。如不胜其忿而与之为仇，则有旦夕之变，若忘其为害而全不设备，则贻子孙之忧。古人有言："以和好为权宜，战守为实事。"洵不易之论也。

臣等就今日之势论之，发、捻交乘，心腹之害也。俄国壤地相接，有蚕食上国之志，肘腋之忧也；英国志在通商，暴虐无人理，不为限制，则无以自立，肢体之患也：故灭发、捻为先，治俄次之，治英又次之……

若就目前之计，按照条约，不使稍有侵越。外敦信睦，而隐示羁縻。数年间即系偶有要求，尚不遽为大害。谨悉心参度，统计全局，酌拟章程六条，恭呈御览……

（1）请设总理各国事务衙门，以王大臣领之……俟军务肃清，

----

① 《筹办夷务始末》（咸丰朝）卷七十一，第18—27页；又见蒋廷黻编：《近代中国外交史资料辑要》（上卷），第289—294页。

外国事务较简，即行裁撤，仍归军机处办理，以符旧制。

（2）南北口岸，请分设大臣，以期易顾也。【编者按：本条详述广州、福州、厦门、宁波、上海五处南方港口和牛庄、天津、登州三处北方港口的商务监督机构。】

（3）新添各口关税，请分饬各省，就近拣派公正廉明之地方官管理，以期裕课也。

（4）各省办理外国事件，请饬该将军督抚互相知照，以免歧误也。

（5）认识外国文字，通解外国言语之人，请饬广东、上海各派二人来京差委，以备询问也……【编者按：此议即同文馆的滥觞，第8章还会提及。】

（6）各海口内外商情并各国新闻纸，请饬按月咨报总理处，以凭核办也。

总理各国事务衙门（简称"总理衙门"）就这样成立了。它可以说是一个军机处下设的特别委员会或专门委员会，有关列强的方方面面的事务统归其办理。总理衙门不是一个真正意义上的"部"，但是一直作为准外交部发挥作用，直到1901年外务部成立才告撤销。事实上，它的临时性质和特殊地位，使它能够灵活地遴选最有为的能吏和最得势的大员加入。

作为新衙门的首脑，恭亲王成功地与英、法、美、俄等国公使建立了工作联系，例如合作组建一支采用西法训练、俄式装备的满人军队，振兴北京的中央机构，等等。次年，咸丰帝驾崩，同治帝（1862—1874年在位）登基，恭亲王被任命为议政王大臣。

从1861年起，到1884年奕䜣解除在总理衙门的差事，他似乎不惜一切代价与外国保持和平，为中国争取自强的时间。在内政方面，1861年至1865年间，他对地方督抚示以宽和；在镇压太平天国和其他起义军的战事方面，则给他们极大的自主权。这也是太平天国在1864年最终失败的原因之一。

恭亲王并无雄才大志，但有纳谏之明。他从不发布武断的命令，每逢重大决策，总是先听取地方大员的意见，这一做法成为惯例，一直保留到清朝灭亡。在北京，他的左右手是桂良和文祥。桂良（1785—1862）是恭亲王的岳父，曾在广州、上海、天津与洋人办交涉，经验老到。到1860年，桂良已经老病不堪，大部分常规事务都由文祥处理。文祥（1818—1876）是满人，以正直机敏著称于时。他从1861年起直到1876年去世，一直在总理衙门当差。文祥生长于奉天的贫寒之家，和习惯了京师声色犬马的同僚相比，看待事物多了几分现实主义。

总理衙门象征的中外关系的新体制只是"同治中兴"这篇大文章的一个章节而已。从本质上讲，同治中兴只是回光返照，而非浴火重生；只是旧制度的落日余晖，而非新制度的旭日朝霞。在中兴时期，太平天国等各路起义军次第敉平，辽阔国土上的科举考试和行政机构纷纷恢复；清廷还通过削减赋税等措施减轻农民的负担，大力选拔和培养才智之士，并灌输以孔孟之道。重振孔孟之道是同治中兴的核心，它要求运用旧纲常应对新局面。改旧制、立新制虽说是为了适应当时的需要，但也都是在儒家传统框架内进行的。作为士林领袖的都是坚守忠孝与德治信条的士大夫。其中有一人虽影响深远却声名寥落，下一部分要谈的就是他，这里主要关注他对中西关系的态度与见解。

（二）冯桂芬其人其书

冯桂芬（1809—1874），苏州人，他恐怕是第一个将中国的现代化问题概括为"自强"的人。他的学说是"中学为体，西学为用"口号的嚆矢。30多年后，张之洞（1837—1909）一提出这个口号，立刻众口交传。

1840年，冯桂芬以一甲第二名进士及第，授翰林院编修。七年的编修生涯让他得以从内部了解政府的问题所在。他博览群籍，除了"四书五经"，还涉猎算学、音韵、天文、地理、农学、水利等领域。他曾经做过林则徐的助手，也做过李鸿章（见第7章）的幕友，后来长期相继在多位高官的幕府中任事。太平天国战争期间，他曾经组织团练保卫苏州。战事结束后，他在李鸿章幕中任事数年，正是在他的建议下，李鸿章于1863年在上海设立了一所教授西方语言与科学的学堂，1865年苏州地区的赋税也获减免。

冯氏的《校邠庐抗议》收录文章40篇，涵盖行政、财政、教育和其他关乎中国现代化的方方面面。1860年，这些文章在上海写就；1861年，冯桂芬将其编纂成集，冠以自序，呈送曾国藩。曾国藩想刊行此书，却被冯谦拒，于是这本书只在冯的友人间转阅、传抄。1898年，《校邠庐抗议》终于引起了光绪帝的重视，他命军机处刊印1000本，下发群臣讨论。此书的大多数篇章都收入了《皇朝经世文编》，彰显了其影响之深远。

下面所选篇章，说明冯桂芬认识到日新月异的近代世界远比古代中国人想象的更广阔，他还认识到，西方科学是中国传统学问的必要补充。冯桂芬主张学习西方语言和科学，上海广方言馆就是在他的倡议下成立的，是同文馆（见第8章）的分支。在外交上，他主张公正地对待外国人，祛除中国人的猜忌之心。为此，他希望改变1860年之前的旧观念，即认为所有外国人都居心险诈；他希望树立一个新观念：外国人诚实可靠，应该推诚相待，给予尊重。

《校邠庐抗议》笔锋犀利，以言简意赅的古文笔法写成。冯桂芬的过人之处在于，他能够看出真正的学问在现实中的重要性。他对广州通事（西学一开始正是通过他们慢慢渗透进来）的鄙夷，就源于这种态度；他认为不学习西语和科学，就无从窥得夷人富强的根本，也源于这种态度。他对魏源的学说不以为然，甚至不惜改变神圣的科举，可见其思想之卓尔不群。

选文8　《采西学议》①

顾今之天下非三代之天下比矣……今则地球九万里，莫非舟车所通，人力所到……据西人舆图所列，不下百国，此百国中经译之书，惟明末意大里亚及英吉利两国，书凡数十种。其述耶稣教者，率猥鄙无足道。此外如算学、重学、视学、光学、化学等，皆得格物至理。舆地书备列百国山川厄塞风土物产，多中人所不及。

今之习于夷者曰通事，其人率皆市井侇达，游闲不齿乡里，无所得衣食者始为之；其质鲁，其识浅，其心术又鄙，声色货利之外不知其他；且其能不过略通夷语，间识夷字，仅知货目数名与俚浅文理而已，安望其留心学问乎……

今欲采西学，宜于广东、上海设一翻译公所，选近郡十五岁

---

① 冯桂芬：《校邠庐抗议》，上海：上海书店出版社，2002年，第55—58页。

以下颖悟文章，倍其廪饩，住院肄业，聘西人课以诸国语言文字，又聘内地名师，课以经史等学，兼习算学。【注：一切西学皆从算学出，西人十岁外无人不学算，今欲采西学，自不可不学算……】闻英华书院、墨海书院藏书甚多，又俄夷道光二十七年所进书千余种，存方略馆，宜发院择其有理者译之……

三年之后，诸文童于诸国书应口成诵者许补本学诸生，如有神明变化，能实见之行事者，由通商大臣请赏给举人，如前议。中国多秀民，必有出于夷而转胜于夷者，诚今日论学一要务矣……如以中国之伦常名教为原本，辅以诸国富强之术，不更善之善者哉？

且也通市二十年来，彼酋之习我语言文字者甚多；其尤者能读我经史，于我朝章、吏治、舆地、民情，类能言之；而我都护以下之于彼国则蒨然无所知，相形之下，能无愧乎？于是乎不得不寄耳目于蠢愚谬妄之通事，词气轻重缓急，辗转传述，失其本旨，几何不以小嫌酿大衅！夫驭夷为今天下第一要政，乃以枢纽付之若辈，无怪彼己之不知，情伪之不识，议和议战，汔不得其要领……

此议行则习其语言文字者必多，多则必有正人君子通达治体者出其中，然后得其要领而驭之。

选文9 《制洋器议》[1]

有天地开辟以来未有之奇愤，凡有心知血气莫不冲冠发上指

---

[1] 冯桂芬：《校邠庐抗议》，第48—51页。

者，则今日之以广运万里、地球中第一大国而受制于小夷也……据英人《地里全志》稽之，我中华幅员八倍于俄，十倍于米，百倍于法，二百倍于英，而今顾觍然屈于四国之下者，则非天时、地利、物产之不如也，人实不如耳。彼何以小而强，我何以大而弱？必求所以如之，仍亦存乎人而已矣。以今论之，约有数端：人无弃材不如夷，地无遗利不如夷，君民不隔不如夷，名实必符不如夷。四者道在反求，以上诸议备矣。惟皇上振刷纪纲，一转移间耳，此无待于夷者也。【编者按：冯桂芬继而指出，中国需要学习西方的只有现代化的装备，中国军队不如西洋之处不在于体力和士气，而在于装备。】

然则有待于夷者，独船坚炮利一事耳。魏氏源论驭夷，其曰："以夷攻夷，以夷款夷。"无论语言文字之不通，往来聘问之不习，忽欲以疏间亲，万不可行。且是欲以战国视诸夷，而不知其情事大不侔也。魏氏所见夷书、新闻纸不少，不宜为此说，盖其人生平学术喜自居于纵横家者流，故有此蔽。愚则以为不能自强，徒逞谲诡，适足取败而已，独"师夷长技以制夷"一语为得之……

宜于通商各口拨款设船炮局，聘夷人数名，招内地善运思者，从受其法，以授众匠，工成与夷制无辨者赏给举人一体会试，出夷制之上者赏给进士一体殿试，廪其匠倍蓰，勿令他适……

夫国家重科目，中于人心久矣。聪明智巧之士，穷老尽气，销磨于时文、试帖、楷书无用之事……今令分其半，以从事于制器尚象之途……中华之聪明智巧必在诸夷之上，往时特不之用耳。上好下甚，风行响应，当有殊尤异敏，出新意于西法之外者，始则师而法之，继则比而齐之，终则驾而上之。自强之道，实在乎是。

前年西夷突入日本国都，求通市，许之，未几，日本亦驾火轮船十数遍历西洋，报聘各国，多所要约，诸国知其意，亦许之。日本蕞尔国耳，尚知发愤为雄，独我大国，将纳污含垢以终古哉？……适有此和好无事之闲隙，殆天与我以自强之时也。不于此急起乘之，只迓天休命，后悔晚矣。居今日而言攘夷，试问其何以攘之？……

或曰：购船雇人何如？曰：不可。能造、能修、能用，则我之利器也；不能造、不能修、不能用，则仍人之利器也。利器在人手，以之转漕，而一日可令我饥饿；以之运盐，一日可令我食淡……终以自造、自修、自用之为无弊也。夫而后内可以荡平区宇，夫而后外可以雄长瀛寰，夫而后可以复本有之强，夫而后可以雪从前之耻。

选文10　《善驭夷议》①

今国家以夷务为第一要政，而剿贼次之，何也？贼可灭，夷不可灭也……驭夷之道不讲，宜战反和，宜和反战，而夷务坏；忽和忽战，而夷务坏；战不一于战，和不一于和，而夷务更坏……

今既议和，宜一于和，坦然以至诚待之，猜嫌疑忌之迹，一切无所用……

然则将一切曲从乎？曰：非也。愚正以为曲从其外、猜疑嫌忌其中之非计也。夷人动辄称理，吾即以其人之法还治其人之身，

---

① 冯桂芬：《校邠庐抗议》，第52—54页。

理可从从之，理不可从据理以折之。诸夷不知三纲而尚知一信，非真能信也，一不信而百国群起而攻之、箝制之，使不得不信也……然则和可久恃乎？曰：难言也。盖尝博采旁咨，而知诸夷不能无异志，而目前数年中则未也。中华为地球第一大国，原隰衍沃，民物蕃阜，固宜百国所垂涎，年来遍绘地图，辙迹及乎滇、黔、川、陕，其意何居？然而目前必无事者，则以俄、英、法、米四国地丑德齐，外睦内猜，互相箝制，而莫敢先发也……津门戊午之事，发端于英，辄率率三国而来者，无他，不敢专其利也，惧三国之议其后也。庚申之事，得当即已者，亦惧俄、米之议其后也……将来四国之交既固，协以谋我，或四国自相斗，一国胜而三国为所制，而后及于我。然四国之相雠，胜于雠我，交必不能固，而自斗则为日必不远，可虑也。

近闻俄夷踪迹已及绥芬河一带，距长白、吉林不甚远，更可虑也。

（三）太平天国对现代化的兴趣

我们在上文中已经多次提到了太平天国，却没有加以全面的介绍。有关太平天国的史料仍在研究和整理之中，目前还难以像概述法国大革命或美国内战那样概述它。众多社会条件共同促成了这场运动，例如人口增长、经济萧条（或许同对外贸易的变化有关）、官僚腐败愈演愈烈、鸦片战争导致朝廷威信失坠，等等。新教福音派也扮演了重要角色。天国的领袖洪秀全（1814—1864）正是利用基督教的若干教义，建立了个人的神权统治。随着运动的兴起，不但贫苦农民加入其中，自清初就立志反清的秘密会党、从事搬运的苦力、鸦片贩子、广州洋面上的海盗也纷纷归附。太平天国起事于广西山区，随后挥戈东北，直捣湖南，继而顺江而下，于1853年占领南京，并定都于此。他们不仅要驱逐满人，效法明太祖驱逐蒙古人的功业，而且要建立一种平均主义的、神权统治的国家。运动最终失败的原因有很多：一是上层阶级的一致反抗，反抗的领袖正是士大夫出身的曾国藩（1811—1872）；二是1860年之后西方列强对清政府的援助；三是太平天国本身缺乏卓越的领袖，也缺乏正确的方法，这恐怕才是最重要的原因。太平天国在许多方面都有复古的倾向，而有趣的是，本书所关注的是它改革的热情。假如环境有利，这种热情很可能落实为一场现代化改革。即使在戎马倥偬之际，太平天国的领导者也力图均分土地、简化汉字、推行一夫一妻制（只是在普通人当中）；他们还禁嫖、禁赌、禁鸦片、禁缠足、禁通奸、禁巫觋、禁卖身为奴。

假如太平天国胜利了，它和西方的关系将会如何？这真的是个有趣的问题。单就近代化和中国旧政教的革新而言，某些太平天国领袖恐怕比清朝官员更趋新，至少更有想象力，下面的选文可以为证。

洪仁玕（1822—1864）是太平天国开创者洪秀全的族弟。他在1851年至1859年间流寓香港，没有参加太平天国这一时期的战争。他从西方传教士那里获得的新知，是太平天国其他领袖难以企及的。他跟随韩山文（Theodore Hamberg，1819—1854）学习基督教教义，还将洪秀全的事迹讲给韩山文听，韩山文据此写成《太平天国起义记》（*The Vision of Hung-Siu-Tshuen and the Origin of the Kwangsi Insurrection*），1854年在香港刊行。此书是太平天国的基本英文史料。洪仁玕后来进入香港的伦敦布道会，在理雅各（James Legge，

1815—1897）身边做了三年助手。在与西方人的长期交往中，他还习得了一些天文学等科学知识。

1854年，洪仁玕试图从上海转赴南京，但到了上海却无法前行，只得返回香港。1859年，他终于到达南京，受到洪秀全的热烈欢迎。据说，1856年的内讧之后，洪秀全只信任自己的亲戚，尤其是兄弟，要事只交给他们处理。洪仁玕很快便执掌外务，并总理朝政。由于没有参加太平天国的早期斗争，他深恐天国的老成员不服，于是将自己的著作《资政新篇》进呈洪秀全。该书于1859年付梓，是太平天国政治思想的两大纲领性文献之一。

洪仁玕的改革计划反映了他与西方接触的收获。他在得知暹罗和日本在西化方面的飞速进展后，决心将缠足、养鸟、留长指甲、穿戴饰品等旧俗一概废除。洪仁玕认为，书法绘画、黄金白玉都不如火车、蒸汽机、温度计、气压计、望远镜和其他科学工具重要。至于政教风俗方面的革新，他提倡修铁路，造轮船，设邮局，办报纸，设医院和聋哑院，禁溺婴，禁卖子为奴，禁演迷信戏曲，改寺观为医院，等等。无疑，他胸中已勾画出了一幅中国工业化和经济发展的蓝图。洪秀全对他的许多建议仔细地作了眉批，如"是""此策是也"等。然而，即使你读完下面的选文，恐怕还是无法确定洪仁玕对自己谈的东西究竟了解多少。毕竟，用古文表述新思想的时候，语言鸿沟还是存在的。

选文11 洪仁玕的建议[①]

要自大至小，由上而下，权归于一，内外适均而敷于众也，又由众下而达于上位，则上下情通……

兴车马之利，以利便轻捷为妙。倘有能造如外邦火轮车，一日夜能行七八千里者，准自专其利，限满准他人仿做。若彼愿公于世，亦禀准遵行，免生别弊。先于二十一省通二十一条大路，以为全国之脉络，通则国家无病焉……

兴舟楫之利，以坚固轻便捷巧为妙。或用火用气用力用风，任乎智者自创……兹有火船气船，一日夜能行二千余里者，大商则搭客运货，国家则战守缉捕……若天国兴此技，黄河可疏通其沙而流入于海，江淮可通有无而缓急相济，要隘可以防患，凶旱水溢可以救荒……

兴银行。倘有百万家财者，先将家赀契式禀报入库，然后准颁一百五十万银纸，刻以精细花草，盖以国印图章，或银货相易，或纸银相易，皆准每两取息三厘……

兴器皿技艺。有能造精奇利便者，准其自售，他人仿造，罪而罚之……器小者赏五年，大者赏十年……限满他人仿做。

兴宝藏。凡金、银、铜、铁、锡、煤、盐、琥珀、蠔壳、琉璃、美石等货，有民探出者准其禀报，爵为总领，准其招民采取。总领获十之二，国库获十之二，采者获十之六焉……

---

① 洪仁玕：《资政新篇》，见《逸经》半月刊，1936年17、18、19期；又见金毓黻、田余庆等编：《太平天国史料》，北京：中华书局，1955年，第27—47页。译者按：原书删去了"朝廷考察"一条（在"兴邮亭"一条之后）和"兴市镇公司"一条（在"兴省郡县钱谷库"一条之后），今从之。

兴邮亭以通朝廷文书，书信馆以通各色家信，新闻馆以报时事常变……

兴各省新闻官。其官有职无权，性品诚实不阿者。官职不受众官节制，亦不节制众官，即赏罚亦不准众官褒贬。专收十八省及万方新闻篇有招牌图记者，以资圣鉴……

兴省郡县钱谷库，以司文武官员俸值公费。立官司理，每月报销。除俸值外，有妄取民贿一文者议法。

兴士民公会。富贵善义，仰体天父、天兄好生圣心者，听其甘心乐助，以拯困扶危，并教育等事。至施舍一则，不得白白妄施，以沽名誉，恐无贞节者一味望恩，不自食其力，是滋弊也。宜合作工，以受所值，惟废疾无所归者准白白受施。

兴医院以济疾苦……立医师，必考取数场然后聘用……

兴乡官。公义者司其任，以理一乡民情曲直吉凶等事，乡兵听其铺调。

兴乡兵……日间管理各户，洒扫街渠，以免秽毒伤人，并拿打架攘窃，及在旁证见之人，到乡官处处决，妄证者同罪……

【编者按：余下的部分讲废除连坐，只惩办犯法者本人，不株连家眷亲友；禁止溺婴、禁止卖子为奴，正如上文总结的那样。另外还有禁止私门请谒，以杜绝卖官鬻爵之弊；改庙宇寺观为礼拜堂；为将用兵之道等。显然，洪仁玕并没有将其实现的机会。】

第三部分

对西方技术的渴望

1861—1870

第 6 章

曾国藩对西洋人和西洋机器的态度

到1861年，中兴时期的主流思想已经得到阐发，恭亲王的奏折和冯桂芬的著作就是明证。清廷的胜利标志着人心又归向了朝廷。曾国藩作为胜利的缔造者，在接下来的十年中一直居于道德表率的地位，直到他于1872年去世。他是一名风采盖世的领袖和儒家治道的化身，我们在此很难对他做出持平的论断。下面我们仅仅选取一些曾国藩日常所作的文字，从中一窥他对西方人的评价和态度。西方世界的技术优势到底意味着什么？曾国藩每天被内政搞得焦头烂额，他在多大程度上正视了这个问题还很难说。

曾国藩出身于湖南农家，少年时为了参加科举而学习八股、诗赋。他曾醉心于宋代理学，也曾究心于训诂之学。他虽然只有中人的天资，却苦学不辍，28岁中进士，选翰林院庶吉士。从此时起直到42岁，他一直生活在北京，结交了许多达官鸿儒。从42岁到62岁是他征讨太平天国和捻军的戎马生涯。1864年太平天国被平定时，曾国藩已然功名盖世。他是一位典型的儒臣，对清朝天子始终忠心耿耿。他不谋私权私利，依照孔孟之道领导中兴运动，解决中国的现实问题。他是中国地主士大夫阶层的代表人物，将自己的利益等同于君上的利益。

曾国藩对待西人的政策，大多体现在他写给李鸿章等官员的信中。他强调同样要以忠信之道对待洋人。他是作八股文出身的儒生，却对西洋的轮船、火炮产生了兴趣。我们可以从他的日记中梳理出他的转变轨迹。曾氏最初对西洋船炮产生兴趣，是希望提高中国的防卫能力。早在1853年，他就意识到了建立海军的必要，并为此上奏朝廷。他对西方的练兵之法感兴趣，并希望模仿西法自造枪炮，而不是单从洋人那里购买。1855年，他在江西建了一座小型兵工厂。1861年他移驻安庆之后，又在安庆建了一座兵工厂和一座造船厂。在1862年6月3日的日记中，他记录了自己和僚属的一段谈话：

> 欲求自强之道，总以修政事、求贤才为急务，以学作炸炮、学造轮舟等具为下手工夫。但使彼之长技我皆有之，顺则报德有其具，逆则报怨亦有其具。若在我者挟持无具，则曲固罪也，直亦罪也，怨之罪也，德之亦罪也。内地之民人人媚夷，吾固无能制之，人人仇夷，吾亦不能用之也。[1]

1868年6月，曾国藩到访上海，他在日记中写道：

> （十二日）看丁中丞带来之洋镜内山水画图，甚为奇丽。（十三日）至洋泾浜回拜法国领事白来尼，倾诚款待，虽其母其妻之卧室，亦预为腾出，引余与中丞、军门阅看。所居楼阁四层，一一登览，玉宇琼楼，镂金错彩，我中国帝王之居

---

① 《曾文正公手书日记》（第十三册），同治元年五月七日，未标页码。

殆不及也。①

　　此行三天之后，《北华捷报》就刊登了一篇冷嘲热讽的报道，猜测"这位威严的大人在我们这里走了一遭之后一定没留下什么好印象"，这可是大错特错了。其实，曾国藩已经对西方科学逐渐产生了兴趣。他在南京得到了一台很大的地球仪；每当在涉外文书中遇到不清楚的外国地名，他就会查阅徐继畬的《瀛寰志略》。1862年起，他经常接见外国访客，如赫德（Robert Hart）、士迪佛立（Charles Staveley）、布朗（J. M. Brown）、蒲安臣（Anson Burlingame）、马格里（Halliday Macartney）等。为了跟上近代科学的时髦，他在日记中记下了光学、化学、电学、磁学、动物学、植物学等学科的中文名称。然而，他仍然对西医持保留态度。1871年5月8日，他在日记中写道："内人病日危笃，儿辈请洋人诊视，心甚非之，而姑听之。"② 从他的日记可知，他长年受癣疾之苦，晚年一只眼睛失明，还患有严重的牙痛。当时在上海和天津都可以找到西洋医师缓解其痛苦，但他始终不愿去问诊。

选文12　曾国藩致李鸿章书信选（1862年）

　　1862年，曾国藩多次致书李鸿章，谈了许多问题：

　　夷务本难措置，然根本不外孔子忠、信、笃、敬四字……信，

---

① 《曾文正公手书日记》（第三十册），同治七年闰四月十二、十三日，未标页码。
② 《曾文正公手书日记》（第三十八册），同治十年三月十九日，未标页码。

只不说假话耳，然却极难，吾辈当从此一字下手。今日说定之话，明日勿因小利害而变……（三月廿四日）①

　　与洋人交际，其要有四语：曰言忠信，曰行笃敬，曰会防不会剿，曰先疏后亲……忠者无欺诈之心，信者无欺诈之言。笃者质厚，敬者谦谨。此二语者，无论彼之或顺或逆，我当常常守此而勿失。至会防不会剿一语，鄙人有复奏一疏，暨复恭邸一书，言之颇详，兹抄呈台览。先疏后亲一语，则务求我之兵力足以自立，先独剿一二处，果其严肃奋勇，不为洋人所笑，然后与洋人相亲，尚不为晚。本此数语以行，目下虽若断断不合，久之必可相合相安……（四月廿日）②

　　孔子曰："能治其国家，谁敢侮之？"我苟整齐严肃，百度修明，渠亦自不至无端欺凌。既不被其欺凌，则处处谦逊，自无后患。柔远之道在是，自强之道亦在是……（六月廿六日）③

　　与洋人交际，丰裁不宜过峻，宜带含混气象。渠之欺侮诡谲，蔑视一切，吾若知之，若不知之，恍似有几分痴气者，亦善处之道也。（八月十三日）④

————————

① 《曾文正公书札》卷九，第43页；又见《曾国藩全集（修订版）》（第25册），长沙：岳麓书社，2011年，第169页。
② 《曾文正公书札》卷十，第5—6页；又见《曾国藩全集（修订版）》（第25册），第231页。
③ 《曾文正公书札》卷十，第18—19页；又见《曾国藩全集（修订版）》（第25册），第400页。
④ 《曾文正公书札》卷十，第24页；又见《曾国藩全集（修订版）》（第25册），第479页。

吾辈当细心察看，师其所长，而伺其所短，不说大话，不疏礼节，彼若讲信修睦，吾不稍开边衅，彼若弃好败盟，吾亦有以御之……（闰八月十六日）①

选文13　筹办江南机器制造局（1863年）②

曾国藩办洋务的主要成就是他和李鸿章一起筹办的江南制造局。1865年，该局于上海建成。1868年调任直隶总督后不久，他写了一封奏折，回顾缔造制造局的历程。他首先回顾了自己在1861年8月14日吁请造轮船的奏折，然后接着写道：

同治元二年间，驻扎安庆，设局试造洋器，全用汉人，未雇洋匠。虽造成一小轮船，而行驶迟钝，不甚得法。二年冬间，派令候补同知容闳出洋购买机器，渐有扩充之意。湖广督臣李鸿章自初任苏抚，即留心外洋军械。维时丁日昌在上海道任内，彼此讲求御侮之策、制器之方。四年五月，在沪购买机器一座，派委知府冯焌光、沈保靖等开设铁厂，适容闳所购之器亦于是时运到，归并一局。始以攻剿方殷，专造枪炮。亦因经费支绌，难与船工。至六年四月，臣奏请拨留洋税二成，以一成为专造轮船之用，仰蒙圣慈允准。于是拨款渐裕，购料渐多……

---

① 《曾文正公书札》卷十，第30页；又见《曾国藩全集（修订版）》（第25册），第550—551页。
② 原题《曾国藩奏新造轮船竣工并上海机器局筹办情形折》，见《筹办夷务始末》（同治朝）卷六十一，第27—30页；又见蒋廷黻编：《近代中国外交史资料辑要》（上卷），第337—339页。

查制造轮船，以汽炉、机器、船壳三项为大宗。从前上海洋厂自制轮船，其汽炉、机器均系购自外洋，带至内地装配船壳，从未有自构式样，造成重大机器、汽炉全具者。此次创办之始，考究图说，自出机杼。本年闰四月间，臣赴上海察看，已有端绪。七月初旬，第一号工竣。臣命名曰"恬吉轮船"，意取四海波恬，厂务安吉也。其汽炉、船壳两项，均系厂中自造，机器则购买旧者，修整参用……

该局向在上海虹口，暂租洋厂，中外错处，诸多不便。且机器日增，厂地狭窄不能安置。六年夏间，乃于上海城南兴建新厂……

另立学馆，以习翻译。盖翻译一事，系制造之根本。洋人制器，出于算学，其中奥妙，皆有图说可寻。特以彼此文义捍格不通，故虽曰习其器，究不明夫用器与制器之所以然。本年局中委员于翻译甚为究心，先后订请英国伟烈亚力、美国傅兰雅、玛高温三名，专择有裨制造之书，详细翻出……

曾国藩对外政策的思路，是以自己儒家道德的持守为基础的。同其他具有道德使命感的领袖人物一样，曾国藩对自己的道德准则的效力坚信不疑。这种坚信带给他决心和勇气，但对于不信这一套的外国人而言，就显得有些天真和道学了。1867年，总理衙门行文各省督抚，征询他们对洋人修约（《天津条约》）之议的意见——太平天国平定后，朝廷发现这种征询方式颇有实效。曾国藩在回复中明确强调，处理对外关系时也要用儒家伦理，这是不言而喻的。在他之后的时代，极少有政治家怀有如此纯粹而深刻的信念。

选文14 曾国藩对修约的思考（1867年）①

臣愚以为与外国交际最重信义，尤贵果决。我所不可行者宜与之始终坚执，百折不回，我所可行者宜示以豁达大度，片言立定。断不宜若吐若茹，稍涉犹豫之象，启彼狡辩之端。

大抵洋人之在泰西，数百年互相吞并，无非夺彼国商民之利，然后此国可以得志。其来中国也，广设埠头，贩运百货，亦欲遂彼腹削之诡谋，隘我商民之生计。军兴以来，中国之民久已痛深水火，加以三五口通商，长江通商，生计日蹙。小民困苦无告，迫于倒悬。今若听洋人行盐，则场商运贩之生路穷矣。听洋人设栈，则行店囤积之生路穷矣。听小轮船入内河，则大小舟航水手舵工之生路穷矣。听其创办电线铁路，则车驴任辇旅店脚夫之生路穷矣。就彼所要求各事言之，惟挖煤一事，借外国开挖之器，兴中国永远之利，似尚可以试办……其余如轮船铁路等事，自洋人行之，则以外国而占内地之利。自华人之附和洋人者行之，亦以豪强而占夺贫民之利，皆不可行……

总就小民生计与之理论，自有颠扑不破之道。如果洋人争辩不休，尽可告以即使京师勉强应允，臣等在外亦必以全力争回。即使臣工勉强应允，而中国亿万小民穷极思变，与彼为仇，亦断非中国官员所能禁止。中国之王大臣为中国百姓请命，不患无辞置辩。其至因此而致决裂，而我以救民生而动，并非争虚议而开衅，上可以对天地列圣，下可以对薄海苍生，中无所惧，后无可

---

① 原题《曾国藩奏议覆修约事宜折》，见《筹办夷务始末》（同治朝）卷五十四，第1—4页；又见蒋廷黻编：《近代中国外交史资料辑要》（中卷），第29—33页。

悔也……

　　遣使一节，中外既已通好，彼此往来亦属常事，论者或恐使臣之辱命，或惮费用之浩繁，此皆过虑之词。似应令中外大臣留心物色可使绝国人员，储以待用。不论官阶，不定年限，有人则遣，无人则不遣……

　　至开拓传教一事，查天主教之始专以财利餂人，近日外国教士贫穷者多，彼之利有所不给，则其说亦将不信。自秦汉以后，周孔之道稍晦而佛教渐兴。佛教兴于印度，今日之印度则多从回教而反疏佛教。天主教兴于泰西，而今日之泰西则另立耶稣教而又改天主教。可见异端之教时废时兴，惟周孔之道万古不磨。若使中国修政齐俗，礼教昌明，虽百计开拓，亦终鲜尊信之者……

　　此数端者，其害稍轻，不得不与力争，并可有求立应。独至铁路轮船行盐开栈等事，害我百姓生计，则当竭力相争。不设抵制之词，不用严峻之语，但以婉言求之，诚意动之，终始不可移易，使彼知恤民以保邦，乃千古帝王之常经，亦我朝列圣之家法。在今日中国多事，洋人方张，我不能因曲徇和议，而不顾内地生民之困。即异日中国全盛，洋人衰弱，亦但求保我黎民，而别无耀兵海外之心。彼虽倔强诡谲，当亦知真理不可夺，众怒不可犯。或者至诚所感，易就范围。区区愚见，是否有当，谨献刍荛，以备采择。

　　曾国藩将儒家伦理与西洋军备相结合的做法开启了此后数十年的风气，但用于近代国际政治后成效不彰。1871年曾国藩去世前不久，还主张给予日本和西方同样的贸易特权。他的态度非常乐观：

练兵以图自强，而初无扬威域外之志；收税略从彼俗，而亦无笼取大利之心。果其百度修明，西洋东洋，一体优待，用威用德，随时制宜。使外国知圣朝驭远，一秉大公，则万国皆亮其诚，何独日本永远相安哉。①

---

① 《筹办夷务始末》（同治朝）卷八十，第11页；又见蒋廷黻编：《近代中国外交史资料辑要》（中卷），第54页。

第 7 章

李鸿章与西式武器的应用

19世纪60年代，在曾国藩的奖掖下，一颗政治新星从长江下游徐徐升起。他就是日后权倾朝野的李鸿章（1823—1901）。他的性格将左右19世纪晚期中国的对外政策。[①] 李鸿章的贡献之一，就是实际着手使军队使用西式装备。其必要性已经广为人知。

中国人对这一问题的新看法，可从御史魏睦庭的奏折中看出。1861年11月4日，他在一封奏折中提出，火器发源于金代（1115—1234）的中国，欧洲人只是将其加以改进。耶稣会士汤若望（1591—1666）和南怀仁（1623—1688）也曾在中国铸炮，现在正该用外国火器戡平太平天国：

> 又闻俄罗斯向无水师，自彼得罗汗（彼得大帝）即位后，微服亲往荷兰，演习水师火器，数年回国，即添制师船，次第开疆数千里，现在欧罗巴一洲，以俄兵为最强。[②]

---

① 见第10章（一）。
② 《筹办夷务始末》（同治朝）卷二，第36页；又见蒋廷黻编：《近代中国外交史资料辑要》（上卷），第318页。

一年之后，1862年11月17日，皇帝下诏各省大员用西法练兵，以平"发逆"：

> 逆贼窜扰东南，蔓延沪上、宁波等海口。官兵不能得力，暂假洋人训练，以为自强之计……惟以洋人训练，即以洋人统带，是其既膺教习之任，并分将帅之权……莫若选择员弁，令其学习外国兵法……则既可省费，亦不至授外国人以兵柄。着曾国藩、薛焕、李鸿章、左宗棠商酌，于都司以下武弁中，择其才堪造就，酌挑一二十员，令其在上海、宁波学习外国兵法……如新练之将弁数月后得有成效，即可将上海、宁波等处学习外国兵法勇丁交其统带，不必再令外国人经管。①

怎样让外国军官和顾问为我所用，而免于为其所制？这是一个难题，而且是帝国主义时代的弱国普遍面临的难题，李鸿章也很快察觉到了。身为江苏巡抚，他不得不与华尔（Frederick T. Ward，1831—1862）以及绰号"中国人"的戈登（Charles G. Gordon，1833—1885）等外国将领密切合作。正是这些"客将"后来率领中外联军会防上海。

---

① 《大清穆宗毅皇帝实录》卷四十四，第41—43页；又见《曾国藩全集（修订版）》（第5册），第213—214页。

选文15 李鸿章致书曾国藩论常胜军（1863年）①

鸿章之营则无日不有洋人过从，实苦烦扰，然因此气脉通贯其中，遂无敢播弄胁持之者。由于不甚拘体制，若辈亦颇尽情倾吐，惟无暇一一回拜耳。

用兵在人不在器，自是至论。【编者按：曾国藩曾致书李鸿章（十二月初二）说："鄙人尝疑用兵之道，在人而不在器。"】鸿章尝往英、法提督兵船，见其大炮之精纯，子药之细巧，器械之鲜明，队伍之雄整，实非中国所能及。其陆军虽非所长，而每攻城劫营，各项军火皆中土所无，即浮桥、云梯、炮台，别具精工妙用，亦未曾见，独未能扎营住帐房，又临敌审慎，胆气多歉，此则不及中国好兵耳。

忠逆（忠王李秀成）雇去洋人乃系流氓，亦无从购觅真正炸炮……夷酋金云，该两国君主禁炸炮、大炮入中国。英酋前与鸿章辩常胜军事云，不令伊国派员会带，即将外洋火器取回，恐此军亦归无用……

唯深以中国军器远逊外洋为耻，日戒谕将士，虚心忍辱，学得西人一二秘法，期有增益而能战之。程学启（1829—1864）、郭松林（1834—1882）等皆坚僻自是，不肯求教，刘铭传（1836—1896）稍稍解悟，又急索真炸炮、大炮不得，若驻上海久而不能偷取洋人长技，咎悔多矣！

---

① 原题《上曾中堂》（同治元年十二月二十五日），见《李文忠公朋僚函稿》卷二，第46—47页；又见顾廷龙、戴逸主编：《李鸿章全集》（29），合肥：安徽教育出版社，2008年，第186—187页。

下面选取的李鸿章的一封信函，其过人之处在于，一是看到了中国传统制度对西化的阻碍，二是看到了未来中日两国军事发展的走向。

选文16　李鸿章采用西洋火器之议（1863年6月）[①]

【编者按：在信的开头，李鸿章叙述了自己抵达上海后如何购买西洋军火，尽心研究，并雇募精巧匠人，留心仿制，近来稍有把握。他在信中详陈铸炮工序，显示出他对西洋火器的理解比曾国藩等同僚更为深刻。】

目前火器自以炸弹为能制胜，而长炸炮尤为得力，然非用外国全副机器，延请外国巧匠，不能入手。即长短炸炮，非用外国火药不能得劲。敝处各局尚未能试铸长炮，但购英、法之长炸炮大小数十尊，自铸炸弹，源源济用……

查西士制器，参以算学，殚精覃思，日有增变，故能月异而岁不同。中国制炮之书，以汤若望《则克录》及近人丁拱辰《演炮图说》为最详，皆不无浮光掠影、附会臆度之谈，而世皆奉为秘本，无怪乎求之愈近失之愈远也。夫器不精，则有器与无器同；用不审，则有精器与无精器同。炮不能施放，弹不能炸裂，此制造者之过也。弹之远近疾徐，炮之高下缓急，此用炮者之事也。其中皆有至当一定之理，非可浅尝而得。鸿章窃以为天

---

① 《筹办夷务始末》（同治朝）卷二十五，第4—10页；又见顾廷龙、戴逸主编：《李鸿章全集》（29），第311—313页，题为《致总理衙门》。译者按：《筹办夷务始末》将原函附于同治三年四月二十八日（1864年6月2日）总理衙门、恭亲王等奏折之后，原稿无月、日，《李鸿章全集》则将其系于同治三年四月末。

下事穷则变，变则通。中国士夫沈浸于章句小楷之积习，武夫悍卒又多粗蠢而不加细心，以致所用非所学，所学非所用，无事则嗤外国之利器为奇技淫巧，以为不必学，有事则惊外国之利器为变怪神奇，以为不能学。不知洋人视火器为身心性命之学者，已数百年……其创制之员匠，则举国尊崇之，而不以曲艺相待。

中国文武制度，事事远出西人之上，独火器万不能及。其故何由？盖中国之制器也，儒者明其理，匠人习其事，造诣两不相谋，故功效不能相并。艺之精者，充其量不过为匠目而止。洋人则不然，能造一器为国家利用者，以为显官，世食其业，世袭其职，故有祖父习是器而不能通，子孙尚世习之，必求其通而后止。上求鱼，臣干谷，苟荣利之所在，岂有不竭力研求，穷日夜之力，以期至于精通而后止乎。

前者英、法各国，以日本为外府，肆意诛求，日本君臣发愤为雄，选宗室及大臣子弟之聪秀者，往西国制器厂师习各艺，又购制器之器，在本国制习，现在已能驾驶轮船、造放炸炮。去年英人虚声恫喝，以兵临之，然英人所恃为攻战之利者，彼已分擅其长，用是凝然不动，而英人固无如之何也。夫今之日本，即明之倭寇也，距西国远而距中国近，我有以自立，则将附丽于我，窥伺西人之短长；我无以自强，则将效尤于彼，分西人之利薮。日本以海外区区小国，尚能及时改辙，知所取法，然则我中国深维穷极而通之故，夫亦可以皇然变计矣。

抑犹有虑焉者。中国残寇未灭，外国不拘官民，窃售利器，倘山陬海隅有不肖之徒潜师洋法，独出新意，一旦辍耕太息，出其精能，官兵陈陈相因之兵器孰与御之。鸿章所为每念及此，不禁瞿然起立，慨然长叹也……苏子瞻曰："言之于无事之时，足以有为，而恒苦于不信；言之于有事之时，足以见信，而已苦于无及。"鸿章以为中国欲自强，则莫如学习外国利器，欲学习外国利器，则莫如觅制器之器，师其法而不必尽用其人。欲觅制器之器与制器之人，则或专设一科取士，士终身悬以为富贵功名之鹄，则业可成，艺可精，而才亦可集。京城火器营尤宜先行学习炸炮，精益求精，以备威天下、御外侮之用……必有鉴于已然而防其未然，且思尽其所以然也。

恭亲王和总理衙门诸大臣将此信呈送御览，并且陈述了另外的想法，今天读来饶有趣味，请看下篇。

选文17　总理衙门论中国国防方略的奏折（1863年6月）①

自洋人构衅以来，至今数十年矣。迨咸丰年间，内患外侮，一时并至……外洋如英法诸国，说者皆知其惟恃此船坚炮利，以横行海外。而船之何以坚，与炮之何以利，则置焉弗讲。即有留心此事者，因洋人秘此机巧，不肯轻以授人，遂无从窥其门径。臣等于咸丰十年冬间，曾有训练八旗兵丁之请，折内声明，洋枪炸炮等件，外国均肯售卖，并肯派人教导铸造各种火器……

适值近年江苏用兵，雇觅英法洋弁，教练兵勇。该洋弁遂将该国制胜火器运营应用，取我厚值……得此利器，足以摧坚破垒，所向克捷，大江以南逐次廓清，功效之速，无有过于是也……

---

① 原题《奕䜣等奏请派京营弁兵往江苏学制火器折》（同治三年四月二十八日），见《筹办夷务始末》（同治朝）卷二十五，第1—3页；又见蒋廷黻编：《近代中国外交史资料辑要》（上卷），第326页。译者按：原书标注日期有误。

现在江浙尚在用兵，托名学制以剿贼，亦可不露痕迹，此诚不可失之机会也。若于贼平之后，始筹学制，则洋匠虽贪重价而肯来，洋官必疑忌而挠阻，此又势所必至者。是宜趁南省军威大振，洋人乐于见长之时，将外洋各种机械火器实力讲求，以期尽窥其中之秘。有事可以御侮，无事可以示威……

臣等每于公余之际，反复筹维，洋人之向背，莫不以中国之强弱为衡，固非独一日本为然。我能自强，可以彼此相安，潜慑其狡焉思逞之计。否则我无可恃……

惟此项精秘之器，京营学成后，只可推之各省驻防旗兵学制。缘旗人居有定所，较易防闲。仍禁民间学习，以免别滋流弊。相应请旨饬下火器营，于曾经学制军火弁兵内，拣派心灵手敏之武弁八名，兵丁四十名，发往江苏，交抚臣李鸿章差委……

第8章

同文馆的创设

身当重任的曾、李二人都清楚，既然制造西式兵器刻不容缓，那么学习西方的"算学"（并将其应用于机械、工程）同样刻不容缓。在北京，继总理衙门之后新创的第一个机构是同文馆。1861年，朝廷同时批准设立同文馆和总理衙门。同文馆之设立，首先是为了培养外事翻译。随后，其教学范围逐渐扩展，聘请外国教员教授西方科学。这一机构的款项如同许多其他新机构一样，是由赫德执掌的海关总税务司拨付的。

1861年设立同文馆的原议如下（选文7中省略的内容）：

> 认识外国文字，通解外国言语之人，请饬广东、上海各派二人来京差委，以备询问也。查与外国交涉事件，必先识其性情。今语言不通，文字难辨，一切隔膜，安望其能妥协？

> 从前俄罗斯馆文字，曾例定设立文馆学习，具有深意。今日久视为具文，未能通晓。似宜量为鼓舞，以资观感。

> 闻广东、上海商人有专习英、佛、米三国文字语言之人，请饬各该省督抚挑选诚实可靠者，每省各派二人，共派四人，

携带各国书籍来京。并于八旗挑选天资慧聪，年在十三四以下者，各四五人，备资学习。其派来之人，仿照俄罗斯馆教习之例，厚其薪水，两年后分别勤惰，其有成效者，给以奖叙。俟八旗学习之人，于文字言语悉能通晓，即行停止。

俄罗斯语言文字，仍请饬令该馆，妥议章程，认真督课。所有学习各国文字之人，如能纯熟，即奏请给以优奖，庶不致日久废弛。①

1863年，李鸿章上折支持同文馆之设立。其折显系幕友冯桂芬捉刀，有的地方直接照抄冯桂芬的文章。②所以在下面的选文中，我们删除了一些重复的段落：

选文18　李鸿章对同文馆的支持（1863年）③

伏惟中国与洋人交接，必先通其志、达其欲、周知其虚实诚伪，而后有称物平施之效。互市二十年来，彼酋之习我语言文字者不少，其尤者能读我经史……遇中外大臣会商之事，皆凭外国翻译官传述，亦难保无偏袒捏架情弊……

臣愚拟请仿照同文馆之例，于上海添设外国语言文字学馆，选近郡年十四岁以下资禀颖悟、根器端静之文童，聘西人教习，

---

① 出处见选文7注释。

② 见选文8。

③ 原题《请设外国语言文字学馆折》（同治二年正月二十二日），见《李文忠公奏稿》卷三，第11—12页；又见顾廷龙、戴逸主编：《李鸿章全集》（1），第208页。

兼聘内地品学兼优之举贡生员，课以经史文艺。学成之后，送本省督抚考验，请作为该县附学生……

惟多途以取之，随地以求之，则习其语言文字者必多。人数既多，人才斯出……我中华智巧聪明岂出西人之下？果有精熟西文，转相传习，一切轮船火器等巧技，当可由渐通晓……

【编者按：李鸿章在奏折中还建议在广州开办类似学校。】

这封奏折就是广方言馆的滥觞。1863年，广方言馆在上海成立，规制仿照同文馆。1864年，广州同文馆成立。1866年，福州船政局也附设了一所类似的船政学堂。

1866年12月11日，恭亲王代表总理衙门奏请在同文馆内添设天文算学馆，招收科甲正途出身者。在奏折中，他又老生常谈起来："洋人制造机器火器等件，以及行船行军，无一不自天文算学中来。"他提议从西洋延聘教员："务期天文、算学，均能洞彻根源……举凡推算格致之理，制器尚象之法，钩河摘洛之方，倘能专精务实，尽得其妙，则中国自强之道在此矣。"1867年1月28日，恭亲王再上一折，细陈中国学习西方科学之必要性。这封奏折关系重大，断言自然科学是西洋富强之基，强调谙熟洋务的重臣如曾国藩、左宗棠、李鸿章等都认为，中国自强之道在于学习西学、仿造外国武器和机械。

尽管守旧者强烈反对，天文算学馆还是设立了，由徐继畬[①]出任总理同文馆事务大臣。很快，同文馆添设了数学、化学、天文学、物理学、生物学、地理学、地质学、矿物学、冶金学、机械学、解

———————

① 见第4章。

剖学、生理学、国际法、政治经济学等课程。将这些学科统统归入"天文算学"的名目之下，可能是恭亲王及其同僚为了减轻守旧势力的阻挠所放的烟幕——因为人尽皆知，西洋的天文算学早在17世纪就已传入中国，且为中国人所采纳。

此举触发了一场轰动一时的论战。守旧一方以大学士倭仁（卒于1871年）为首。倭仁出身于蒙古八旗，学术造诣精深，曾任同治帝的师傅、翰林院掌院，还出任过几个部的尚书。倭仁是朱熹正统道学的代表，在1867年被公认为反对恭亲王和文祥的领袖。他立即上书反对同文馆添设天文算学馆，公开站在种族和文化的立场上斥责西方影响。

选文19 倭仁的反西学言论（1867年）[①]

数为六艺之一，诚如圣谕，为儒者所当知，非歧途可比。惟以奴才所见，天文算学，为益甚微。西人教习正途，所损甚大……窃闻立国之道，尚礼义不尚权谋；根本之图，在人心不在技艺。今求之一艺之末，而又奉夷人为师。无论夷人诡谲，未必传其精巧；即使教者诚教，所成就者不过术数之士，古今来未闻有恃术数而能起衰振弱者也。天下之大，不患无才。如以天文算学必须讲习，博采旁求，必有精其术者。何必夷人？何必师事夷人？

且夷人，吾仇也。咸丰十年，称兵犯顺，凭陵我畿甸，震惊

[①] 原题《倭仁奏正途学习天文算学为益甚微所损甚大请立罢前议论折》（同治六年二月十五日），见《筹办夷务始末》（同治朝）卷四十七，第24—25页；又见蒋廷黻编：《近代中国外交史资料辑要》（上卷），第334页。

我宗社，焚毁我园囿，戕害我臣民，此我朝二百年未有之辱。学士大夫，无不痛心疾首，饮恨至今。朝廷亦不得已而与之和耳，能一日忘此仇耻哉？

议和以来，耶稣之教盛行，无识愚民，半为煽惑。所恃读书之士，讲明义理，或可维持人心。今复举聪明隽秀，国家所培养而储以有用者，变而从夷。正气为之不伸，邪氛因而弥炽。数年以后，不尽驱中国之众咸归于夷不止。伏读圣祖仁皇帝御制文集，谕大学士九卿科道云：西洋各国，千百年后，中国必受其累。仰见圣虑深远，虽用其法，实恶其人。今天下已受其害矣，复扬其波而张其焰耶？闻夷人传教，常以读书人不肯习教为恨。今令正途从学，恐所习未必能精，而读书人已为所惑，适堕其术中耳。伏望宸衷独断，立罢前议，以维大局而弭隐患，天下幸甚！

选文20　总理衙门对倭仁的反驳（1867年）[1]

臣等查阅倭仁所奏，陈义甚高，持论甚正。臣等未曾经理洋务之前，所见亦复如此。而今日不敢专持此说者，实有不得已之苦衷……溯自洋务之兴，迄今二三十年矣。始由中外臣僚，未得窾要，议和议战，大率空言无补，以致酿成庚申之变。彼时兵临城下，烽焰烛天，京师危在旦夕。学士大夫，非袖手旁观，即纷纷逃避。先皇帝不以臣奕䜣等为不肖，留京办理抚务。臣等不敢

---

① 原题《奕䜣等奏议覆倭仁请罢正途学习天文算学折》（同治六年三月初二），见《筹办夷务始末》卷四十八，第1—4页；又见蒋廷黻编：《近代中国外交史资料辑要》（上卷），第335页。

徒效贾谊①之痛哭流涕……空言塞责……自定约以来，八载于兹，中外交涉事务，万分棘手。臣等公同竭力维持，近日大致虽称驯顺，第苟且敷衍目前则可，以为即此可以防范数年数十年之后则不可。是以臣等筹思长久之策，与各疆臣通盘熟算，如学习外国语言文字，制造机器各法，教练洋枪队伍，派员周游各国，访其风土人情；并于京畿一带，设立六军，藉资拱卫。凡此苦心孤诣，无非欲图自强。

又因洋人制胜之道，专以轮船火器为先。从前御史魏睦庭曾以西洋制造火器，不计工本，又本之天文度数，参以句股算法，故能巧发奇中，请在上海等处设局训练②……曾国藩、李鸿章、左宗棠、英桂、郭嵩焘、蒋益澧等往返函商，金谓制造巧法，必由算学入手……

又恐学习之人，不加拣择，或为洋人引诱，误入歧途，有如倭仁所虑者。故议定考试，必须正途人员。诚以读书明理之士，存心正大；而今日之局，又学士大夫所痛心疾首者，必能卧薪尝胆，共深刻励，以求自强实际，与泛泛悠悠漠不相关者不同。

倭仁谓夷为吾仇，自必亦有卧薪尝胆之志。然试问所为卧薪尝胆者，姑为其名乎？抑将求其实乎？如谓当求其实，试问当求之愚贱之人乎？抑当求之士大夫乎？此臣衙门所以有招考正途之请也。今阅倭仁所奏，似以此举断不可行。该大学士久著理学盛名，此论出而学士大夫从而和之者必众。臣等向来筹办洋务，总期集思广益，于时事有裨，从不敢稍存回护。惟是倭仁此奏，不

---

① 贾谊（前200—前168），汉代著名文学家，因自己侍奉的梁王死去而伤心过度，也在同一年去世。

② 见第7章。

特学者从此裹足不前，尤恐中外实心任事不尚空言者，亦将为之心灰而气沮。则臣等与各疆臣谋之数载者，势且隳之崇朝，所系实非浅鲜。

臣等反复思维，洋人敢入中国，肆行无忌者，缘其处心积虑，在数十年以前。凡中国语言文字，形势虚实，一言一动，无不周知。而彼族之举动，我则一无所知，徒以道义空谈，纷争不已。现在瞬届十年换约之期，即日夜图维，业已不及。若安于不知，深虑江河日下；及设法求知，又复众论交攻，一误何堪再误？……

在臣等竭虑殚思，但期可以收效，虽冒天下之不韪，亦所不辞。该大学士既以此举为窒碍，自必别有良图。如果实有妙策，可以制外国而不为外国所制，臣等自当追随该大学士之后，竭其樗昧，悉心商办，用示和衷共济，上慰宸廑。如别无良策，仅以忠信为甲胄，礼义为干橹等词，谓可折冲樽俎，足以制敌之命，臣等实未敢信……

第9章

左宗棠与福州船政局

左宗棠（1812—1885）出身于湖南湘阴的贫苦农家，长年寄居于湘潭的岳父家（曾国藩、左宗棠、毛泽东都生长在相邻的县）。迫于生计，左宗棠在40岁从戎之前主要以教馆、务农自活，其间结识了贺长龄（1785—1848）。贺长龄是大名鼎鼎的《皇朝经世文编》的编者，魏源也参与了编纂。左宗棠曾三次参加会试（1833年、1835年、1838年），但都未能考中进士。第四度落榜后，他的兴趣从场屋记诵之学转向了经世致用之学。他读了大量清初民族主义思想家（如顾炎武[①]）的史地著作，以及乾隆年间编纂的关于新疆的大型文献《钦定皇舆西域图志》。他用批判的眼光研究中国的方志和经济学著作。这些功夫都没有白费，对他日后在西北的征战和恢复经济大有裨益。

左宗棠受到了林则徐的直接影响。当1849年林则徐行经长沙时，左宗棠曾与他彻夜长谈。左宗棠非常欣赏《海国图志》，曾经鼓励一名亲属研究此书。1875年，他为《海国图志》的新版作序。左宗棠创办福州船政局的计划，最终在林则徐的女婿沈葆桢（1820—

---

① 见第2章（一）。

1879）手中实现。左宗棠还做过两江总督陶澍（1779—1839）家的西宾。做西宾时，他的才能为胡林翼（1812—1861）所赏识。胡林翼是湖南人，也是一位文武兼资的大员。后来，左宗棠成为他的幕友。左宗棠通过和同省达官鸿儒的交游，得以洞悉国事。他密切关注着鸦片战争以来的事态，由此萌生了对西洋火器的兴趣。

1852年，左宗棠受胡林翼举荐，领兵同太平军作战。他凭借出众之才，1864年就升任闽浙总督之职。同年，他在法国常捷军的协助下收复浙江，他通过与法国人的接触，加深了对西洋武器的了解。同曾国藩一样，他任用中国匠人造了一艘汽船，在杭州西湖试航，结果航速难副人意。于是，在1864年，他聘请了两位法国工程师担任顾问。他力主蒸汽船是中国自强的一大要招，这使他成为中国近代海军最早的提倡者之一。不久他又迷上了鱼雷，想聘请德意志专家前来制造。

左宗棠喜聘洋员，但不会完全依赖洋员。他曾写道："自强之道宜求诸己，不可求诸人，求人者制于人，求己者操之己。"[1] 坦率与自信是他的两大特点。

左宗棠还是一位治世之能臣。太平天国平定后，他在闽浙总督任上，为闽、浙两省的恢复和重建花费了大量心血。1866年，他在福州附近的马尾为船政局择定了一处基址，并任命法国人日意格（Prosper Giquel，1835—1886）和德克碑（Paul d'Aiguebelle，1831—1875）为正副监督和工程师。他还打算在船政局下附设一所学堂，培养驾船和造船的青年人才。这所学堂培养了一批日后大名

---

[1]《左文襄公奏稿》卷五十九，第51页。

鼎鼎的人物，严复①（1853—1921）就是其中之一。左宗棠办福州船政局或许还有另外一层用意，那就是和曾国藩的江南制造局一争高下。虽然曾、左是同乡，但二人都固执己见，关系并不融洽。

从选文21中我们可以看出，左宗棠早已料到，福州船政局之议一出，昏聩守旧的官员肯定会起而阻挠谤讪。这些人攻击新事物时滔滔不绝，提出切实方案时却瞠目结舌。左宗棠数次上折，最后还是获准了。可惜的是，计划刚开了个头，他就奉命调任陕甘总督。

左宗棠一生的功业，大半是在贫瘠的西北地区建立的，他在那里任职达12年之久（1868—1880）。在西北，他遇到了四大难题：钱、粮、军火、运输。西北地区经济凋敝，文化落后，吏治腐败，叛乱四起，又远离中原。要在这种地方解决这四大难题，真可谓难上加难。左宗棠上奏朝廷，在进军之前先完成一个为时五年的计划，以节省军费，养精蓄锐。他麾下的官兵多是农民出身，为了粮食自给，他命令官兵实行军屯，掘井挖河，灌溉田地。他还沿官道栽种了数万株柳树。据说，今天来往于新疆公路上的旅人仍会感念他留下的这一路荫凉。为了实现被服自给，他鼓励植棉、养蚕，开办了织呢、织布工厂，由此将农村手工纺织业转变为现代机器纺织业。为了实现军火自给，他在陕西设立了一座兵工厂（1866），在兰州设立了一座火药局（1875）。为此，他延聘了中、德等多国技师前来指导。

为了筹饷，左宗棠整顿了田赋、盐税、茶税、厘金等税赋。他对抗贪得无厌的满人官吏，废除了许多繁文缛节。他长期将财务和后勤交给胡光墉打理。胡光墉是大名鼎鼎的钱商，在上海经营货栈，

---

① 见第16章。

并向外国商人筹款。1867年，他签下了一笔120万两白银的贷款。此后他又先后贷款四次（1868、1877、1878、1881），共计1575万两白银。据估计，左宗棠花在西北战事上的银子超过1000万两。左宗棠还开局铸造铜元和银元，并筹划开办现代银行（1878），甚至开发金矿。

为解决后勤问题，左宗棠建立了一套自己的后勤系统：除了胡光墉在上海的转运局，还有设在汉口、负责筹集军需的陕甘后路粮台，以及西安的总粮台。为了发展文化，他在西安开设书局，刊印重要经籍，还广兴书院、义学，以教化人民。虽然有人指责左宗棠处置叛军过于酷烈，但是他下大力气重建经济，赈灾有方，还厉禁鸦片的种植和吸食。

左宗棠的全集中收录了一些定期报告财务的折片，内容不厌其详（李鸿章的全集中就没有类似文献）。他是一个强硬派，主张还击一切侵略者，不管是法国也好，俄国也罢。他的信念很简单：与列强交涉，只有战、守、和三条路可走；一国能战而后能谈守，能守而后能谈和。

写就下面这封奏折时，左宗棠的仕途才刚起步不久，尚未建立日后的煊赫功业，但是他的心思之细腻、眼界之开阔已经在文中显露无遗了。

选文21　左宗棠设局试造轮船之议（1866年）[1]

奏为谨拟购买机器、募雇洋匠、设局试造轮船，先陈大概情形，恭折仰祈圣鉴事。

窃维东南大利，在水而不在陆。自广东、福建而浙江、江南、山东、直隶、盛京以迄东北，大海环其三面……无事之时，以之筹转漕，则千里犹在户庭；以之筹懋迁，则百货萃诸厘肆……有事之时，以之筹调，发则百粤之旅可集三韩……自海上用兵以来，泰西各国火轮、兵船直达天津，藩篱竟成虚设，星驰飚举，无足当之。

自洋船准载北货行销各口，北地货价腾贵。江浙大商以海船为业者……不能减价以敌洋商……

从前，中外臣工屡议雇买代造，而未敢轻议设局制造者，一则船厂择地之难也；一则轮船、机器购买之难也；一则外国师、匠要约之难也；一则筹集巨款之难也；一则中国之人不习管驾，船成仍须雇用洋人之难也；一则轮船既成，煤炭、薪工需费有赀，月需支给，又时须修造之难也；一则非常之举，谤议易兴，创议者一人，任事者一人，旁观者一人，事败垂成，公私均害之难也。有此数难，毋怪执咎无人……

臣愚以为，欲防海之害而收其利，非整理水师不可；欲整理水师，非设局监造轮船不可。泰西巧而中国不必安于拙也，泰西有而中国不能傲以无也……（机器）则亦非不可必得也。

---

[1]　原题《拟购买机器募雇洋匠设局试造轮船先陈大概情形折》（同治五年五月十三日），见《左文襄公奏稿》卷十八，第1—6页；又见《左宗棠全集》（奏稿3），长沙：岳麓书社，2009年，第52—56页。

如虑外国师、匠要约之难，则先立条约，定其薪水，到厂后由局挑选。内地各项匠作之少壮明白者，随同学习。其性慧、夙有巧思者，无论官绅士庶，一体入局讲习。

计造船厂购机器、募师匠，须费三十余万两。开工集料、支给中外匠作薪水，每月约需五六万两。以一年计之，需费六十余万两……

如虑船成以后中国无人堪作船主，看盘、管车诸事均须雇倩洋人，则定议之初，即先与订明：教习造船，即兼教习驾驶；船成即令随同出洋，周历各海口。无论兵、弁各色人等，有讲习精通、能为船主者，即给予武职……

至非常之举，谤议易兴。始则忧其无成，继则议其多费，或更讥其失体，皆意中必有之事……东洋日本始购轮船，拆视仿造未成。近乃遣人赴英吉利学其文字，究其象数，为仿制轮船张本。不数年后，东洋轮船亦必有成。独中国因频年军务繁兴，未暇议及……彼此同以大海为利，彼有所挟，我独无之。譬犹渡河，人操舟而我结筏；譬犹使马，人跨骏而我骑驴，可乎？均是人也，聪明睿智相近者，性而所习，不能无殊。中国之睿智运于虚，外国之聪明寄于实。中国以义理为本，艺事为末；外国以艺事为重，义理为轻。彼此各是其是，两不相喻，姑置不论可耳……

轮船成，则漕政兴，军政举，商民之困纾，海关之税旺。一时之费，数世之利也……

至以中国仿制轮船，或疑失体，则尤不然。【编者按：左宗棠接着回顾了中国在明清之际仿制佛郎机、红衣大炮的史事。】近时洋枪、开花炮等器之制，中国仿洋式制造，亦皆能之。炮可仿制，船独不可仿制乎？安在其为失体也？……

第四部分

自强运动

1871—1896

第 10 章

权力问题：人事与制度

清政府对西方军事力量的回应似乎陷入了一个怪圈：先是鸦片战争后短暂的活跃，之后是19世纪50年代停滞的排外主义；1860年充满希望的革新之后，又迎来了19世纪70和80年代的收紧；1895年败于日本之后，改革运动再次兴起。似乎中国在各个时期的革新，都需要战败刺激一下。一旦压力缓解，改革的热情也随之冷却。总而言之，19世纪70和80年代，师夷自强的努力日渐松懈。我们之所以会产生这种印象，可能只是因为有关这20年的研究还比较缺乏；另外一种可能则是，自强运动遇到了难以克服的阻挠。

问题的症结在于权力。本章我们首先关注的是李鸿章及其僚属，他是地方的洋务领袖；然后我们再将目光转向京师的当权者，尤其是慈禧太后。洋务之难，从派留学、遣使团、筑铁路、练海军等事上已显而易见。以上种种，对中国的发展都是不可或缺的，然而每办一桩事都要克服强大的阻力和惰性，于是取得实效又推迟了许多年。

通过严肃的研究，事情已经比较清楚了：中国自强运动见效迟缓的背后，另有一层原因——负责的官员关心的是自肥，而不是国家的富强。例如，李鸿章将自己的人安插在洋务事业的关键位置上，这些人大多利用办洋务的特权捞取了好处。

（一）李鸿章及其僚属

关于李鸿章，在本书第7章中已有所提及。他出身于安徽合肥的望族，年方24岁就中了进士、点了翰林。在翰林院，曾国藩成为他的老师。这层关系为他日后飞黄腾达埋下了伏笔。在30岁到45岁之间（1853—1868），李鸿章投笔从戎，镇压太平天国和捻军，从一介幕僚成长为独任方面的大员。身为将帅，他似乎拥有揆情度势、运筹帷幄的天才。1862年他被派往上海，此前洋人统领的常胜军已经编成。他在常胜军的配合下，两年之内就收复了江苏大部，为最终拿下南京扫除了障碍。1868年他又平定了捻军，之前先后有20多名将领都未能成功。他的战功和恩师曾国藩大有关系，正是曾国藩帮助他仿照湘军营制组建了淮军。

身为文臣，李鸿章出任过许多显职，有些还是同时兼任的，如江苏巡抚（1862—1865）、大学士（1872—1901）、总理衙门大臣（1896—1898）、庆贺沙皇尼古拉二世加冕特使（1896）、两广总督（1900—1901）等。而他最重要的职务是1870年至1895年间担任的直隶总督，这25年也是甲午战争前国运攸关的一段时期。

中国的洋务掌握在李鸿章的手中。"洋务"一词主要涵盖处理邦交和引进技术两方面。这两个问题其实是同一枚硬币的两面，即中国如何自立于近代世界。建立西式企业的初衷是应对战事的需要，后面的企业就依着逻辑一座接一座地建立起来。为了镇压内乱和巩固海防，首先建立的是兵工厂和造船厂，继而开始筑堡、造船；接下来，制造武器需要工匠，于是建立了学堂，派人留学、游历。由于近代国防需要近代化的交通和通讯，于是电报局和轮船公司也建立了起来。此外，近代国防也需要资金和原料，于是开办了纺织厂、煤矿、铁矿和金矿。

李鸿章明白机器是西方富强的动力，因而他也要使用机器。但是，他从一开始就缺乏整体的规划，只是头痛医头、脚痛医脚。以兴建新式学堂和派遣留学生为例，其主要目的仍是应付军事和外交的需要，而不是提升中国的学术研究水平。在李鸿章心目中，西方的财富和力量完全来自物质，他所谓的"洋务"显然也不出此范围。李氏没有认识到西方政治和社会制度的价值，尽管他也会在嘴上说说。

相反，李鸿章认为中国的政教风俗都在外国之上，不如人者不过火炮、铁路、机器之类。如果中国能够掌握这些器物，他的洋务就算办成了。1894年，清军无论在海上还是陆上都被日军一击而溃，兵败如山倒。这时李鸿章的谬误才暴露无遗。

将1894年的惨败归咎于李鸿章一人，似乎有失公允。在当时的士大夫中，他的才干首屈一指，他对现代化的理解不输于当道诸公中的任何一人。能在直隶总督的位置上坐25年，也显示了他政治手腕的练达。在旅华外国人的心目中，他的威望无人能及，虽然外国人对他的钦佩并不是毫无保留的。中国近代化运动的夭折，主要还是归咎于中国知识阶级整体上的排外保守主义，尤应归咎于慈禧太后及某些大员的私心。但凡有效法西方的新建议提出，立刻就会有人反对，而且往往是出于观念而非现实的理由。这些不顾实际的吵嚷往往会影响朝廷决策，阻碍建议实施，甚至把已经上马的事情搅黄。这些现代化计划往往由李鸿章领衔上奏，所以他就成了守旧官员口诛笔伐的对象。他对此不无感慨：

处今时势，外须和戎，内须变法，若守旧不变，日以削弱……今各国一变再变而蒸蒸日上，独中土以守法为兢兢，即败亡绝灭而不悔，天耶，人耶，恶得而知其故耶？[1]

传统的管理方式及其背后的私德，也是现代化的阻碍。负责公共工程的官员无不尽可能地捞一把，还要行贿以防丑行败露。看到这些客观条件，再回头看看李鸿章的成就，就更觉其难能可贵了。要说当时最开明的大员，恐怕还是非李鸿章莫属。

要让自己动议兴办的企业真正落成，还须有能人帮衬。1870年至1894年间，李鸿章的僚属多如过江之鲫，虽偶有正人君子，但多数还是奢靡放纵之辈；虽不乏诈伪小人，但多数确有相当才干。无论是任幕职的还是补实缺的，大多都能不辱使命。除了上述两类人，李鸿章手下还有水陆将弁、学堂监督，以及和他的企业有关的生意中人。他还有很多外国顾问，其中有些是花钱请的。有的人只是偶尔咨询，有的人却要时常顾问。如津海关税务司德璀琳（Gustav Detring），就是时常顾问的一位。

李鸿章罗致的部下同曾国藩和张之洞的比起来，才智更胜一筹。曾国藩是李鸿章的老师，也是其之前的一任直隶总督。曾氏的部下多为尚简朴、好读书的君子，这些人大多能自立门户，左宗棠和李鸿章本人就是例子。再说张之洞，他事必躬亲，僚属很少得到高官显爵的；而从另一方面讲，也极少有贪婪聚敛之徒。与其他派系相比，李鸿章的手下以沉溺声色而闻名。他可能正是要以牟取私利的机会为诱饵，吸引人才为自己效力。总之，李鸿章的淮军和

---

[1]《复王壬秋山长》，见《李文忠公朋僚函稿》卷十九，第43页。

北洋水师由于腐败而不堪一击，他办的洋务企业对国家也没有什么助益，自己倒是赚得盆满钵满，许多和他的洋务企业有联系的人也是如此。这种模式到民国时期仍未消失，或许我们可以称之为"官僚资本主义"——这里的用法和马克思主义史学的概念无关。

李鸿章的幕僚是他部下中比较出色的一群人，如薛福成[1]（1838—1894）、张佩纶（1848—1903）、于式枚（1853—1916）、吴汝纶（1840—1903）等；还有唐廷枢（1832—1892，轮船招商局和开平煤矿的创始人）、周馥（1837—1921）、盛宣怀（1844—1916）和袁世凯（1859—1916）等能员；还有留学归国的人才，如马建忠（1845—1900，留法）、严复（1854—1921，留英）等。

以上所列诸人，都是百里挑一之才，其中对中国思想界影响最大的是薛福成。他的影响力要到1896年之后才被其他人超过。薛福成曾在曾国藩幕中效力八年（1865—1872）。1875年，他投入李鸿章幕中，直到1884年离开；后来又担任出使英、法、意、比四国钦差大臣四年（1890—1894）。下文中我们会专门讲到他。[2]

（二）皇太后的声威

19世纪的最后几十年，中国亟须明主带领国家追赶西方现代化的步伐。然而，朝廷中大权在握的不是恭亲王，而是一位满人女子——闻名中外的慈禧太后（1835—1908）。她本是咸丰帝的妃子，

---

[1] 见第15章（二）。
[2] 见选文40。

因其子同治帝（1856—1875）五岁继位而成为皇太后。咸丰帝驾崩后，她和咸丰帝的正室慈安皇太后共同垂帘听政，而慈安只不过是个摆设。先帝任命的八位顾命大臣权倾朝野，却不得人心，他们正密谋反对慈禧。慈禧则联合先帝的两个弟弟恭亲王和醇亲王，除掉了这八人。这是这个厉害的女人第一次出手。事后，奕䜣成为议政王大臣、领班军机大臣、总理衙门大臣，其身份既代表皇权，又履行相权。

1865年，太平天国运动失败，清朝江山得以稳固。慈禧太后于是挑起了一场与恭亲王的争论，借机罢免了他的议政王大臣头衔，只留任军机大臣。换句话说，恭亲王自此退居臣僚之列。1875年1月，同治帝驾崩，身后无嗣。慈禧命醇亲王的儿子入继大统，年号光绪（1875—1908）。醇亲王的福晋正是慈禧的胞妹。因为光绪帝还是个孩童，所以慈禧得以继续垂帘。除了撤帘归政的九年（1889—1898），她一直是中国的实际统治者。

和大多数满人官员一样，慈禧太后以汉语为母语，能说会写；对于满语只是略懂皮毛，只为应付例行公事而已。虽然她受的教育十分粗浅，却心思敏锐。她能够抓住治国理政的窍要，以达到自己的目的。上到对付朝中的高官亲贵，下到对付内务府的包衣太监，她都很有一套。慈禧不但权力欲强烈，而且洞悉人性。她是一位强势的统治者，既会通过褒奖、赏赐、放权来拉拢人，必要时又能以雷霆万钧的手段制服人。这样一来，朝中大员基本都落入了她的控制之下，成了她的支持者。慈禧喜欢一边摆出孤儿寡母的可怜相，让男性官员们难以拒绝她的要求；一边又为实现自己的意图不择手段，不惜用威权铲除一切反对者。

在慈禧的治下，各省督抚的自主权之大可谓前所未有。越是重要的督抚，越能够久安其任，这个趋势值得注意——其实质是满人默认了自身的不足，将重要的省份让给汉人执掌。身当重任的汉人官员则争先恐后地向皇帝表忠心，这套玩法士大夫阶层已经浸淫了200年，可谓习惯成自然。可能正是由于慈禧的功劳，即使在王朝走向灭亡的大危机中，满汉协和的氛围也一直相当浓厚。

在外交上，慈禧还是能够纳谏的，但她总会流露出一股对洋人的恨意，而为清朝效力的洋人或许是唯一的例外。在1860年，是洋人迫使朝廷逃离北京，是洋人为了报复清廷对使者的虐待，洗劫了圆明园。慈禧太后对修复圆明园一直念念不忘，她不顾多方反对，软硬兼施，迫使大臣们同意将圆明园部分重修。

慈禧太后还有鲜为人知的一面：她酷爱从官员手中收礼纳贿。清代历任君主都会这么做，但慈禧把它推向了极致。在旧中国，每一级官员都要向下级收取好处，最基层的官员则只好盘剥百姓，清官极其罕见。即使是最清廉的官员，在靠俸禄自活的同时也得收取孝敬或陋规，否则便无法维持衙门的日常开支。贿赂已成为一项不成文的规矩，常打着礼物的幌子，其中极小的一部用作各种政务开支。在权力金字塔的顶端，太后每次接见臣下都会收礼。按照成规，新任命或新擢升的官员以及久任封疆的大吏都须报效。报效的数目依职务高低和油水多少，设有最低限额。至于这笔钱，太后会和宫里的大太监和主持觐见的亲贵分赃。这种陋习并非新鲜事，但是在太后的治下数额剧增，大大败坏了官场风气。就拿李鸿章来说，他久任直隶总督，对太后及其近宠的贿赂发挥了多大的作用，这个问题值得研究。

在这种世道下，举办现代化事业不仅要花账面上的钱，还要往当官的腰包里塞钱。对这套做法，上层统治者不仅纵容，还积极推行。太后挪用数百万两海军经费修建颐和园，是清末最臭名昭著的丑闻。这一丑闻实在是中国吏治问题的象征。如果这几百万两白银花在海军身上，清军是否真能在甲午海战中打败日军，恐怕还是未知之数。无论李鸿章对太后挪用款项多不情愿，此举还是决定了中国的命运。今天，那条闻名遐迩的石舫仍停泊在昆明湖畔，无声地诉说着当年的惨败。大理石的船体两侧刻着的桨轮，依旧清晰可见。

1874年日本侵略台湾事件期间，已经致仕的老臣文祥慨然上疏，直陈胸臆。当时距离中日间的决战还有20年。

选文22　文祥对大患的警告（1874年）[①]

当和议之成，无人不为自强之言，十余年来，迄无成效。其故由于鄙弃洋务者，托空言而无实际，狃于和局者，又相安无事而恐启猜嫌。或悉心讲求防务，复阻于财赋不足而莫可施展。今变端已形，事机益迫，若再不措意，一旦大敌当前，将何所恃？伏愿敕下户部内务府宽筹饷需，裁减浮用，停不急之工作，谋至急之海防。俾部臣疆臣皆得专力图维。

至自强之道，首在虚怀纳谏，以求政治之得失，勿以将顺之言为可喜，勿以直遂之言为可憎。皇上忧勤惕厉，斯内外臣工振刷精神，不敢蹈玩泄之积习。否则狃以为安，不思变计，恐中外解体，人心动摇，其患者不可胜言矣。

---

① 《文文忠公事略》卷一，《国史馆本传》，第12—13页。

第 11 章

派遣留学生

（一）留美幼童

传统儒家强调任人唯贤，这也是科举考试的理论基础。从这一基础出发，不可避免地会产生派人出国留学的设想。上文提到，广东通事不学无术，已为冯桂芬所诟病；而洋务关系重大，尤其在船炮方面更是重要。于是，清廷于1862年在总理衙门之下设立同文馆，1863年又在上海设立广方言馆，1869年又将广方言馆合并于江南制造局。许多外国顾问受聘而来，却遭到保守主义者的猜忌，倭仁就是其中之一。[1] 随着时间的推移，一个道理变得愈发清楚：如果中国真想掌握西方科技的要领，非派年轻人出洋学习不可。

中国人到达美国的最早记录是在1785年。在早期中美交流中，美国一方的情况还有待研究。而对中国一方的研究，关注点集中在一件事上，即容闳策划的120名中国幼童赴美留学（1872—1881）。容闳（1828—1912）1854年毕业于美国耶鲁大学，是第一个毕业于美国大学的华人。1876年，清廷还派遣了30名学生赴英、法两国留

---

① 见选文19。

学，此事受到的关注较少。而私人出洋闯荡，无论是靠着传教士的帮助，还是海外华人全凭自己，其影响可能比以往人们认为的还要重要——孙中山就是一个例子。在容闳之后，赴美留学的中国学生络绎不绝，他们每个人都是史上最庞大的文化交流的一分子。

下面选录的文章，一篇是李鸿章、曾国藩写给总理衙门的信，这封信使1872年学童留美最终成行；还有三封信是关于终止留学事宜的。最后一篇是马建忠的书信，颇有启发性。马氏是李鸿章的部下，年轻有为。关于斌椿和其他官员出洋的情况，将在下一章中介绍。

选文23　曾国藩和李鸿章的建议（1871年）[1]

去秋国藩在津门，丁雨生中丞屡来商榷，拟选聪颖幼童送赴泰西各国书院，学习军政、船政、步算、制造诸学，约计十年，业成而归，使西人擅长之技，中国皆能谙悉，然后可以徐图自强。且谓携带幼童前赴外国者，如四品衔刑部主事陈兰彬、江苏同知容闳皆可胜任等语……窃谓自斌君椿及志、孙两君奉命游历各国，于海外情形亦已窥其要领，如舆图、算法、步天、测海、造船、制器等事，无一不与用兵相表里。凡游学他国，得有长技归者，即延入书院，分科传授，精益求精……

查美国新定和约第七条内，载"嗣后中国人欲入美国大小官学学习各等文艺，须照相待最优国人民一体优待，又美国可以在

---

[1]《李文忠公译署函稿》卷一，第19—22页；又见蒋廷黻编：《近代中国外交史资料辑要》（上卷），第339—341页。

中国指准外国人居住地方设立学堂，中国人亦可在美国一体照办"
等语。国藩等思外国所长，既肯听人共习，志、孙诸君又已导之
先路，计由太平洋乘轮船径达美国，月余可至，而非甚难之事。

或谓天津、上海、福州等处已设局仿造轮船、枪炮，京师设
同文馆，选满汉子弟，延西人教授，又上海开广方言馆，选文童
肄业，似中国已有基绪，无须远涉重洋。不知设局制造，开馆教
习，所以图振奋之基也；远涉肄业，集思广益，所以收远大之效
也。西人学求实际，无论为士、为工、为兵，无不入塾读书，共
明其理，习见其器，躬亲其事，各致其心思巧力，递相师授，期
于月异而岁不同。我中国欲取其长，使一旦尽购其器，不惟力有
不逮，且此中奥窔，苟非遍览久习，则本原无由洞澈，而曲折无
以自明。古人谓学齐语者，须引而置之庄岳之间，又曰百闻不如
一见，比物此志也……

惟是试办之难有二：一曰选材，二曰筹费……国藩、鸿章亦
深知其难。第以成山始于一篑，蓄艾期以三年，及今以图，庶他
日继长增高稍易为力……拟派在沪设局，访选沿海各省聪颖幼童，
每年以三十名为率，四年计一百二十名，分年搭船赴洋，在外国
肄习十五年后，按年分起，挨次回华。计回华之日，幼童不过
三十上下，年方力强，正可及时报效。

闻前此闽粤宁波子弟亦时有赴洋学习者，但只图识粗浅洋文
洋话，以便与洋人交易，为衣食计。此则人选之初，慎之又慎，
至带赴外国，悉归委员管束，分门别类，务求学术精到。又有翻
译教习随时课以中国文艺，俾识立身大节，可冀成有用之材。虽
未必皆为伟器，而人才既众，当有瑰异者出乎其中，此拔十得五
之说也……

如贵衙门以为可行，一俟接到复信，敝处即会衔具奏。其需用经费，亦即奏明饬下江海关于洋税项下指拨，勿使缺乏。

这一留学计划之前经容闳鼓吹了十年，后来多少也按设想执行了十年（1872—1881），结果一朝中断，遂成绝响。这一事实是值得我们注意的。

留美幼童为什么被召回？容闳在《西学东渐记》（ *My Life in China and America* ）第18章中谈了一些原因。他将此归咎于吴子登。吴子登，咸丰二年（1852）进士，翰林院编修，在数学方面颇有造诣，曾供职于中国驻巴黎公使馆，其后赴美任留学监督，归驻美使馆领导。吴氏喜爱作威作福，比他的老学究前任更加专断。履新不久，他就将所有留美学生召至华盛顿听训。学生谒见时无人叩头，吴氏的僚属金某大怒，说："各生适异忘本，目无师长，固无论其学难期成材，即成亦不能为中国用。"金某后来成为某位亲贵面前的红人，1881年草拟奏折，直接导致留学生被突然召回。① 留学事务所诸人都不以为然，却无人敢言。只有容闳向李鸿章力争，但也无济于事。黄遵宪时任旧金山总领事，听闻此事后有感而发，作长诗《罢美国留学生感赋》哀之。

---

① 译者按：起草奏折的是陈兰彬，而非金某。该段内容出自《留美中国学生会小史》，载《东方杂志》第14卷12号。关于金某，原文写道："闻陈兰彬系金某之门生，且金某又为某亲贵之红员，而有势力者；故陈仰其鼻息，又欲献媚以博其欢心，是以具奏请将留学生裁撤……"本书作者误以为金某起草了诋毁留学生的奏折，大概是因为其所据并非《留美中国学生会小史》原文，而是柳诒徵《中国文化史》的引文。柳书对该段引文颇有删节："……监督僚友金某大怒，谓各生适异忘本，目无师长，固无论其学难期成材，即成亦不能为中国用。具奏请将留学生裁撤……"见柳诒徵著：《中国文化史》（下），北京：中国和平出版社，2014年，第1336页。

虽然容闳说管理留学事务的保守主义者多次上书诋毁留学生，但是相关原始材料很难找到。或许是因为他们地位不高，其文字因此被忽略了。下文选自几封李鸿章的信札，记录了反对容闳的观点。

选文24 李鸿章关于终止幼童留美的信札（1880—1881）

【致陈兰彬，1879年8月6日】幼童出洋一事，糜费滋弊，终鲜实效，中国士夫议者纷纷。近接劼刚（曾纪泽）来信，既以船政学生赴英、法无大益处，即赴美生徒亦未必大有成就，自必确有见闻。若任事诸君再各存私见，未能认真撙节经理，固负曾文正创办之初衷，而鄙人与执事亦必大干物议。①

【致陈兰彬，1880年3月10日】顷容元甫来谒，言学徒抛荒中学，系属实情。由于纯甫（容闳）意见偏执，不欲生徒多习中学，即夏令学馆放假后，正可温习，纯甫独不谓然……尚祈执事便中劝勉，令其不必多管，应由子登（吴嘉善）太史设法整顿，以一事权，庶他日该童等学成回华，尚有可以驱遣之处，无负出洋学习初意也……②

【致总理衙门，1881年3月29日】迩年以来，颇有议莼甫偏重西学致幼童中学荒疏者，鸿章尝寓书诚勉，不啻至再至三……往岁荔秋（陈兰彬）出洋，曾与面商，请其照料局务，荔秋亦慨然

---

① 《李文忠公朋僚函稿》卷十八，第31—32页；又见顾廷龙、戴逸主编：《李鸿章全集》（32），第458页。
② 《李文忠公朋僚函稿》卷十九，第21页；又见顾廷龙、戴逸主编：《李鸿章全集》（32），第542页。

允许。而前年子登到局后，迭函称局务流弊孔多，亟宜裁撤……

鸿章平心察之，学生大半粤产，早岁出洋，其沾染洋习或所难免。子登绳之过严，致滋凿枘，遂以为悉数可撤，未免近于固执。后次来信，则谓学生之习气过深与资性顽钝者可撤回华，其已入大书院者，满期已近，成材较速，可交使署兼管，其总办、教习、翻译等员一概可裁，尚系审时度势之言。

莼甫久管此局，以谓体面攸关，其不愿裁撤自在意中……①

1881年6月8日，总理衙门上奏撤回留美幼童，酌才使用。折上获准。

（二）留欧学生

中国派遣留欧学生与留美幼童是齐头并进的，然而学界研究较少。下文是李鸿章的幕僚马建忠所写的留欧见闻。1882年，马氏被派往朝鲜。

选文25　马建忠汇报留法学业（1877年）②

五月下旬，乃政治学院考期，对策八条……第三问为各国商例，论商会汇票之所以持信，于以知近今百年西人之富，不专在机

① 《李文忠公译署函稿》卷十二，第7—9页；又见顾廷龙、戴逸主编：《李鸿章全集》（33），第15—16页。
② 马建忠：《适可斋记言》卷二，第1—3页；又见陈学恂、田正平编：《中国近代教育史资料汇编·留学教育》，上海：上海教育出版社，2007年，第43—46页。

器之创兴，而其要领，专在保护商会……是以铁路、电线、汽机、矿务，成本至钜，要之以信，不患其众擎不举也；金银有限，而用款无穷，以楮代币，约之以信，而一钱可得数百钱之用也……

第五问为英、美、法三国政术治化之异同，上下相维之道，利弊何如？英能持久而不变，美则不变而多蔽，法则屡变而屡坏，其故何在？……

第七问为各国吏治异同，或为君主，或为君民共主之国，其定法、执法、审法之权，分而任之，不责于一身；权不相侵，故其政事纲举目张，粲然可观；催科不由长官，墨吏无所逞其欲；罪名定于乡老，酷吏无所舞其文；人人有自立之权，即人人有自爱之意。

第八问为赋税之科则，国债之多少，西国赋税十倍于中华，而民无怨者；国债贷之于民，而民不疑，其故安在？

此八条者，考试对策凡三日，其书策不下二十本。策问之条目，盖百许计，忠逐一详对，俱得学师优奖，刊之新报，谓能洞隐烛微，提纲挈领，非徒钻故纸者可比。此亦西人与我华人交涉日浅，往往存藐视之心，故有一知半解，辄许为奇，则其奇之正所以轻之也。忠唯有锐意考求，讵敢以一得自矜哉？……

窃念忠此次来欧，一载有余。初到之时，以为欧洲各国富强，专在制造之精，兵纪之严。及披其律例，考其文事，而知其讲富者，以护商会为本；求强者，以得民心为要。护商会而赋税可加，则盖藏自足；得民心则忠爱倍切，而敌忾可期。他如学校建而智士日多，议院立而下情可达。其制造、军旅、水师诸大端，皆其末焉者也。

于是以为各国之政，尽善尽美矣。及入政治院听讲，又与其士大夫反复质证，而后知"尽信书则不如无书"之论为不谬也。英之有君主，又有上下议院，似乎政皆出此矣。不知君主徒事签押，上下议院徒托空谈，而政柄操之首相与二三枢密大臣，遇有难事，则以议院为藉口。美之监国，由民自举，似乎公而无私矣；乃每逢选举之时，贿赂公行，更一监国则更一番人物；凡所官者皆其党羽，欲望其治，得乎？法为民主之国，似乎入官者不由世族矣；不知互为朋比，除智能杰出之士，如点耶①诸君，苟非族类，而欲得一优差，补一美缺，戞戞乎其难之。

诸如此类，不胜枚举。忠自维于各国政事，虽未能窥其底蕴，而已得其梗概，思汇为一编，名曰"闻政"，取其不徒得之口诵，兼资耳闻，以为进益也。西人以利为先，首曰开财源；二曰厚民生；三曰裕国用；四曰端吏治；五曰广言路；六曰严考试；七曰讲军政；而终之以联邦交焉。现已稍有所集，但自恨少无所学，涉猎不广，每有辞不达意之苦。然忠唯自录其所闻，以上无负中堂栽培之意，下无忘西学根本之论，敢云立说也哉！

---

① 即梯也尔（Adolphe Thiers，1797—1877），法兰西第三共和国总统，1871—1873年在任。

第 12 章

外交使团

如果你见识过20世纪中国外交官的能力和手腕，就会惊讶于清朝竟然这么晚才开始对外遣使。1866年，清廷派出了第一个半官方使团，由赫德陪同。使团以"年衰位卑的满族官员"斌椿为首，另有三名同文馆学生。该使团以考察为目的，游历了欧洲九国，然而所获甚微。1868年至1870年间，著名的蒲安臣使团访问欧美。从西方的角度来看，此事似乎由美国前驻华公使蒲安臣一手包办。而从中方的材料看，使团中志刚和孙家谷这两位中国官员与蒲安臣是平起平坐的。1870年的天津教案之后，清廷不得不派出以满人崇厚为首的特别使团，前往法国谢罪。但这并不等同于常驻使节。1877年，经过一系列会谈和挫败之后，清廷终于向英国派出了常驻使节。但是，这次遣使的直接目的是为1875年英国外交人员马嘉理（A. R. Margary）在中缅边境被杀一案致歉。清廷首任驻美公使是陈兰彬，首任副使容闳兼任留学监督。此后，清廷在德国（1877）、法国（1878）、俄国和西班牙（1879）、秘鲁（1880）相继建立了使馆。

选文26是总理衙门的奏折，奕䜣等人初识了国际法的作用，认为国际法是一柄以其人之道还治其人之身的利器。选文27是首任驻英公使郭嵩焘（1818—1891）所写。郭氏能力出众，很受尊重。他禀性耿直严正，将旅英见闻据实直陈，对于清廷对法关系的措置失宜也直言不讳。选文28是曾纪泽与慈禧太后的谈话记录，是当时最像记者招待会记录的一篇文献。

选文26　恭亲王初识国际法（1864年）^①

窃查中国语言文字，外国人无不留心学习。其中之尤为狡黠者，更于中国书籍，潜心探索。往往辩论事件，援据中国典制律例相难。臣等每欲借彼国事例以破其说，无如外国条例，俱系洋字，苦不能识；而同文馆学生，通晓尚需时日……

臣等因于各该国彼此互相非毁之际，乘间探访，知有《万国律例》一书。然欲径向索取，并托翻译，又恐秘而不宣。适美国公使蒲安臣来言，各国有将《大清律例》翻出洋字一书；并言外国有通行律例，近日经文士丁韪良译出汉文，可以观览。旋于上年九月间，带同来见，呈出《万国律例》四本，声称此书凡属有约之国，皆宜寓目，遇有事件，亦可参酌援引。惟文义不甚通顺，求为改删，以便刊刻。臣等防其以书尝试，要求照行，即经告以中国自有体制，未便参阅外国之书。据丁韪良告称：《大清律例》现经外国翻译，中国并未强外国以必行，岂有外国之书，转强中国以必行之理？因而再三恳请。

臣等窥其意，一则夸耀外国亦有政令，一则该文士欲效从前利玛窦等，在中国立名。检阅其书，大约俱论会盟、战法诸事。

① 原题《奕䜣等又奏美士丁韪良译出万国律例呈阅已助款刊行折》（同治三年七月二十九日），见《筹办夷务始末》卷二十七，第25—26页；又见蒋廷黻编：《近代中国外交史资料辑要》（上卷），第328页。

其于启衅之间，彼此控制钳束，尤各有法。第字句拉杂，非面为讲解，不能明晰。正可藉此如其所请，因派出臣衙门章京陈钦、李常华、方濬师、毛鸿图等四员，与之悉心商酌删润；但易其字，不改其意，半载以来，草稿已具。丁韪良以无赀刊刻为可惜，并称如得五百金，即可集事。

臣等查该外国律例一书，衡以中国制度，原不尽合；但其中亦间有可采之处。即如本年布国（普鲁士）在天津海口扣留丹国（丹麦）船只一事，臣等暗采该律例中之言，与之辩论，布国公使即行认错，俯首无词，似亦一证。臣等公同商酌，照给银五百两。言明印成后，呈送三百部到臣衙门，将来通商口岸，各给一部。其中颇有制伏领事官之法，未始不有裨益。此项银两，即由臣衙门酌提三成船钞项下发给。

【朱批】依议。

下一篇选文是郭嵩焘任驻英公使期间寄给李鸿章的信札。他在信中谈了自己的所见所思，并大段论述了英国政治和社会的发展，这一部分我们删减较多。他还将中国的故步自封和西方的日新月异做了尖锐的对比。

选文27 郭嵩焘的伦敦来信（1877年）[①]

此间政教风俗，气象日新。推求其立国本末，其始君民争政，

[①] 郭嵩焘：《伦敦致李伯相》，见《养知书屋文集》卷十一，第1—11页；又见熊月之编：《中国近代思想家文库·郭嵩焘卷》，北京：中国人民大学出版社，2014年，第319页。

交相屠戮，大乱数十百年，至若尔日①而后定，初非有至德善教累积之久也……计其富强之业，实始自乾隆以后。火轮船创始乾隆，初未甚以为利也。至嘉庆六年，始用以行海内。又因其法创为火轮车，起自嘉庆十八年。其后益讲求电气之学，由吸铁机器转递书信，至道光十八年始设电报于其国都，渐推而远，同治四年乃达印度。自道光二十年与中国构兵，火轮船遂至粤东。咸丰十年再构兵，而电报径由印度至上海矣……其开创才数十年，乘巾围之衰敝，七万里一瞬而至，然亦足见天地之气机，一发不可遏。中国士大夫自怙其私，以求遏抑天地之机，未有能胜者也。

来此数月，实见火轮车之便利，三四百里往返仅及半日。其地士绅力以中国宜修造火轮车相就劝勉，且谓英国富强实基于此。其始亦相与疑阻，即以初抵伦敦苏士阿摩登（南安普顿）海口言之：往来车运，用马三万余匹，虑妨其生计也，迨车路开通，用马乃至六七万匹，盖以道途便利，贸易日繁，火轮车止出一道，相距数十里以下来就火轮车者，用马逾多也。

去冬道上海，见格致书院藏一火轮车道图，由印度直通云南……东趋广州。见之怪咋，谓云南甫通商，即筹及火轮车路也……

日本公使见语云："天地自然之利，西人能发出之。彼为其难，吾为其易，岂宜更自坐废！中国土地之广，人民之众，各国所心羡也。闻至今一无振作，极为可惜！"嵩焘赧然，无以为答……

自隋唐之世与西洋通商，已历千数百年，因鸦片烟之禁而构难，以次增加各海口，内达长江，其势日逼，其患日深。宜究明

---

① 即英王乔治一世，1714—1727年在位。

其本末，条具其所以致富强之实，而发明其用心……谋勒为一书，上之总署，颁行天下学校……及至京师，折于喧嚣之议论，噤不得发。

窃谓中国人心有万不可解者。西洋为害之烈，莫甚于鸦片烟。英国士绅亦自耻其以害人者为构衅中国之具也，力谋所以禁绝之。中国士大夫甘心陷溺，恬不为悔。数十年国家之耻，耗竭财力，毒害生民，无一人引为疚心。钟表玩具，家皆有之，呢绒洋布之属，遍及穷荒僻壤；江浙风俗，至于舍国家钱币而专行使洋钱，且昂其价，漠然无知其非者。一闻修造铁路、电报，痛心疾首，群起阻难，至有以见洋人机器为公愤者。曾劼刚以家讳乘坐南京小轮船至长沙，官绅起而大哗，数年不息。是甘心承人之害以使朘吾之脂膏，而挟全力自塞其利源。蒙不知其何心也！办理洋务三十年，疆吏全无知晓，而以挟持朝廷曰公论，朝廷亦因而奖饰之曰公论……

日本在英国学习技艺二百余人，各海口皆有之，而在伦敦者九十人。嵩焘所见二十余人，皆能英语。有名长冈良芝助者，故诸侯也。自治一国，今降为世爵，亦在此学习律法……所立电报信局，亦在伦敦学习有成，即设局办理。而学兵法者甚少。盖兵者，末也。各种创制，皆立国之本也。中堂方主兵，故专意考求兵法。愚见所及，各省营制万无可整顿之理，募勇又非能常也。西洋此数十年中无忧构兵，直可以理势决者……

此间有斯谛文森者，亦言各国铁路多所创造，尤勤勤焉劝中国之急为之。谨将所拟节略上呈。

抑嵩焘之意，以为事事须洋人为之，必不可常也，当先令中国人通晓其法。埃及国隶阿非利加，其修造铁路，先遣人赴英国练习，而后依仿行之。此最可法……

窃以为方今治国之要，其应行者多端，而莫切于急图内治，以立富强之基……中国幅员逾万里，邮传远者数十日乃达，声气常苦隔绝，二者（火车、电报）行，万里犹庭户也。骤有水旱盗贼，朝发夕闻，则无虑有奸民窃发称乱者，此一利也。中国官民之势悬隔太甚，又益相与掩蔽朝廷耳目，以便其私，是以民气常郁结不得上达。二者行……则无虑有贪吏遏抑民气为奸利者，此又一利也……

论者徒谓洋人机器所至，有害地方风水。其说大谬。修造铁路、电报必于驿道，皆平地面为之，无所凿毁。至于机器开煤，吸水以求深也，煤质愈深愈佳。中国开煤务旁通，洋人开煤务深入。同一开采，浅深一也，有何妨碍？即以湖南地产言之，铁矿多在宝庆，煤矿多在衡州，而科名人物以此二郡为独盛……

数十年后，洋人所至逐渐兴修，其势足以相制，其利又足以啖奸豪滋事者，役使之以为用，则使权利一归于洋人，而中国无以自立。《传》曰："天之生此民也，使先知觉后知，使先觉觉后觉也。"先知先觉之任，必朝廷大臣任之……

曾国藩的次子曾纪泽（1839—1890）同样才能出众、直言敢谏，且略通西学与英语，西人以"曾侯"（Marquis Tseng）称之。曾纪泽被时人视为出色的使才，并不是因为他曾于1878年至1886年间担任驻英法公使，而是因为他从沙俄处虎口夺食的功绩。1879年，崇厚糊里糊涂地签订了《里瓦几亚条约》，将伊犁的几处战略要地让与俄国。曾纪泽于1881年2月24日签订了经修改的《圣彼得堡条约》，收回了这些要地。这一胜利固然得力于左宗棠在新疆的捷报和主战派的支持，曾纪泽本人在谈判中的机敏也功不可没。

曾纪泽到过欧洲之后，不但成为西化的热情鼓吹者，还身体力行地穿西装、用西器、服西药，颇受保守主义者诟病。

1878年，曾纪泽接替郭嵩焘出任驻英法公使。11月22日从上海启航之前，他在北京觐见了慈禧太后。他在日记中记录了这次幼稚而有趣的谈话（太后说的陈述句一律记作"旨"）。

选文28　曾纪泽觐见慈禧太后的记录（1878年）[1]

丑初入朝……卯初入乾清门，在内朝房坐极久。辰初军机下，召见纪泽于养心殿东间。掀帘入，跪谢天恩，免冠碰头，着冠起立，进至垫前，跪聆圣训。

西太后问："你打算那日起身？"东太后亦同问。

对："臣因公私诸事，须在上海料理齐备，势须早些出都。现拟于九月初四日即启程。"

问："走天津不走？"

对："须从天津经过，且须耽阁十来日，与李鸿章商量诸事。"

旨："李鸿章熟悉洋务，你可与他将诸事细细讨论。"

对："是。"

问："上海有耽阁否？"

对："出洋路程甚远，应办诸事，应带诸物，均应在上海料理清楚，又臣携带随行员弁，亦须到上海乃能派定。所以上海耽阁

---

[1] 《曾惠敏公使西日记》卷一，第1—7页；又见曾纪泽：《曾纪泽日记》（中册），长沙：岳麓书社，1998年，第773—777页。

较久，大约须住一个多月。"

问："你携带人员，系到上海再奏否？"

对："臣携带人员，有从京城同行者，有从外省调派者。其外省调派之员能去不能去，未可预定。拟俟分派定局，再行汇案奏闻请旨。"

问："天津到上海要走多少日子？"

对："招商局轮船快慢不一，其快者，从天津至上海不过三天半。"

问："你先到英国？先到法国？"

对："臣拟于十月廿八日从上海动身，赁法国公司轮船，行至马赛儿登岸，再赁火轮车行至巴黎。巴黎即法国都城，法国人见中国使臣至彼，必有迎接款陪之礼，臣若径行不顾，颇有未便。拟从上海发一电报致郭嵩焘，请其至巴黎交印。臣在巴黎接印，即可先将寄法国之国书交给，然后再赴伦敦，交递致英国之国书。伦敦系英国都城。"

问："国书已办齐交与你否？"

对："已接收。"

问："你去住房如何定局？"

对："郭嵩焘早经赁定房屋，臣去悉当照旧。近与总理衙门王大臣商量，将来经费充足时，宜于各国各买房屋一所，作为使馆。外国公使在中国，其房屋皆系自买自造。中国使臣赁屋居住，殊非长局。且赁价甚贵，久后亦不合算。"

旨："你有事要办的，当与王大臣随时讨论。"

对："是。"

问："你出洋后，奏报如何递来？"

对："郭嵩焘于紧要事件须奏陈者，系寄交总理衙门代递。其寻常事件咨商总理衙门，或用公牍，或用信函，均由上海之文报局递寄，臣拟照旧办理。其文报局委员，曾经郭嵩焘派游击黄惠和经理，尚无贻误，臣亦拟照旧用之。"

旨："你随行员弁，均须留意管束，不可在外国多事，令外洋人轻视。"

对："臣恪遵圣训，于随带人员一事格外谨慎。现在能通洋务而深可信任之人，未易找寻。臣意中竟无其选，只好择臣素识之读书人中，择其心中明白、遇事皆留心者用之……现在携带之二等参赞官陈远济，系臣妹婿，臣敢援古人内举不避亲之例，带之出洋。缘事任较重，非臣亲信友朋素日深知底蕴者，不敢将就派之……"

问："你这个亲戚多大年纪？"

对："三十六岁。"

问："你能懂外国语言文字？"

对："臣略识英文，略通英语，系从书上看的，所以看文字较易，听语言较难，因口耳不熟之故。"

问："通行语言，系英国的，法国的？"

对："英语为买卖话。外洋以通商为重，故各国人多能说英国话。至于法国语言，系相传文话，所以各国于文札往来常用法文，如各国修约、换约等事，即每用法文开列。"

问："你既能通语言文字，自然便当多了，可不倚仗通事、翻译了？"

对："臣虽能通识，究竟总不熟练，仍须倚仗翻译。且朝廷遣使外洋，将来将成常局，士大夫读书出身后，再学洋文洋语，有性相近、性不相近、口齿易转、口齿难转之别。若遣使必通洋文洋译，则日后择才更难。且通洋文、洋语、洋学，与办洋务系截然两事。办洋务以熟于条约、熟于公事为要，不必侵占翻译之职。臣将来于外国人谈议公事之际，即使语言已懂，亦候翻译传述。一则朝廷体制应该如此，一则翻译传述之问，亦可借以停顿时候，想算应答之语言。英国公使威妥玛，能通中华语言文字，其谈论公事之时，必用翻译官传话，即是此意。"

问："闻威妥玛快来了，你听见说没有？"

对："夏间见新闻纸，言威妥玛秋后动身，其后未闻的确信。"

旨："威妥玛人甚狡猾。"

对："威酋能通华文华言，人极狡猾，抑且性情暴躁，外国人也说他性情不好。"

旨："办洋务甚不容易。闻福建又有焚毁教堂房屋之案，将来必又淘气。"

对："办洋务，难处在外国人不讲理，中国人不明事势。中国臣民当恨洋人，不消说了，但须徐图自强，乃能为济。断非毁一教堂、杀一洋人，便算报仇雪耻。现在中国人多不明此理，所以有云南马嘉理一事，致太后、皇上宵旰勤劳。"

旨："可不是么。我们此仇何能一日忘记，但是要慢慢自强起来。你方才的话说得很明白，断非杀一人、烧一屋就算报了仇的。"

对："是。"

旨："这些人明白这理的少。你替国家办这等事，将来这些人必有骂你的时候，你却要任劳任怨。"

对："臣从前读书到'事君能致其身'一语，以为人臣忠则尽命，是到了极处了。观近来时势，见得中外交涉事件，有时须看得性命尚在第二层，竟须拼得将声名看得不要紧，方能替国家保全大局。即如前天津一案，臣的父亲先臣曾国藩，在保定动身，正是卧病之时，即写了遗嘱，分付家里人，安排将性命不要了。及至到了天津，又见事务重大，非一死所能了事，于是委曲求全，以保和局。其时京城士大夫骂者颇多，臣父亲引咎自责，寄朋友的信，常写'外惭清议，内疚神明'八字，正是拼却声名，以顾大局。其实当时事势，舍曾国藩之所办，更无办法。"

旨："曾国藩真是公忠体国之人。"

免冠碰头，未对。

旨："也是国家气运不好，曾国藩就去世了。现在各处大吏，总是瞻徇的多。"

对："李鸿章、沈葆桢、丁宝桢、左宗棠均系忠贞之臣。"

旨："他们都是好的，但都是老班子，新的都赶不上。"

对："郭嵩焘总是正直之人，只是不甚知人，又性情褊急，是其短处。此次亦是拼却声名，替国家办事，将来仍求太后、皇上恩典，始终保全。"

旨："上头也深知道郭嵩焘是个好人。其出使之后，所办之事不少，但他挨这些人的骂也挨够了。"

对："郭嵩焘恨不得中国即刻自强起来，常常与人争论，所以挨骂，总之系一个忠臣。好在太后、皇上知道他，他就拼了声名，也还值得。"

旨："我们都知道他，王大臣等也都知道。"

对："是。"

问："你现在在总理衙门居住？"

对："总理衙门事务，势不能不秘密，臣等从前未敢与闻。现因奉旨出使，须将英国、法国前后案件查考一番，并须摘要抄录一点。其全案虽在郭嵩焘处，然臣在路上，必有外国人交接应酬，若言谈之际，全然不知原委，未免不便。"

旨："你办事倒很细心。"

肃然未对。

问："你带同文馆学生去否？"

对："臣带英翻译一名，法翻译一名，供事一名，均俟到上海汇奏。"

问："他们都好否？"

对："臣略懂英文，英翻译左秉隆，臣知其可用。法翻译联兴，臣未能深加考究，因臣不懂法文之故。然联兴在同文馆已派充副教习，想其法文尚可。至于供事，不过钞誉公文，只要字迹干净，就可用了。"

问："递国书日子，系由你定？系由他们外国人定？"

对："须到彼国之后，彼此商量办理。"

问："外国也有总理衙门？"

对："外国称'外部'，所办之事，即与中国总理衙门公事相同，闻英国近亦改称总理衙门。其实外国话都不同，也不唤外部，也不唤总理衙门，只是所办之事相同就是。"

问："你甚么时候可到？"

对："只要托赖太后、皇上洪福，一路平安，路上没有耽阁，年底总可到法国都城。"

问："你没到过外国，这些路径事势想是听得的？"

对："也有翻看书籍、地图查考得的，也有问得的。"

问："香港安船不安船？"

对："臣赁法国公司轮船，轮船总有载货卸货、载人下人等事，一路口岸必有耽阁，但皆由该船作主。"

良久，旨："你就跪安罢。"

退至原位，跪称："臣曾纪泽跪请圣安。"掀帘退出，已辰正二刻矣。

第 13 章

自强运动的问题

读到这里，中国人思考如何抵御西方的过程就清晰了起来。最初的想法是"以夷制夷"，采用西洋火器。继而意识到西洋火器须在中国制造，尤须由中国人制造，则中国人非学习如何制造不可。要学习如何制造，则必须从整体上学习西方科学，新获得的技术也要建立新的机构来培训和实践。这些思想一环扣一环，其源头就是自保的基本愿望。这一愿望在19世纪60年代尚未衰减，仍是近代化的主要动力。

时间的长河流入19世纪70年代，李鸿章和其他督抚开始筹建与军工企业配套的工业和交通设施。他们遇到了一个在西方很常见的问题——各工业部门的协调发展。例如，1872年成立的轮船招商局与英国在华轮船公司竞争，煤炭货源须从本国寻找，摆脱对外国煤炭的依赖。于是，1878年在天津以北的开平地区创办了开平煤矿，即开滦煤矿的前身。

于是，李鸿章道出了富强必以实业为本的新观念："泰西各国以矿学为本图，遂能争雄竞胜。英之立国在海中三岛，物产非甚丰盈，而岁出煤铁甚旺，富强遂甲天下。"①

福州船政局原计划用银300万两，以五年为期，建造蒸汽船16艘。到1872年，经费已然超支，船却只造了一半（六艘完工，三艘在建）。造出的船只性能还是逊于外国。一些官员主张裁撤船政局，李鸿章上折力言不可。

选文29　李鸿章力主自造蒸汽船（1872年）②

仰见圣主力图自强，规画远大，钦佩莫名。臣窃惟欧洲诸国百十年来，由印度而南洋，由南洋而东北，闯入中国边界腹地，凡前史之所未载，亘古之所未通，无不款关而求互市，我皇上如天之度，概与立约通商以牢笼之，合地球东西南朔九万里之遥，胥聚于中国，此三千余年一大变局也。

西人专恃其枪炮轮船之精利，故能横行于中土。中国向用之弓、矛、小枪、土炮，不敌彼后门进子来福枪炮，向用之帆篷舟楫、艇船炮划，不敌彼轮机兵船，是以受制于西人。

居今日而曰攘夷、曰驱逐出境，固虚妄之论，即欲保和局、守疆土，亦非无具而能保守之也。彼方日出其技与我争雄竞胜，挈长较短以相角而相凌，则我岂可一日无之哉！

自强之道在乎师其所能、夺其所恃耳。况彼之有是枪炮轮船

---

① 《李文忠公奏稿》卷四十，第41页；又见顾廷龙、戴逸主编：《李鸿章全集》（9），第339页。

② 原题《筹议制造轮船未可裁撤折》（同治十一年五月十五日），见《李文忠公奏稿》卷十九，第44—50页；又见顾廷龙、戴逸主编：《李鸿章全集》（5），第106—107页。

也，亦不过创制于百数十年间，而浸被于中国已如是之速。若我果深通其法，愈学愈精，愈推愈广，安见百数十年后不能攘夷而自立耶。日本小国耳，近与西洋通商，添设铁厂，多造轮船，变用西洋军器，彼岂有图西国之志，盖为自保计也。日本方欲自保而逼视我中国，中国可不自为计乎？士大夫囿于章句之学，而昧于数千年来一大变局，狃于目前苟安，而遂忘前二三十年之何以创巨而痛深，后千百年之何以安内而制外，此停止轮船之议所由起也。

臣愚以为，国家诸费皆可省，惟养兵、设防、练习枪炮、制造兵轮船之费万不可省，求省费则必屏除一切，国无与立，终不得强矣。左宗棠创造闽省轮船，曾国藩饬造沪局轮船，皆为国家筹久远之计，岂不知费巨而效迟哉。惟以有开必先，不敢惜目前之费，以贻日后之悔。该局至今已成不可弃置之势，苟或停止，则前功尽弃，后效难图，而所费之项转成虚糜，不独贻笑外人，亦且浸长寇志……

【编者按：接下来李鸿章解释了经费之所以超支，是因为筹划马尾船厂的法国人日意格、德克碑并非素习造船的工匠，最初只是估计了大概费用，未曾料到日后机器涨价。李鸿章还陈述了英法战舰的优长，并建议仿造小铁甲船以资防卫。他认为："中国大势，陆多于水，练陆军视练水军尤急。"他还谈到了将战舰转作商用的难处，但认为无论是为了漕运还是与洋人争利，新式舰船都必不可少。】

抑臣更有进者，船炮、机器之用非铁不成，非煤不济，英国所以雄强于西土者，惟藉此二端耳。闽沪各厂，日需外洋煤铁极夥，中土所产多不合用。即洋船来各口者，亦须运用洋煤。设有闭关绝市之时，不但各铁厂废工坐困，即已成轮船无煤则寸步不行。可忧孰甚！

近来西人屡以内地煤铁为请，谓中土自有之利而不能自取，深为叹惜。闻日本现用西法开煤铁之矿，以兴大利，亦因与船器相为表里。曾国藩初回江南，有试采煤窑之议，而未果行。试能设法劝导，官督商办，但用洋器洋法而不准洋人代办，此等日用必需之物，采炼得法，销路必畅，利源自开。榷其余利，且可养船练兵……

1880年，出于军事需要，李鸿章认识到了电报的重要性。他写道："用兵之道，必以神速为贵……即如曾纪泽由俄国电报到上海，只须一日，而由上海至京城，现系轮船附寄，尚须六七日到京……同治十三年，日本窥犯台湾，沈葆桢等屡言其利，奉旨饬办，而因循迄无成就。"① 据此，李鸿章亟请设立京师到南京、汉口的两条电报线。而时人对修筑铁路仍颇有疑虑，原因之一就是怕外敌借铁路直捣腹心之地。果不其然，后来日本人正是这么做的。

纺织业的战略价值不甚明显，进展也就缓慢得多。1878年，左宗棠聘请德国技师，购买德国机器，在甘肃兰州开办织呢局。织呢局在左宗棠去世后才兴旺起来。1882年，李鸿章向商人募集股份，在上海筹建棉纺织厂。他建议对该厂销往全国的产品一概免征厘金，此举或许是保护"国货"的先声。李鸿章的计划到1891年才得以实现。新成立的上海机器织布局是中国第一家用机器织布的工厂，不

---

① 《李文忠公奏稿》卷三十八，第16—17页；又见顾廷龙、戴逸主编：《李鸿章全集》（9），第158—159页。

料1893年就毁于大火，仅成功运营了一年。李鸿章不久就重建了一座工厂，规模更胜往昔。1891年，张之洞在武昌开办了一座纺织厂，1894年又开一座。1891年李鸿章在上海开办造纸厂，又在开平煤矿附设了一座水泥厂，火柴厂、面粉厂等也相继兴办。

重工业的起步则更加迟缓。1890年，张之洞延聘德国技师，兴办大冶铁矿和汉阳铁厂。但是张之洞的期望落空了，它们最终也未能发展成大型工业综合体。

五花八门的洋务事业相继兴办，只是不免低效而拖沓，其中大多是李鸿章的手笔。通过下表可以一窥其大概：

1863年	广方言馆于上海成立。
1865年	江南制造局于上海成立，附设译书局。
1867年	金陵机器局成立。
1870年	崇厚于1867年创办的天津机器局由李鸿章接手并扩建。
1871年	在大沽筹建西式要塞。
1872年	派学童赴美留学。 派军官赴德国学习军事。 奏请开办煤矿、铁矿。
1875年	计划建造铁甲舰。
1876年	奏请各省设局学习西方科学，在科举考试中加入洋务内容。 派遣福州船政局的生徒前往英、法留学，派遣七名陆军将弁前往德国深造。
1878年	开平煤矿成立。
1879年	大沽与天津之间的电报线开通。

1880年	以购买外国战舰入手，筹建新式海军。 天津水师学堂成立。 奏请铺设陆上电报线，获准。
1881年	李鸿章支持刘铭传修筑铁路的请求。
1882年	旅顺港码头开工（1891年竣工）。 上海机器织布局筹建。 唐胥铁路竣工，全长约6英里[①]。
1885年	天津武备学堂成立。 海军衙门成立。
1887年	天津、保定分设机器铸钱局。
1888年	北洋水师成军。
1889年	漠河金矿筹建。
1891年	伦章造纸厂于上海成立。 在旅顺大阅海军。

（一）"官督商办"制度

这份成绩单与同时代的其他国家相比不值一哂。帝国主义在中国的经济竞争造成的压力固然是原因之一，但其主要症结是中国社会的性质——它的"东方"特性，商业资本如果没有官府的卵翼，涉足实业难于登天。这一点我们在第1章中已经讲到了。这种官商紧密联结的实例，就是所谓的"官督商办"制度。许多早期洋务企业都是这样建立起来的。分析官督商办制度的经济和社会特征已经

---

① 译者按：1英里约合1.6千米。

超出了本书的范围，但是它未能适应中国的需要则是显而易见的。官员是企业经营的门外汉，却左右着经理人的一举一动，经理人的社会地位低于官员，苦无资格施展募资、再投资等现代企业的经营手段。

说到底，官督商办制度是将传统的"中法"应用于现代经济管理。这一度似乎是仿照传统的榷盐制度而来的。在榷盐制度中，监管官员由政府任命，而食盐的生产、分销、零售都分包给各路盐商。不少洋务企业都是在以下这种新模式下建立起来的：商人入股企业，经理人通常挂候补道台或候补知县等官衔，可以与官府打交道，确保税收减免等便利，同时又是企业的经理人。有时经理人会有两个，一个专司与官府打交道，一个专门照看生意。于是，经理人的职能也是半官半商，企业的性质大体上也介于二者之间。这一制度的初衷是吸纳民间资本，但在实际操作中，官员可以用商人的名义投资官督商办企业，然后将自己的亲信安插进去，大捞好处。例如，盛宣怀由李鸿章点将掌管招商局，用220万两白银购买美国旗昌洋行的数艘轮船。盛宣怀代表李鸿章商请两江总督拨公帑100万两入股，不足之数则号召公众认购股份筹集。1880年年初，有人弹劾招商局靡费无度，损公肥私。朝廷命招商局的后台老板李鸿章追查此事，而结果自然是不了了之。

有一本书把西方工商业同中国官僚主义结合产生的恶果描绘得淋漓尽致。这本书笔力雄健，影响深远，其作者就是买办出身、博学多闻的郑观应。

郑观应出身低微，从他的文章可知，他先后在宝顺洋行和太古轮船公司等处做了30年买办，以此起家。1882年起，他开始在李鸿章的洋务企业中效力，先后供职于电报总局、招商局和机器织布局。

1892年至1902年间，他担任招商局会办，足迹遍及中国及东亚各地。甲午战争期间，他代表清政府对外采购军火。1896年，他还一度担任汉阳铁厂的经理。

19世纪90年代，郑观应是《万国公报》的赞助者和忠实读者。《万国公报》由外国传教士主办，主要刊登有关科学、历史及社会问题的文章，影响广泛。据李提摩太（Timothy Richard，1845—1919）说，郑氏曾一口气买下100部麦肯齐（Mackenzie）的《泰西新史揽要》（*Nineteenth Century*），分赠在京友人。郑观应自己的著作《盛世危言》也在1898年之前风行一时。后来该书被呈送御览，光绪帝阅后命总理衙门刊印此书，下发官员。《盛世危言》在刊行后的十年间获得了大批读者。大概是限于作者的买办出身，此书在戊戌变法中的作用并不大。

据左翼作家萧三回忆，毛泽东少年时酷爱读《盛世危言》。但毛泽东在自己的文章中提到过康有为和严复，却从未提到《盛世危言》。

郑观应身兼买办和学者双重角色，且与外国人交游甚广。他之所以能够提出新的观点，得益于他既熟悉李提摩太等传教士的著作，也熟悉同时代中国人的文章。他主张提高商人阶层的社会地位，认为商人如果在商业活动中拥有更多自主权，则能有效抵御外国人对中国的盘剥。据此，他主张允许商人参加乡试并做官。

《盛世危言》的人道主义关怀令人惊喜——这不仅体现在郑氏政府民享的学说上，更体现在他对社会苦难的动情描述上。他痛感刑罚的惨无人道，痛感监狱之条件恶劣，痛感缠足给妇女带来的折磨，痛感农村的普遍贫困，于是提出了许多改革建议，包括赈济贫民，改良农业，推行拼音汉字，"使国内无不识字之人"。

选文30　郑观应对官督商办的批评（约1892年）

近日朝廷虽有通饬各省督抚振兴商务、及各制造局准招商承办之谕，惟官商积不相能、积不相信久矣！纵使官吏精明，愿为保护，恐继之者贤否莫卜，或有要求不遂，更速其祸。孰肯以自有之利权，反为官长所执？故殷商大贾更事多者，明知有利，亦趑趄而不敢应召；即有应之者，恐其假托殷商认办某事，实则别有所图。十余年来，时有劣员串同奸商，或禀请当道承领某行捐费【注：广东各业炮台捐费，皆招商承办】，或仿西法创办一事，托词业已集股若干，奉札到手，始设局招股，以公济私，既非殷实，亦无长技，事终难成，而为其所累者已不鲜矣。

按西例，由官设立办国事者谓之局，由绅商设立为商贾事者谓之公司。无论绅商设立商贾公司，必须悉照其国家颁发官商所定商贾公司条例而行。公司总办由股董公举，各司事由总办所定。若非熟识商务，不谙其中利病，股份虽多，官秩虽大，亦不准滥厕其列……

今中国禀请大宪开办之公司，虽商民集股，亦谓之局。其总办稍有牵涉官事者，即由大宪之札饬，不问其胜任与否，只求品级较高，大宪合意即可充当，所以各局总办、道员居多【注：所学非所用，西人无不讪笑】。迨至关防、札副次第到手，即全以官派行之，位尊而权重，得以专擅其事，假公济私；位卑而权轻，相率听命，不敢多言。公司得有盈余，地方官莫不索其报效，越俎代谋。其小公司之总理，虽非大宪札委，亦皆侵蚀舞弊。股商畏其势，因无商律，不敢上控。是以数十年来获利者鲜，亏累者多也。

今欲整顿商务，必须仿照西例，速定商律……凡创商贾公司，必须具禀，列明股董何人，股本若干，所办何事，呈请地方官注册。如不注册，有事官不准理。庶几上下交警，官吏不敢剥削，商伙不敢舞弊。公司所用之人，无论大小皆须熟悉利弊，方准采用，当道不得滥荐，举从前积弊一律扫除。[①]

【编者按：在《盛世危言》的另一篇中，郑观应以犀利的笔锋描述了上海华人遭受的不公与屈辱。】

西人舟车所至，每以语言互异，律法不同，利己损人，任情蔑理……洋船撞毁华船，反咎以不谙趋避，或诬其桅灯不明，改重就轻，含糊了结。马车碾伤华人，反谓不知让道，祸由自取；扭赴公堂，亦仅薄罚。又如华人受雇洋行及充洋船水手，往往借端扣减工资，甚或殴辱毙命。西人之狡黠者，更串通地棍拐贩乡愚，冤惨尤无天日。他若华商负欠洋商，一经控告，追封产业，扰及亲朋。西人负欠华债，虽饶私蓄，循例报穷，便自逍遥事外……

我之待西人如此其厚，彼之待华人如此其薄，天理何存？人心何在？夫轮船飞驰于港汊，马车冲突于通衢，无事而带持军器，用人而刻扣工帐，空盘倒资，袒庇教民，包揽关捐，掠贩人口，凡此种种妄为，亦西律所必禁，公法所不容……[②]

为了加强说服力，郑观应又列出了租界对华人的十大不公：（1）租界越界占地；（2）华人马车纳捐较洋人马车

---

① 郑观应：《盛世危言》卷五，第7—9页。
② 郑观应：《盛世危言》卷一，第47—48页。

为重，如与洋人马车同行，不准超过洋人马车；（3）华人不按季节打猎则罚银；（4）西人打猎可以不拘季节；（5）西人纵马踏坏华民棉花不了了之；（6）会审公堂将空白拘人票（逮捕证）交给华捕与包探，任其随意填注拿人，私刑勒索；（7）租界工部局董事七人皆系西籍，不使华商与闻其事；（8）上海租界工部局房捐，华人十居六七，而工部局所筑公家花园、跑马场，俱不准华人入内；（9）沿江一带草埔，近来也不许华商往来；（10）乡民田地被工部局开马路用去数分者，未能一律赔偿。①

（二）铁路之争

"铁路"一词最早出现于中文文献中，应该是英国工程师史蒂芬孙（MacDonald Stephenson）取道印度访华时。史蒂芬孙建议修一条铁路，连接上海和苏州，中国人却无动于衷。翌年，一位英商在北京宣武门外修筑了一段1里多长的铁路，并在上面试行了机车。这应当是铁路首次被引入中国。由于旁观的人群受到了惊吓，这段铁路很快便被拆除。1866年，怡和洋行修筑了一条从上海到吴淞的马车道，全长38里，实则是为进一步修筑吴淞铁路张本。1876年5月，全路铁轨铺就，正式运营。由于这段铁路是外国人所筑，火车又极为扰民，所以当地舆论以反对之声居多。后来一名中国士兵被火车轧死，官民的反对浪潮更加汹涌。1876年9月，两江总督沈葆桢与英国驻上海总领事威妥玛磋商，议定中方将铁路买断，并于次年拆毁。表面上看，拆毁铁路的原因无非是迷信和保守两端，这同英、

---

① 郑观应：《盛世危言》卷一，第52—54页。

美两国刚开始修筑铁路时的情形并无二致：怕牲畜受惊无法安然吃草，怕鸡下不了蛋，怕机车的浓烟熏死飞鸟、熏坏草木，怕机车的火星烧毁农舍，不一而足。然而，其背后的真正原因在于，英商修筑吴淞铁路未得到清政府的批准，而清政府不愿看到这样一柄开发经济的利器操诸外人之手。

这场风波过后，洋务运动的领袖们又花费了很长时间推动铁路建设。冯桂芬、李鸿章、刘坤一、左宗棠、刘铭传等人纷纷上书朝廷，极言铁路为防务和商务之必需。李鸿章和刘铭传对修筑铁路尤为积极，而路工的实际监管则主要由唐廷枢、伍廷芳、盛宣怀等人负责。

选文31　沈葆桢买断吴淞铁路（1876年）[①]

窃查本年春间，上海英商于租地内擅筑铁路，行使火轮车，直达吴淞。臣沈葆桢、臣元炳严饬关道照会英国领事阻止。该领事麦华陀坚不允从。又咨总理衙门照会饬阻，该国使臣威妥玛复一味偏执，延至数月……适威妥玛所派之汉文正使梅辉立，于八月十八日亦到上海，会议数次。该正使先欲中外合股集资同办，继欲中国买后仍归洋商承管……当向逐细剖办，以中国地方外人未便擅造铁路，通融给价已属格外体恤，倘再生枝节，则曲不在中国而在西洋。

经该道等往复筹商，始于九月初八日议明买断，行止悉听中

---

① 《光绪政要》卷二，第89页；又见顾廷龙、戴逸主编：《李鸿章全集》（7），第255页，题为《上海铁路会议买断折》。译者按：这封奏折所署的时间是光绪二年十二月初五，即1877年1月14日，本书作1876年，不确。

国自便，洋商不得过问。惟一年限内价未付清，暂由详商办理，只准搭客往来，不得违章装货，亦不得添购地段，推广铁路……

选文32　薛福成倡建铁路（1878年）①

今泰西诸国，竞富争强，其兴勃焉，所恃者火轮舟车耳。轮舟之制，中国既仿而用之，有明效矣。窃谓轮车之制不行，则中国终不能富且强也。考轮车之创于西洋也，康熙年间，英国北境以马车运煤，始作木轨以约车轮。迨道光十年，造成铁路，始以火轮车载客载货。其法愈研愈精，获利不赀，煤铁价减四之三，因得肆力制造，扩充诸务。遂以雄长欧洲，既而推行于俄、法、德、奥、美诸大国。

即如美邦新造，四十年前，尚无铁路。今通计国中六通四达，为路至二十一万里。凡垦新城、辟荒地，无不设铁路以导其先；迨户口多而贸易盛，又必增铁路以善其后。开国仅百年，日长炎炎，几与英俄相伯仲。盖闻美之旧金山乘轮车至纽约，为程万一千里，行期不过八日，是万里而如数百里之期也；旅费不过洋银百余枚，是万里而如千余里之费也。是故中国而仿行铁路，则遐者可迩，滞者可通，费者可省，散者可聚……

且今中国兴举之事不为不多，然皆必得铁路以济其穷者，何也？……出入之货愈多，则轮船之懋迁益广，此与轮船相表里者也。煤铁诸矿去水远者，以轮车运送，斯成本轻而销路畅，销路

---

① 原题《创开中国铁路议》，见《庸盦文编》卷二，第9—15页；又见马忠文、任青编：《中国近代思想家文库·薛福成卷》，北京：中国人民大学出版社，2014年，第80页。

畅而矿务益兴。从此煤铁大开，经营铁路之费亦益省，此与矿务相表里者也。轮车之驰，日千余里，其行倍于驿站最速之马，从此文书加捷，而民间寄信章程，用西法经理，俾与铁路公司相附丽……此与邮政相表里者也。

第 14 章

积极外交政策的尝试

19世纪下半叶，中国的对外政策与近代化运动都与外国的侵略息息相关。1874年，日本出兵台湾，报复杀死琉球船民的台湾生番。此役暴露了中国军事的虚弱。李鸿章早已意识到了中国军备、通讯的落后，而先进的机器又由列强把持。于是就有了上文提到的1872年轮船招商局的成立。1880年，李鸿章极力支持重启中国的铁路建设，并建议架设中国第一条电报线。此外，他还主办了若干培训技术的学堂。1884年，法国海军将福州船政局轰成一片瓦砾，更刺激清政府建设自己的海军。李鸿章出任海军衙门会办大臣，设法获得了自造舰船的经费。不幸的是，凝结了一代人心血的新式陆海军，在甲午战争中遭到日军的毁灭性打击。大败之后，李鸿章不再指望以现代实业重振中国、击败日本。他转而寻求与俄国结盟，回到了"以夷制夷"的老路上。

1870年李鸿章出任直隶总督之后，就开始在中国外交中发挥重要作用。1884年慈禧将奕䜣逐出总理衙门以后，李鸿章的权势更重。据目前晚清外交史的研究来看，当时清政府并无外交战略蓝图，只是头痛医头、脚痛医脚。李鸿章是关键决策者之一，他留下的文字有着特殊的重要意义。

大体而言，李鸿章仍然认为中国的头号外部威胁是日本，而非俄国。在他看来，无论是1868年的明治维新还是1874年的日军侵台，对中国都是威胁和刺激。文祥是最早看到日本野心的中国官员之一，李鸿章和他英雄所见略同。1872年李鸿章致书友人：

> 惟该国（日本）上下一心，皈依西土，机器、枪炮、战舰、铁路，事事取法英美，后必为中国肘腋之患，积弱至此，而强邻日逼，我将何术以处之？[①]

1874年12月10日，李鸿章在一封奏折中写道：

> 然如（日本）改习西洋兵法，仿造铁路火车，添置电报、煤铁矿，自铸洋钱，于国计民生不无利益。并多派学生赴西国学习器艺，多借洋债，与英人暗结党援，其势日张，其志不小。故敢称雄东土，藐视中国，有窥犯台湾之举。泰西虽强，尚在七万里以外，日本则近在户闼，伺我虚实，诚为中国永远大患。[②]

台湾事件了结后，李鸿章致书沈葆桢，辞气沉痛，其中一段写道：

---

① 《李文忠公朋僚函稿》卷十二，第14页；又见顾廷龙、戴逸主编：《李鸿章全集》（30），第439—440页。
② 《李文忠公奏稿》卷二十四，第26页；又见顾廷龙、戴逸主编：《李鸿章全集》（6），第170页。

　　　　愿我君臣上下，从此卧薪尝胆，力求自强之策，勿如总
　　署前书所云，有事则急图补救，事过则仍事嬉娱耳。[①]

　　李鸿章对日本维新领袖伊藤博文（1841—1909）的治国才能和
政治韬略极为钦佩。1885年，李鸿章在给总理衙门的密函中谈到了
伊藤："该使（指伊藤）久历欧美各洲，极力模仿，实有治国之才，
专注意于通商、睦邻、富民、强兵诸政，不欲轻言战事，并吞小邦。
大约十年内外，日本富强必有可观，此中土之远患而非目前之近
忧。"[②]李鸿章的预言实在是准得出奇。[③]
　　对于俄国在中亚的扩张，李鸿章的忧虑不如左宗棠为首的主战
派那么强烈。无论如何，李氏痛苦地看到了中国真正的弱点所在。
1880年左宗棠请战，李鸿章写信给部下说：

　　　　伊犁乘回乱掠取，本不欲归我旧疆。在我则瓯脱极远之
　　地，亦可不急索还也。中外主国计者忽尔好大喜功，再三追
　　索。枢廷不谋于众，竟以软弱无识之人充其选而假以权。忽
　　又举朝狂吠，废弃已定之约，理可谓直乎？
　　　　自粤捻平后，遣将裁勇而饷源愈竭。岁供西军六七百万，
　　无停止之期。台湾事起，乃议海防，名为额拨四百万，每年
　　实解不及百万，北洋仅三四十万耳。无饷则无精兵、无利器。

---

① 《李文忠公朋僚函稿》卷十九，第33—34页；又见顾廷龙、戴逸主编：《李
　鸿章全集》（31），第115页。
② 《李文忠公译署函稿》卷十七，第8—9页；又见顾廷龙、戴逸主编：《李鸿
　章全集》（30），第483页。
③ 李鸿章和伊藤博文的谈话见选文35。

淮军协饷亦十去其四，上年奉部议，饬裁一万余人，又分防南北两洋，势可谓强耶？[1]

曾纪泽在圣彼得堡与俄国谈判期间（1880—1881），中国在北方动员了大批军队以壮声势。李鸿章对曾纪泽的判断颇有疑虑。1880年4月12日，他在给曾纪泽的复信中写道：

尊论……又称与俄决裂，不至大有伤害。俄人内惧民乱，外防英侵，未敢更与吾华大开边衅，料敌亦甚明透。至谓英人断不许俄人得志于华，是否确有见地，俄若得志于华，首在新疆，次则黑龙江、吉林，皆非英人力所能及之处。有妨于英，则英或中梗；无损于英，则英商且从旁设法牟利，岂真能输诚助力于吾华哉？[2]

1881年，曾纪泽改订了关于伊犁的条约。此举通常被看作一次重大胜利，毕竟是逼着俄国把已经吞下的地盘又吐了出来。李鸿章却不以为然。他给友人写信说，和约"所争者于中国并无实济，而彼已稍厌欲罢。士大夫之愚惑，朝廷之无人，亦可笑已。"[3]

郭嵩焘也是一位怀疑主战政策的外交家。1884年中国与法国战和不定，拖拖拉拉，令人一头雾水。于是，郭嵩焘上奏陈述了自己

---

① 《李文忠公朋僚函稿》卷十九，第33—34页；又见顾廷龙、戴逸主编：《李鸿章全集》（32），第622页。
② 顾廷龙、戴逸主编：《李鸿章全集》（32），第534页。
③ 《李文忠公朋僚函稿》卷十九，第42—43页；又见顾廷龙、戴逸主编：《李鸿章全集》（32），第645页。

的意见。

选文33　郭嵩焘以主战政策为无用（1884年）①

惟西洋一主通商，历久不变。其占踞地方，远至数万里，皆以通商为名，初无穷兵之心，而数反数复，必因衅以逞兵；亦并无争地之心，而屡战屡进，即乘势以掠地。南洋各岛侵占殆遍，无不由此。是以交涉西洋通商事宜，可以理屈，万不可以力争；可以诚信相孚，万不可以虚伪相饰；可以借其力以图自强，万不可恢其强以求一逞。

臣尝论西洋要求事件，轻重大小，变幻百端，一据理折衷，无不可了，一战则必不易了。以彼所求者通商耳，其蓄谋或在数十年之前，其作势尝自处万全之地，每至张大其辞，以相要挟。而其与中国相去数万里，用兵之费又数倍于中国，本不能轻易言战，其志又不过通商为利，非有仇憾积于其心。察其不轻言战，诘难往复，固有余地以自处，而求各得其利。因其不轻言战而激使狂逞，则为害必多。一经交兵，所用兵费终谋取偿，此亦两洋各国互相钳制之义，直无辞以拒之。或竟受惩创，扬帆以去，各省海口不能撤防。一年二年，又必复至，或遂恣意横行，为祸且将愈烈。西洋各国交兵，或十年二十年，每战炮火交轰，亦至数日不息，近年如普法战迹，记载甚详。中国沿海八九千里，果何以堪之？

---

① 原题《因法事条陈时事疏》，见《郭侍郎奏疏》卷十二，第37—47页；又见熊月之编：《中国近代思想家文库·郭嵩焘卷》，第262页。

此臣所以谓西洋各国环集，中国无可战之机，无可战之势，直亦无可战之理。法夷屡与越南私立条约，专为通商云南起见。自英人通商腾越，尤怀争先恐后之心，见之特拉格尔探地记，其蓄意早深……法夷构衅越南，应遣使法都，并应遣使西贡，察机观变，而未能遣使。其滋扰越南，一发端西贡，而西贡地方，中国人民三十余万，应设领事经理，而未能早设。此等紧要机宜，皆已坐失。

法夷初意西贡驻兵五百人，横行越南有余，经刘永福横出截击，彼亦惊出意外，进退两难。可以乘势定议，而又失此机会。

中外诸臣，本无谙知洋务者，惟仰窥朝廷意旨，愤起言战；疆臣主兵，又狃于军营报仗虚张声势之故习，一以虚侨出之，讳败言功，从无一语征实……

法夷滋扰越南，未及中国也。廷臣倡言主战……彼至则我兵先退，彼退又以克复报闻……马尾船厂建置机器，所费累数百万，每制造兵船一艘，多或百数十万，少亦数十万。一战而毁弃净尽，所耗至一二千万。徒毁伤其仅有之轮船与制造机器，以供言者之一快……

二三年来，边衅既开，西洋各商收回成本，停止贸易。沿海商贾倾毁无余，元气大伤。百姓相与转徙流离，一日数惊，莫保其生。商贾受累尤甚。是直自为扰也……

而观今日征调之烦，召募之广，视咸丰年间讨平寇乱，用兵又更加多。耀军于无可施之地，求战于不相应之敌，沿海数千里，处处设防，徒以自敝其力，而无复有终极……

臣闻自古攘外必先安内。西洋占踞口岸，深入腹地，并无攘外之可言。所急应讲求者，安内而已。而使干戈四扰，边境驿骚，攘外安内，两无所据……

政策主张莫衷一是，自强事业颟顸拖沓，在清朝的海军建设上体现得淋漓尽致。

（一）建设现代海军

清朝的旧式水师属于绿营系统，传统上归各省节制。清朝统治者重陆轻水，水师只用于巡航海岸和重要的内河水道。除了17世纪80年代攻取台湾、1795年至1805年间镇压华南沿海的海盗船队，所谓造船、练水师都不过是敷衍和例行公事。

鸦片战争期间，英国舰队以优势炮火辅以蒸汽轮船，将中国船只、炮台打得一片狼藉，从广州到南京，一路当者披靡。当时清朝官员还没有真正形成海权观念。虽然有人议论过购买外国战舰以资岸防，但广东水师依然按老办法重造旧式战船。这支重建的水师甚至连海盗都打不过。19世纪40年代，一股海盗闯入珠江口，直溯广西。这些海盗中有一部分加入了太平军。正是因为靠着这批人操舟于长江之上，太平军才得以席卷两湖，直下南京。曾国藩创建湘军，主要就是针对太平军的水师。湘军的很大一部分由水师构成，舰船以划桨长船为主。1853年之后，清政府或买或租，弄来的外国蒸汽船越来越多，用以镇压长江下游的太平军。

19世纪60年代初，著名的"李泰国-阿思本"舰队计划凸显了西式炮舰在中国水域的价值。该舰队船只均系英国制造，实力不俗，然而却在1863年被解散。起因是双方在中国官员控制舰队的方式上产生了分歧。此后，左宗棠在福州、曾国藩在上海都开始设厂造船，上文已经提到。① 然而直到1867年，才有人提议创建成建制的海军。提议者正是李鸿章。李鸿章采纳丁日昌（1823—1882）的建议，奏请任命三名水师提督，分辖北、中、南三路水师。1881年，薛福成为北洋水师起草了章程。1882年，旅顺军港在李鸿章的主持下开工。1884年，左宗棠奏请组建新式海军。与此同时，张佩纶建议建立海军的中央负责机关。选文34就是张佩纶奏折的节录。1885年10月13日，海军衙门成立，醇亲王奕譞（1840—1891）任总理海军事务大臣，李鸿章任会办大臣。

海军衙门中的实际决策人是李鸿章和曾纪泽，但当慈禧太后要挪用海军经费修建颐和园时，他们也束手无策。1888年，北洋水师成军，共有大小舰只28艘。然而，这一切只是徒有其表。水师的组织、装备都极为薄弱，1894年的惨败已经现出预兆。在甲午战争后，海军机关又重建起来，但即使到了20世纪上半叶，中国也再未能建立与列强比肩的海军。

选文34　张佩纶的奏议（1884年）②

臣维泰西各国所以纵横海上，难与争锋者，船坚炮利而已。二十年来中外既通商定约矣，而各国钢船钢炮制作日新月异，其鹰瞵狼贪，注目垂涎于亚洲之心，固路人所共知也。国家即今大治水师，犹惧不敌，若复彷徨审顾，不为自强根本之计，诚恐海

---

① 分别见选文13、21、29。
② 原题《请创设外海兵轮水师疏》，见张佩纶：《涧于集》卷四，第2—6页；又见顾廷龙、戴逸主编：《李鸿章全集》（10），第453页，题为《张佩纶奏请设七省兵轮水师折》。

上之警，殆无已时……

自粤捻既平，中国稍稍治船厂，购机器，以立兵轮水师，权舆饷力之不充，人才之不出，水旱灾浸之不时，内外议论之不一，至今外海师船未改旧章，各省轮舰未垂定制。无警则南北洋之经费关关欠解，有警则南北洋之经费省省截留。仍此不变，而欲沿海水师足备攻援、足资战守，亦已难矣……

臣考之西洋兵制，水师均专设海部，兵柄极重。英人赫德曾在译署献议，亦以请设总海防司为言。深维二三老成之筹谋，参以五六海国之新制，水师之宜合不宜分，宜整不宜散，利弊亦略可睹矣。然则欲求制敌之法，非创设外海兵轮水师不可；欲收横海之功，非设立水师衙门不可。水师要政约有四端：曰审形势，曰练将材，曰治师船，曰考工用。海防之事督抚终难不问，而各省既分疆域，即不能尽化町畦。若责成重臣，举沿海口岸分别要冲、次冲，何处可屯铁船，何处可建炮台，何处可修船坞，何处可伏水雷，将帅一家，水陆一气，始能血脉贯注，骨节灵通……

（二）自强的失败

清帝国的倾覆是一个像罗马帝国衰亡一样复杂的问题。二者的最终崩溃，同样是由多种因素之聚合导致的。如果我们想宏观地把握这一问题，或者将中国的失败与日本的成功加以简明得当的比较，还须长期地研究才能办到。

然而，值得注意的是，当代诸多中国论者喜欢强调西方帝国主义对中国传统国家与社会的破坏性影响，而19世纪中国的先进人物的看法却颇为不同。通观他们的文章，亟须人才挽救危局是他们一贯强调的一点。这种担忧源于中国人一种本族中心主义的预设：中国的外交只是内政的附庸。中国人爱讲"内忧外患"，内忧一起，外患方至。只要内政修明，则无须担忧外患。

无论这一分析是否充分估计了帝国主义的作用，至少它将中国自强运动的失败归咎于中国的当权者，而不是找几个外国替罪羊了事。在中国传统观念中，政治是一种人格化的东西，历史是一众君臣创造的，与非人格的社会和经济"力量"全不相干。抱着这种观念的中国官员看到每况愈下的局势，信心极易瓦解。

李鸿章对明治维新的看法已被屡屡证实。他对伊藤博文特别重视，认为伊藤是日本维新的伟大政治家。1885年二人曾有一面之缘，当时中日两国为缓和在朝鲜的对抗而举行了一次谈判。十年之后，清朝在甲午战争中惨败，李鸿章多年心血付诸东流，二人再度相逢。谈判的结果就是《马关条约》。下文就是1895年3月20日会谈记录的节录。

选文35　李鸿章和伊藤博文的谈话（1895年）①

李云：亚细亚洲我中、东两国最为邻近，且系同文，讵可寻仇。今暂时相争，总以永好为事。如寻仇不已，则有害于华者，未必于东有益也。试观欧洲各国，练兵虽强，不轻起衅。我中、东既在同洲，亦当效法欧洲。如我两国使臣彼此深知此意，应力维亚洲大局，永结和好，庶我亚洲黄种之民不为欧洲白种之民所

———————

① 王芸生：《六十年来中国与日本》（第二卷），北京：生活·读书·新知三联书店，1980年，第224页。

侵蚀也。

伊云：中堂之论，甚惬我心。十年前我在津时，已与中堂谈及，何至今一无变更，本大臣深为抱歉。

李云：维时闻贵大臣谈论及此，不胜佩服，且深佩贵大臣力为变革俗尚，以至于此。我国之事，囿于习俗，未能如愿以偿。当时贵大臣相劝云，中国地广人众，变革诸政应由渐而来。今转瞬十年，依然如故。本大臣更为抱歉，自惭心有余力不足而已。贵国兵将悉照西法训练甚精，各项政治日新月盛，此次本大臣进京与士大夫相论，亦有深知我国必宜改变方能自立者。

伊云：天道无亲，惟德是亲。贵国如愿振作，皇天在上，必能扶助贵国如愿以偿。盖天之待下民也，无所偏倚，要在各国自为耳。

李云：贵国经贵大臣如此整顿，十分美慕……

【编者按：后面转向其他话题。】

（三）联俄

林则徐和魏源早在50年前就已指出，既可以"师夷长技以制夷"，也不妨"以夷制夷"。1860年至1894年整整一代人的时间里，中国的先进人物都致力于借力西方以图自强。其中英国起了主要作用，在海关和海军方面助力尤大。1895年，日本将这自强之梦打得粉碎。英国对中国的期许也破灭了，开始转变政策，结果在1902年缔结了英日同盟。自1898年起，列强开始在华抢夺租借地，以德国尤甚。中国面临被瓜分的危机，因而倒向了俄国，将俄国当作遏制日本的潜在盟友。本书不打算细究那段错综复杂的外交史，只是选取了两位封疆大吏的奏折和1896年中俄密约的文本。中俄密约的英文本现在还不易觅得。李鸿章在东北的"引熊入室"之举，显然也得到了淮系以外大员的支持。由此，中国未来实业的潜在基础不可逆转地被卷入了强权博弈的漩涡。

选文36　刘坤一的密折（1895年7月）[1]

　　奏为密陈大计，联俄拒倭，以巩陪京而维全局，恭折由驿驰陈，仰祈圣鉴事：

　　臣维华洋交涉，垂三十年，至今日事益棘手。中国刚柔之用，贵随时变通，各国向背之机，在因势利导。自越南之役，中国措施失当，颇为各国所轻。此次与倭议和，诸多迁就，益启四夷窥伺之渐，虎视耽耽，皆思择肥而噬。我自度力不能敌，不可不亟联邦交，以资将伯之助。

　　以臣愚见，各国之患犹缓，惟日本之患为急。盖其国与我逼近，若得台湾、辽东，则来路益便，直从枕席过师，随在被其侵轶也……第倭之强，非俄所愿，倭之扰我东三省，尤为俄所忌。是以中倭和约业经割予辽东，而俄与法、德勒令退还，讵专为我，亦自为耳。我乘此时，与之深相结纳，互为声援，并稍予以便宜，俄必乐于从我。纵不能保我沿海各省，而东三省与俄毗连之地，倭必不敢生心……倘东三省有失，则我朝何以奠根本，皇上何以对祖宗，此臣每一虑及不禁心惊肉颤也。

---

① 原题《密陈联俄拒倭大计折》，见《清季外交史料》卷一一五，第20—21页；又见王芸生：《六十年来中国与日本》（第三卷），第94—95页。

或谓俄与中国接壤最宽，将来必为害于中国。臣前此亦以为然，今则颇知其说之谬，亦视我之抚驭何如。俄疆宇已广，且信义素敦，与我修好，二百数十年绝无战事，实为千古所未有，垂之史册可为美谈。前以伊犁还我，此次与法、德争还中国辽东，其为德于我更大，而顾疑其有他，不复推诚相与，则是合者离之，厚者薄之，将谓中国不足为缘，我益成孤立之势……中俄邦交永固，则倭与各国有所顾忌，不至视我蔑如，狡焉思启矣……

选文37 张之洞的密片（1895年8月）[①]

今日救急要策，尤莫如立密约以结强援之一端。从古各国角立之时，大率皆用远交近攻之道，而于今日中国情势为尤切。今日中国之力，断不能兼与东西洋各国相抗……

查外洋近年风气，于各国泛交之中，必别有独加亲厚之一二国，平日豫订密约，有战事时，凡兵饷军火可以互助援助。若无密约者，有事便守局外，不肯干预。

今欲立约结援，自惟有俄国最便。缘英以商朘中国之利，法以教诱中国之民，德不与我接壤，美不肯与人兵事，皆难议此。查俄国与中国乃二百余年盟聘邻邦，从未开衅，本与他国之屡次构兵者不同；且其举动阔大磊落，亦非西洋之比。即如同治庚午天津教堂之案，各国争斗而俄国不与其事；伊犁之约，我国家将十八条全行驳改而俄国慨然允从；此次为我索还辽地，虽自为东

① 原题《密陈结援要策片》，见《张文襄公全集》，卷三十七，第36—38页；又见王芸生：《六十年来中国与日本》（第三卷），第95—96页。

方大局计，而中国实受其益，倭人凶锋借此稍挫，较之他国袖手旁观，隐图商利，相去远矣。

正宜乘此力加联络，厚其交谊，与之订立密约。凡关系俄国之商务界务，酌与通融，如俄国用兵于东方，水师则助其煤粮，其兵船可入我船坞修理，陆路则许其假道，供其资粮车马，一切视其所资于我者，量为协济。而与之约定，若中国有事，则俄须助我以兵，水师尤要，并与议定若何酬报之法。盖俄深忌英独擅东方之利，中俄相结，则英势稍戢，俄必愿从。

总之，中国惟海军练成不易，若有俄相助我，将来无论何国寻衅，数旬之内可以立发兵舰数十艘，游行东方海面，则我得以专备陆路战守之计，而敌人亦断不能为深入内犯之谋矣。此尤交邻之微权、救急之要策也。

中国于外洋各国向皆一例齐观，此次（指甲午战争）遂无援助，此等事须平日豫筹，及今图之，万不可缓。应请旨敕下王大臣密行筹议，并电出使大臣密速筹商妥办。惟万不可使赫德闻知，恐其忌阻误事。谨附片密陈，不胜激切屏营之至。

选文38 《中俄密约》文本（1896年）[①]

大清国大皇帝陛下暨大俄国大皇帝陛下，因欲保守东方现在和局，不使日后别国再有侵占亚洲大地之事，决计订立御敌互相援助条约，是以大清国大皇帝特派大清国钦差头等全权大臣太子

[①] 原题《御敌互相援助条约》，见《中外旧约章汇编》（第一册），北京：生活·读书·新知三联书店，1957年，第650—651页。

太傅文华殿大学士一等肃毅伯爵李鸿章，大俄国大皇帝特派大俄国钦差全权大臣外部尚书内阁大臣上议院大臣实任枢密院大臣王爵罗拔诺甫，大俄国钦差全权大臣户部尚书内阁大臣枢密院大臣微德为全权大臣，即将全权文凭互换校阅，均属如式，立定条款如左：

第一款　日本国如侵占俄国亚洲东方土地，或中国土地，或朝鲜土地，即牵碍此约，应立即照约办理。如有此事，两国约明，应将所有水陆各军，届时所能调遣者，尽行派出，互相援助，至军火、粮食，亦尽力互相接济。

第二款　中俄两国既经协力御敌，非由两国公商，一国不能独自与敌议立和约。

第三款　当开战时，如遇紧要之事，中国所有口岸均准俄国兵船驶入，如有所需，地方官应尽力帮助。

第四款　今俄国为将来转运俄兵御敌并接济军火、粮食，以期妥速起见，中国国家允于中国黑龙江、吉林地方接造铁路，以达海参崴。惟此项接造铁路之事，不得借端侵占中国土地，亦不得有碍大清国大皇帝应有权利，其事可由中国国家交华俄银行承办经理。至合同条款，由中国驻俄使臣与银行就近商订。

第五款　俄国于第一款御敌时，可用第四款所开之铁路运兵、运粮、运军械。平常无事，俄亦可在此铁路运过境之兵粮，除因转运暂停外，不得借他故停留。

第六款　此约由第四款合同批准举行之日算起照办，以十五年为限，届期六个月以前，由两国再行商办展限。

专　条　两国全权大臣议定，本日中俄两国所订之约，应备汉文、法文约本两份，画押盖印为凭。所有汉文、法文校对无讹，遇有讲论，以法文为证。

光绪二十二年四月二十二日

俄历一千八百九十六年五月二十二日

订于莫斯科

这份密约是李鸿章赴俄参加沙皇尼古拉二世的加冕典礼期间缔结的。消息当时就被英国记者披露，但讹误甚多。1922年华盛顿会议期间，中国代表团简略提及了条约内容，但我们没有找到正式公布的英文版本。从刘坤一和张之洞的奏折来看，中国确实从密约中得到了自己期望的东西。俄国虽然没有得到中国的领土，却获得了具有战略意义的租借地。租借地的恶例由此而开，其后果是灾难性的。

第五部分

1900 年开始的改革运动

第 15 章
维新派

中日甲午战争之前十年的历史，恐怕是中国近代史上研究最薄弱的环节。为什么呢？原因之一是，同1895年至1905年这十年比起来，甲午战前十年列强角力的焦点不在中国或远东，西方学者对此着墨也就较少。在此期间，英国的影响和中英贸易是中国对外关系的重心。这是英国条约体系在华的全盛时期。以进出口贸易衡量，英国打开中国大门搞贸易剥削的做法终于开花结果。赫德治下的中国海关大大便利了中外贸易。同时，列强在中国的角逐还未超出贸易范围。内政方面，以平定太平天国起家的中兴群臣正处于仕途的巅峰，李鸿章和他的同僚们正在通商口岸兴办新企业，此举小心翼翼却盈利可观；在朝中，慈禧太后巩固了自己的大权。在维多利亚时代的英国的善意庇护下，中国的旧秩序依然可以平稳运行。

同样的十年里，中国人还在空谈改革，而在一水之隔的日本，锐意进取的领袖人物已将对岸的空谈变为现实。无论这个惊人的对比后面有多么复杂的历史背景，日本维新领袖施展拳脚的余地远远大于其中国同侪则是毫无疑问的。在西方的帮助下，他们的改革近乎狂热，试图将工业革命的全部过程，以及随之而来的社会、经济乃至政治生活的变革，通通压缩在一代人的时间内完成。对于日本的惊人成就，中国人并非不晓，却没有见贤思齐。同时，由于来华传教士和出洋官员的介绍，中国人对于欧美的认识也在逐步加深，但进展十分迟缓。

（一）传教士的影响

来华传教士是西方在华影响最直接的渠道，中国人对西方的认识很大程度上得自他们的言行。然而，现在对来华传教士的研究侧重于西方一边的组织和人事，至于在中国一边如何出版、布道，如何用方言向中国人传授教义，则研究甚少。

新教从19世纪早期开始在华传教。新教传教士不但要转化异教徒以"拯救灵魂"，并且致力于通过实用知识帮助他们改善现世生活。马礼逊（Robert Morrison，1782—1834）是新教传教士的先驱，他于1807年来到广州。在华期间他苦学汉语，编纂了一部华英字典。他还将《圣经》译为中文。马译《圣经》后来为洪秀全所用，所以太平天国早期的宗教文献都打上了它的烙印。在中国人看来，马礼逊和早期英国传教士的一大贡献是兴办了一所华人学校，并在马六甲办了一家汉字印刷所（1814）。容闳①就是这所学校的学生。

早期美国传教士雅裨理和裨治文（E. C. Bridgman，1801—1861）于1830年到达广州，创立了一所学校。裨治文和卫三畏（S. Wells Williams，1812—1884）还办了一种极有价值的月刊，取名《中国丛报》（*The Chinese Repository*）。传教士伯驾（Peter Parker，1804—1888）毕业于耶鲁大学，在广州开办了第一家教会医院和医

---

① 见第11章（一）。

科学校，至今仍存。后来通商口岸越来越多，通过《天津条约》和《北京条约》，内陆传教也获得了法律保障，于是天主教和新教的工作人员都大大增加了。徐家汇是上海近郊的一个村庄，因徐光启[①]家族的姓氏而得名。耶稣会重启了在这里的传教工作，建立了学校、图书馆、天文台和印刷所。天主教各修会也像新教各派别一样，协议划定了各自的传教区域。

越来越多的英美新教传教士开始严肃地向中国介绍西方，向西方介绍中国。他们编写汉文小册子，翻译西方历史、科学、技术等各科书籍。他们的译文经过才思敏捷的中国助手的润色后，变得辞气畅达，在士大夫阶层中广为流传。在这些文化交流的先驱中，英国人有慕维廉（William Muirhead，1822—1900）、艾约瑟（Joseph Edkins，1823—1905）、伟烈亚力（Alexander Wylie，1815—1887）、理雅各等；美国人有丁韪良[②]（W. A. P. Martin，1827—1916）、卫三畏、傅兰雅（John Fryer，1839—1928）、林乐知（Young J. Allen，1836—1907）等。傅兰雅、林乐知二人可谓著作等身。傅兰雅供职于江南制造局的译书局，编译了许多有价值的书籍。许多傅译书籍成了留意西学的学者们的教科书。林乐知主办的《万国公报》于1875年至1907年间在上海发行，宣称目的是"致力于传播有关地理、历史、文明、政治、宗教、科学、艺术、实业以及西方国家总体进步之知识"。

在提倡革新的传教士中，声望最高的大概要属李提摩太。他于1870年来到中国。早在甲午战争的十年前他就警告中国人，保持和

---

① 见第2章（二）。
② 见选文26。

平对中国更为有利，花费也更少。他预言如果中国不变制度（如兴办近代教育），则大祸已迫在眉睫。1890年至1891年间，李提摩太应李鸿章之邀，出任天津的一份日报《时报》的编辑。他将编辑部化作布道坛，宣扬变法改制和技术革新，希望能让士大夫阶层认识到大难将至。他花了不少时间会见高官，并结识了许多青年士子。他结识的很多青年士子后来都成为维新运动的领袖。1895年甲午战争之后，李提摩太刊行文集一部，题为《西铎》，收录了他战前15年间所写的文章。在这些文章中，他劝告中国的官员和士绅以日本为榜样，兴办近代教育，启动各项制度改革。历史证明了他是正确的，他由此威望大著。

虽然传教士在传播改革思想中的作用如此重要，但这种影响主要还是局限在几个口岸城市，而且只为极小一部分官员士绅所知。多数官员士绅仇视传教士日益隆崇的声望，他们感到传教士威胁到了自己教化人民、传承道统的地位。士大夫也不满传教士干涉诉讼，偏袒教徒——此举在天主教中尤其盛行。教案在19世纪80年代后期的长江流域最为严重。官员也会加以弹压，但有时不免半真半假。教案彻底绝迹则是1900年之后的事了。教案发生的原因之一是，无论士绅还是平民，都很难将西方的宗教和西方文明的其他方面区分开来。如果区别明显的话，他们是乐意接受宗教之外的西方文明的。这种区分无力在中国并不是个别现象，上至天潢贵胄，下至平头百姓，都普遍存在。义和团运动就是明证。传教士有意以行医等善功作为劝人入教的手段，无疑是导致二者难以区分的重要原因。结果就是，所有西方事物都被仇教情绪殃及，导致学习西方的进程大大迟滞。

（二）早期维新派

在众多为维新变法铺路的思想家中，王韬（1828—1897）是最有趣也是最狂狷的一位。他是一名天才记者，他既不是官员，也不代表任何群体，但他的投机天性很适合做一名文化中间人和思想掮客。他原本为朝廷效力，后来投奔了太平军，不久又背叛太平军到通商口岸谋生。从1848年起，他就同上海和香港的西方人有过接触。他与传教士中的汉学大家麦都思（Walter H. Medhurst，1796—1857）、慕维廉、理雅各等人过从甚密。他协助理雅各翻译了若干卷《中国经典》（*The Chinese Classics*）。1867年年末，理雅各邀王韬赴苏格兰。有趣的是，此时正值伊藤博文从英国返回日本不久。王韬在英国和欧洲大陆待了两年，目睹了普法战争，并著书纪之。他与儒莲（Stanislas Julien，1797—1873）保持着学术交往。1868年，王韬在牛津大学做了一次演讲，可能由理雅各担任翻译。王韬返回香港时携带了大量藏书，不久就以主笔报章扬名立万。1879年，王韬访日，受到了读者和笔友的热情接待。

1862年，王韬从上海逃到香港，不久就开始了自己的报人生涯。他先在外国报纸《香港近事编录》（*Hongkong News*）做编辑。1873年他自办一报，名为《循环日报》，他的许多政论名篇就登载在上面。他的女婿钱徵也是一名报人，曾做过上海《申报》的总主笔。王韬也常为《申报》写文章。1882年，王韬的政论结集刊行。[①] 这部文集文笔雅致，而且包含很多有趣的信息。

在香港和上海租界当局的保护伞下，王韬辛辣地批判清朝吏治的腐败。他也是内政改革的积极倡导者。1870年他写了《变法自强》

---

① 译者按：即《弢园文录外编》。

三篇，内容涉及选材、练兵、学校和法律。几年之后他又写了《除弊》一篇，主张厘清官员的资格，裁汰冗官，撤换旗人官员，废止漕运，节约浮费，裁撤厘金。在另一篇文章《兴利》中，王韬论述了开采煤铁矿产、开设纺织厂、建造蒸汽船的用处。1878年，他又建议编练海军，架设电报线和修筑铁路。他也是最早提出废除治外法权的中国人，并且要求收回葡萄牙对澳门的管辖权。

王韬也常留意外交战略，早在1879年，他就预见到俄国领土扩张和兼并的野心："其意不得志于欧洲，必求逞于亚洲。"① 于是他建议采取遏制政策，设立两道藩篱以防俄。第一道藩篱是欧洲六国，英国、法国、普鲁士、奥地利、意大利、土耳其应当联合抗衡俄国，不然会被一一击破，再现秦灭六国、建立大一统帝国的故事。第二道藩篱是亚洲四国，中国、日本、暹罗、缅甸也应该结盟，遏制俄国扩张。

王韬的文化观受到英国维多利亚时代的乐观主义的熏陶，他预言随着科技将空间距离缩短，世界将会实现大同。他在文集的首篇《原道》中说："天下之道，一而已矣……其始也由同而异，其终也由异而同。"② 他相信，轮船和火车会将人带到地球的每一个角落。这些发明是"泰西诸国今日所挟以凌侮我中国者，皆后世圣人有作，所取以混同万国之法物也"。③

游历欧洲之后，王韬就撰文警告国人，不要只学西方的机械器物之类。他赞扬西方的法制、选举和宪政，并介绍了欧洲国家的三类政体：君主国、民主国、君民共主国（即君主立宪国）。三者之

---

① 王韬：《弢园文录外编》，上海：上海书店出版社，2002年，第93页。
② 王韬：《弢园文录外编》，第1页。
③ 王韬：《弢园文录外编》，第1页。

中，他最欣赏英国的君民共主制。

王韬虽然目光犀利且熟稔西方情形，但他秉持的基本思路和冯桂芬、张之洞并无二致。他希望中华文明保持自己的根基，在此基础上进行渐进的改革。事实上，他对西方古代文明知之甚少，和很多中国人一样仍认为中国是西方文明的故乡。他一面认为美国是西方第一强国，一面又说"近今美国中有麻沙朱色邦（马萨诸塞州），其妇人多喜为夫纳妾"——这句话竟出自中国的"西洋通"之口！

选文39 王韬的文章

驳以夷制夷说 [①]

前之说者曰：西人通商于中土者非一国，莫若以彼攻彼，以彼款彼，以彼间彼。此三说者，似皆深谋远虑之计，然在今日恐未能行。何则？欧洲列邦皆有外我中国之心，安能为我所用？即有愿为我用者，列国必且群讪笑之。若夫两国相争久而未决，西国之例能劝之和，如不从者，则助弱以攻强，如往年英、法助土以攻俄是也。此皆有关于利害，有系于欧洲兼并之大局，而后为之。泰西之例要不足以例中国。泰西中其最驯者莫如米利坚，然亦以英之胜负为荣辱，以英之利害为去就，则助英者有之矣，未闻有助我而攻英者也。彼与我虽未尝妄相需索，而与英、法二国有益同沾，无役不预。如其诚能维持乎我，岂宜有是？……

[①] 原题《上徐中丞书》，见《弢园尺牍》卷四，第21—22页；又见海青编：《中国近代思想家文库·王韬卷》，北京：中国人民大学出版社，2013年，第19页。

一旦猝乘吾间，我孰能御之？况我甲兵不如彼，财赋不如彼，机械不如彼，机谋不如彼。彼已洞然于我之衅矣，而彼之所谓衅者，我或未之能稔也，则诿之曰：以荒远故。然日报之刊布，邮信之流传，独不可咨访而得之乎！百余年中，米利坚之叛英，法兰西之攻英，皆其危迫之际也。近如印度之变乱，波斯之背约，皆其所有事者也。事变之生，亦至无常，要在我善揣之耳……

变法 ①

……孔子而处于今日，亦不得不一变……

变之之道奈何？其一曰取士之法宜变也。帖括一道，至今日而所趋益下，庸腐恶劣，不可向迩。乃犹以之取士……

其一曰练兵之法宜变也。今之陆营、水师，其著于籍者，有名而无实，当事者以兵不足恃，又从而募勇，能聚而不能散……是谓以不教民战，无殊驱之就死地也……

其一曰学校之虚文宜变也。今所设教谕训导，小邑一人，大邑两人，虚糜廪粟，并无所事。且其人，类皆阘冗无能，龙钟寡耻，不足为士之表率……

治天下者，当立其本而不徒整顿乎末……昔者惟在崇尚西法，立富强之本，以为收效即在目前……今沿海各直省皆设有专局，制枪炮，造舟舰，遴选幼童出洋肄业。自其外观之，非不庞洪彪炳，然惜其尚袭皮毛，有其名而鲜其实也。福州前时所制轮舶，悉西国古法耳，不值识者之一噱。他处所造机捩，转动之妙，不

---

① 王韬：《弢园文录外编》，第9—13页。

能不赖乎西人之指授。而窥其意，则已嚣然自足，辄以为心思智慧足与西人匹，或且过之而有余矣。

夫枪炮则在施放之巧，舟舰则在驾驶之能，行阵之器固不可不利，而所以用利器者则在人也……所谓才者未必才，所谓能者未必能，徒碌碌因人成事而已……

故今日我国之急务，其先在治民，其次在治兵，而总其纲领则在储材。诚以有形之仿效，固不如无形之鼓舞也；局厂之炉锤，固不如人心之机器也。

储材之道，宜于制科之外，别设专科，以通达政体者为先，晓畅机务者为次。即以制科言之，二场之经题宜以实学，三场之策题宜以时务，与首场并重，庶几明体达用，本末兼赅，此寓变通于转移之中，实以渐挽其风气而裁成鼓励之。四五科之后，乃并时文而废之……

治中①

治河，中外无善法。盖河沙日积，河底日高，河堤不得不高筑，以防冲溃。历代相传，不思变通，濒河之民如居河底，霪霖横决，鱼鳖堪虞。今莫若参用西国爬沙之法，疏刷宣通，去其壅积，然后多分支流，以杀其势。孟子述禹之治河，亦惟曰疏、曰瀹、曰排、曰决而已。行于内河，当用火轮小舶，亦可藉以运漕。一旦缓急有需，亦可恃以无恐。

至于所以驭外者，不难在重洋之衔命，而先难在内地之抚

---

① 王韬：《弢园文录外编》，第21—22页。

柔……至若西商传教人等，安分守法，归我管辖，虽遍至各处，亦复何虑。无如旅于中土之西人，每多恃势凌人，我国绅民又鄙之以为不屑，变故日生，是可虞也。泰西之例，商民至其国境犯法，即归其国官员审办……惟是中律严，西律轻，且彼官知中律者多，我官明西律者少，即彼此秉公鞠断，涉讼之民难保无怨声……

纪英国政治①

英国僻在海外，屹然三岛，峙于欧洲西北……其甲兵精强，财赋富饶，物产繁庶，诸国莫敢与之颉颃。自言其国中久享升平，无敌国外患者已千余年。近年以来，持盈保泰，慎于用兵，非甚不得已，必不妄兴师旅……

英国之所恃者，在上下之情通，君民之分亲，本固邦宁，虽久不变。观其国中平日间政治，实有三代以上之遗意焉。

官吏则行荐举之法，必平日之有声望品诣者，方得擢为民上……而又必准舍寡从众之例，以示无私。如官吏擅作威福，行一不义，杀一无辜，则必为通国之所不许，非独不能保其爵禄而已也。故官之待民，从不敢严刑苛罚，暴敛横征，苞苴公行，簠簋不饬，朘万民之脂膏，饱一己之囊橐。其民亦奉公守法，令甲高悬，无敢或犯。其犯法者，但赴案录供，如得其情，则定罪系狱，从无敲扑笞杖、血肉狼藉之惨。其在狱也，供以衣食，无使饥寒，教以工作，无使嬉惰，七日间有教师为之劝导，使之悔悟

---

① 王韬：《弢园文录外编》，第89—90页。

自新，狱吏亦从无苛待之者。狱制之善，三代以来所未有也……

　　国家有大事则集议于上下议院，必众论佥同，然后举行。如有军旅之政，则必遍询于国中，众欲战则战，众欲止则止……

　　国君所用，岁有常经，不敢玉食万方也；所居宫室概从朴素，不尚纷华，从未有别馆离宫，迤逦数十里也。国君止立一后，自后以外，不置妃嫔，从未有后宫佳丽三千之众也……

　　王韬是报人的先驱，在条约口岸有众多读者。与他相比，薛福成①的条陈和文章受众较少，但影响更大。薛氏曾任曾国藩、李鸿章的幕僚，1879年编成文集《筹洋刍议》，收录政论14篇，内容包括如何对付俄国和日本，如何"知敌"，如何避免"藩属"的丧失，如何变法，如何修订条约，还特别强调中国的主权，等等。薛福成将此书呈送李鸿章，李鸿章又将其递交总理衙门，曾纪泽分发出去数十部。

　　薛福成本身有从政经验，所以议论更能服人。入李鸿章幕府后，他参与了《芝罘条约》的谈判，1881年起草了北洋水师章程，汉城政变后主张立刻出兵朝鲜。他科场并不得意，终其一生只是一名附贡生；仕途也并不显达，最高只做到浙江的道台。1885年年初，他在道台任上组织岸防，使法国军舰无隙可乘。他名声最响的还是他的改革派立场，这来自他在欧洲四年的外交官生涯。这四年他主要在伦敦和巴黎度过，其间写下了很有启发性的《出使英法义比四国日记》，起于1890年1月31日，止于1891年4月8日，刊行于1892年。1899年又刊行了续篇，从1891年4月9日到1894年7月1日。这些

---

① 见第10章（一）。

日记显示了他对西方文明的积极回应。他的结论是，中国非现代化不能图存，并且引暹罗和日本为榜样。

与王韬一样，薛福成对西方的欣赏绝不仅仅局限于物质层面。在他看来，议会政治，尤其是英、德两国的议会政治，似乎是最佳政体。他曾亲临英国议会，详细记述了议会制度。他将欧洲富强的原因归结为以下几点：科学的进步，不论男女、不论贫富、不论出身的义务教育制度，政府鼓励工商业，用机器生财养民。

但是，薛福成并没有盲目称赞欧洲的一切。他对欧洲的宗教，尤其是基督教持批判态度。他认为，虽然条约已经规定允许自由传教，也应该禁止神父干涉中国内政，诽谤孔子之教。他不喜欢西方的君臣、父子、夫妇关系。他注意到，在西方，臣下常会逼迫君上退位；男女年满21岁则有权自主择偶，无须父母之命，婚后则与父母别居异财，联系极少；儿子打父亲只需入监三个月。他写道："西俗贵女贱男。男子在道，遇见妇女，则让之先行。宴会诸礼，皆女先于男。妇人有外遇，虽公侯之夫人，往往弃其故夫而再醮，不以为异。夫有外遇，其妻可鸣官究治……女子未嫁，每多男友，甚或生子，不以为嫌……此为夫妇一伦，稍违圣人之道者也。"[1]

在对外政策方面，薛福成认为向海外移民是缓解中国人口压力的重要渠道。他为在新加坡等处设立领事馆、保护华侨付出了很大的心血。他相信，靠着耐心、信义和手腕，中国外交定会大有斩获。不幸的是，他也和郭嵩焘、曾纪泽一样壮志未酬。1894年，薛福成从欧洲返回上海，20天后就去世了。

---

[1] 薛福成：《出使英法义比四国日记》卷五，第16页；又见钱钟书主编：《郭嵩焘等使西记六种》，上海：中西书局，2012年，第275—276页。

在选文 40 中，我们可以觉察到薛福成调和中外历史的努力。这是康有为、梁启超等维新派一直渴求的，也是今日中国的马克思主义者正以自己的方式努力实现的。薛福成和后来的梁启超等维新志士采取的方法，就是用往古的先例来解释今天对西法的仿行，使之赢得认可。如果中国曾有变法改制的先例，如果中国才是科学的故乡，西方只是将其发扬光大，那么中国就可以光明正大地效法西方，而不必捐弃自己的根本。所有这些纵横议论、旁征博引、条分缕析，都是为了攻心——让中国的统治阶级相信，西化同中国人本族中心主义的文化理想是并行不悖的。1898 年的百日维新将这一进程推向了高潮。

选文 40 薛福成的文章

变法 ①

窃尝以谓自生民之初，以迄于今，大都不过万年而已。何以明之？以世变之亟明之也。天道数百年小变，数千年大变。【编者按：接着，薛福成历数了中国历史上的主要时代，指出周期性的大小变化从未间断，其中就包括四夷的入寇。】降及今日，泰西诸国以其器数之勃兴海外……环大地九万里，罔不通使互市。虽以尧、舜当之，终不能闭关独治……于是华夷隔绝之天下，一变为中外联属之天下……世变小，则治世法因之小变；世变大，则治世法因之

---

① 《筹洋刍议》卷一，第 29—32 页；又见丁凤麟、王欣之编：《薛福成选集》，上海：上海人民出版社，1987 年，第 581 页。

大变……

是故惟圣人能法圣人，亦惟圣人能变圣人之法。彼其所以变者，非好变也，时势为之也……

若夫西洋诸国，恃智力以相竞。我中国与之并峙，商政矿务宜筹也，不变则彼富而我贫；考工制器宜精也，不变则彼巧而我拙；火轮、舟车、电报宜兴也，不变则彼捷而我迟；约章之利病，使才之优绌，兵制阵法之变化宜讲也，不变则彼协而我孤，彼坚而我脆。

昔者蚩尤造兵器，侵暴诸侯，黄帝始作弓矢及指南车以胜之……

今诚取西人器数之学，以卫吾尧、舜、禹、汤、文、武、周、孔之道，俾西人不敢蔑视中华。吾知尧、舜、禹、汤、文、武、周、孔复生，未始不有事乎此，而其道亦必渐被乎八荒，是乃所谓用夏变夷者也。

或又曰："变法务其相胜，不务其相追。今西法胜而吾学之，敝敝焉以随人后，如制胜无术何？"是又不然。夫欲胜人，必尽知其法而后能变，变而后能胜，非兀然端坐而可以胜人者也。今见他人之我先，猥曰不屑随人后，将跬步不能移矣。且彼萃数百万人之才力，掷数千万亿之金钱，穷年累世而后得之，今我欲一朝而胜之，能乎？不能乎？夫江河始于滥觞，穹山基于覆篑。佛法来自天竺，而盛于东方；算学肇自中华，而精于西土。以中国人之才智视西人，安在其不可以相胜也？在操其鼓舞之具耳。

噫！世变无穷，则圣人御变之道，亦与之无穷。生今之世，泥古之法，是犹居神农氏之世，而茹毛饮血，居黄帝之世，御蚩尤之暴，而徒手搏之，辄曰："我守上古圣人法也。"其不毙且蹶者几何也！

激赏美国（1890 年 5 月 1 日日记）①

昔郭筠仙（郭嵩焘）侍郎每叹美西洋国政民风之美，至为清议之士所抵排。余亦稍讶其言之过当，以询之陈荔秋中丞、黎莼斋（黎庶昌）观察，皆谓其说不诬。此次来游欧洲，由巴黎至伦敦，始信侍郎之说，当于议院、学堂、监狱、医院、街道征之。

同人有谈美国风俗之纯厚者，余谓泰西诸国，在今日正为极盛之时，固由气数使然。然开辟之初，户口未繁，元气未泄，则人心风俗自然纯厚。盖美洲之开辟后于欧洲，欧洲之开辟后于中国，而欧洲各国之中，开辟又有先后，故风俗亦有厚薄。美利坚犹中国之虞夏时也，俄罗斯犹中国之商周时也，英吉利、德意志犹中国之两汉时也，法兰西、意大利、西班牙、荷兰，其犹中国之唐宋时乎？若法人之意气嚣张，朋党争胜，则几似前明之世矣。

或曰美国之埃利士人（爱尔兰人），肆其忮忿，迫逐华民，古道何在？答之曰：三代之世，夷羿、寒浞、桀、纣、幽、厉，亦有乱时，岂必尽轨乎道？

科学致西洋以富（1890 年 5 月 19 日日记）②

欧美两洲各国勃焉兴起之机，在学问日新，工商日旺，而其

---

① 薛福成：《出使英法义比四国日记》卷二，第5—6页。

② 薛福成：《出使英法义比四国日记》卷二，第11—12页；又见丁凤麟、王欣之编：《薛福成选集》，第581—582页。

绝大关键，皆在近百年中；至其所以横绝地球而莫与抗者，不过特火轮舟车及电线诸务，实皆创行于六七十年之内，其他概可知矣。今之议者，或惊骇他人之强盛，而推之过当；或以堂堂中国何至效法西人，意在摈绝，而贬之过严。余以为皆所见之不广也。

夫西人之商政、兵法、造船、制器，及农、渔、牧、矿诸务，实无不精，而皆导其源于汽学、光学、电学、化学，以得御水、御火、御电之法。斯殆造化之灵机，无久而不泄之理，特假西人之专门名家以阐之，乃天地间公共之道，非西人所得而私也。中国缀学之士，聪明才力岂逊西人？特无如少年精力，多縻于时文试帖小楷之中，非若西洋亿兆人之奋其智慧，各以攻其专家之学，遂能直造精微。斯固无庸自讳，亦何必自画也。

上古之世，制作萃于中华。自神圣迭兴，造耒耜，造舟车，造弧矢，造网罟，造衣裳，造书契。当鸿荒草昧，而忽有此文明，岂不较今日西人之所制作尤为神奇？特人皆习惯而不察耳。即如《尧典》之定四时，《周髀》之传算术，西人星算之学，未始不权舆于此。其他有益国事民事者，安知其非取法于中华也？昔者宇宙尚无制作，中国圣人仰观俯察，而西人渐效之。今者西人因中国圣人之制作，而踵事增华，中国又何尝不可因之？若怵他人我先，而不欲自形其短，是讳疾忌医也。若谓学步不易，而虑终不能胜人，是因噎废食也。夫青出于蓝而胜于蓝，冰凝于水而寒于水，巫臣教吴而弱楚，武灵变服以灭胡，盖相师者，未必无相胜之机也。吾又安知数千年后，华人不因西人之学，再辟造化之灵机，俾西人色然以惊，翼然而企也？

教育致西洋以强（1891 年 2 月 11 日日记）①

西洋各国教民之法，莫盛于今日。凡男女八岁以上不入学堂者，罪其父母。男固无人不学，女亦无人不学，即残疾、聋瞽、喑哑之人，亦无不有学。其贫穷无力及幼孤无父母者，皆有义塾以收教之。在乡则有乡塾，至于一郡一省，以及国都之内，学堂林立，有大有中有小，自初学以至成材，及能研究精微者，无不有一定程限……非仅为士者有学，即为兵、为工、为农、为商，亦莫不有学……近数十年来，学校之盛，以德国为尤著，而诸大国亦无不竞爽。德国之兵多出于学校，所以战无不胜……学校之盛有如今日，此西洋诸国所以勃兴之本原欤？

用机器殖财养民说（1892 年）②

凡人用物，薪其质良价廉，此情之所必趋，势之所必至……

有机器，则人力不能造者，机器能造之；十人百人之力所仅能造者，一人之力能造之。夫以一人兼百人之工，则所成之物必多矣。然以一人所为百人之工，减作十人之工之价，则四方必争购之矣，再减作二三人之工之价，则四方尤争购之矣……

中国人民之众，十倍西洋诸国，议者谓广用机器，不啻夺贫民生计，俾不能自食其力。西洋以善用机器为养民之法，中国以

---

① 薛福成：《出使英法义比四国日记》卷六，第2页；又见丁凤麟、王欣之编：《薛福成选集》，第586页。
② 薛福成：《庸盦海外文编》卷三，第8—9页；又见丁凤麟、王欣之编：《薛福成选集》，第420页。

屏除机器为养民之法。然使行是说也，必有人所能造之物，而我不能造者；且以一人所为之工，必收一人之工之价，则其物之为人所争购，必不能与西人之物相抗也明矣。自是中国之货，非但不能售于各国，并不能售于本国；自是中国之民，非但不能自食其力，且知用力之无益，亦遂不自用其力；自是小国之民，非但不能成货，以与西人争利，且争购彼货以自供其用，而厚殖西人之利。然则商务有不衰歇，民生有不凋敝，国势有不陵替者哉？……

盖用机器以造物，则利归富商，不用机器以造物，则利归西人。利归富商，则利犹在中国，尚可分其余润以养我贫民；利归西人，则如水渐涸而禾自萎，如膏渐销而火自灭，后患有不可言者矣。

第 16 章

康有为及"康党"

　　19世纪末，论述中国回应西方的文字汗牛充栋，文笔上乘的篇章百花齐放，很难说哪几篇可以独占春光。那时的士人还受着精深的古文训练，行文不杂白话，国家存亡的大题目正与他们的凌云健笔相得益彰。甲午战争的失败粉碎了士大夫阶层的骄矜自满。俄、德等列强在华攘夺租借地，瓜分蚕食迫在眉睫。这不但预示着有清一朝大厦将倾，似乎还预示着华夏文明大限将至。无论是维新派还是守旧派都非常清楚，三千年中国历史文化之存亡，都挑在他们肩头。他们都熟读"四书五经"，在辩论中还要征引圣人之言。而圣人之言大多简明有力，所以他们的文章读起来也朗朗上口。

　　晚清内政腐败，外敌侵逼，使得中国读书人的改革呼声更加强烈。英、美等国驻华公使以及李提摩太、林乐知等传教士也曾呼吁清政府仿效西方，进行政治和社会改革。读书人纷纷著书立说，大讲"危言"，他们中间已形成一股新潮流。随着读书人更多地了解西方，他们对西方的赞赏逐渐从火器、轮船、铁路转向了政治、社会制度。值得注意的是，改良和革命两大阵营的领袖人物中都有不少广府人，他们在香港和上海同西方人有着直接接触。在这里，我们不打算将康有为及其同时代人研究的哲学问题——论列，而是从他们论战的文章中选出若干段落，呈献给读者。

康有为（1858—1927）最重要的政治理论著作是《大同书》。康有为出入儒佛，广读西书，从《礼记》的《礼运》篇发展出一套乌托邦思想。他认为人类痛苦的根源在于国家之界、种族之界、男女之界、物种之界等九界。九界一破，万事大吉。康有为主张建立一个世界统一的"公政府"，现有的民族国家及其军队一概废除，历法、语言文字、度量衡都应统一。公政府设总统一人，由全世界公民选举产生。在这个新世界里，无论男女，生来皆自由、平等、独立；人们没有家庭羁绊，男女同居一年即可再订关系，或者另寻新的伴侣，儿童则由国家教养；没有私有财产，没有阶级差别，所有的农田、工厂、商业部门都归国家所有，由国家经营；一切自然资源都应得到科学的开发。总之，康有为的大同世界将会是一个破除了国家、阶级、种族、性别、家庭、财产、职业甚至物种的界限，消灭了一切不公和苦难的乌托邦。这种反传统的思想显示了康有为思想的创造力。这种创造力与深湛的学问结合在一起，变得更为有力。

康有为27岁时并无官职，却试图上书皇帝，请求变法。他被人视作疯子，上书也并没有呈送皇帝。甲午战争后，康有为和学生梁启超进京参加会试，征集了1300人联名向皇帝上万言书，史称"公车上书"，其要点是主张拒和、迁都、变法。上书还建议破格用才、高薪养廉、停废捐纳、裁汰闲曹、改革科举、兴学育才、翻译西书、奖励发明、建立农商学校以殖财富民、改革地方官制、施行仁政以养民等。上书还提到了公共卫生、救济贫民、整修道路、发行纸钞、开辟航线、移民垦荒、讲求矿学、推行保险、提高鸦片税、废除厘金、修筑铁路、制造军舰等话题，可谓包罗万象，体现了康有为广阔的视野。

1897年，德国强行租借胶州湾。此时康有为已经是工部主事，他再次上书，劝谏皇上效法日本的明治天皇和俄国的彼得大帝，定维新之国是，允许各省自行推进改革。工部的堂官不喜欢康有为的直言，并没有为他代递上书。1898年初夏，康有为得以觐见光绪帝，说服这位年轻的帝王下诏明定国是，维新变法。下《定国是诏》的6月11日常被视作"百日维新"的开端，其实有些变法谕旨在此之前就已颁布。①

康有为在经学上属于今文学派，喜欢讲玄之又玄的"通三统"。在他看来，夏、商、周三代各不相同，改革也应该因时制宜。他还喜欢讲"张三世"，即社会从据乱世到升平世、最后到达太平世的过程。他认为改革越彻底，这个进程便越快。

在这里我们不细讲康有为的政治哲学，但需要指出的是，他之所以尊崇儒经，某种程度上只是一种政治手段。他在石破天惊的著作《孔子改制考》中说，所谓"三代之治"乃是孔子的虚构，先王的事迹也属子虚乌有，不过是孔子用来歆动时君变法改制的说辞。下面的逻辑就是，如果孔子赞成变法，那么所有的孔门弟子都不应该反对变法。

黄遵宪（1848—1905）青年时以能诗闻名。1870年他游历香港，记录了在港的各种观感，如市政井井有条，西人侵逼中国等。1877年他前往日本，在中国驻日公使馆任参赞六年，其间学习日语，同日本学者交游。1882年至1885年间，黄氏任驻旧金山总领事。当时加利福尼亚爆发排华风潮，因此黄遵宪对美国留下了恶劣的印象。

---

① 见第16章。

回国后，他赋闲数年，闭户著书，撰成《日本国史》，在序言和各章的按语中，他都难掩对日本维新的赞赏，表示希望中国能有一场类似的运动。他的观念中先进与保守互见。他不赞赏西方的社会生活，尤其是夫妇、父子关系。1890年起，黄氏担任驻新加坡总领事，其间游历了英、法两国。

1894年，黄遵宪应召回国。他目睹了甲午之败，写下了许多激愤的诗篇。1896年，黄氏与梁启超结识，二人相见恨晚，遂成莫逆。1896年初秋，黄遵宪觐见光绪帝。光绪帝问他，泰西政治何以胜中国。黄氏答曰："泰西之强，悉由变法。臣在伦敦，闻父老言百年以前尚不如中华。"据说皇帝听后先是一脸惊讶，继而微笑颔首。[1]

后来黄遵宪出任驻德公使，遭到德方拒绝，于是转任湖南按察使。时任湖南巡抚陈宝箴（1831—1900）是一位开明、能干的大员。黄、陈二人在湖南着手兴办维新事业。他们办时务学堂，邀请梁启超、谭嗣同等人前来任教。他们公开演讲，鼓吹维新思想，购买蒸汽船，计划修筑湘粤铁路。他们的行动招致了湖南保守士绅的抗议。黄遵宪将《日本国志》进呈光绪帝，光绪帝十分喜爱，另要了一部。1898年夏，黄遵宪由于健康原因卸任，赴上海养病。

黄遵宪的诗人生涯显示出19世纪90年代的维新人士如何影响了后来的文学革命。他是一位民族主义者，笔调感情充沛而有说服力，以激发爱国主义。他也是第一位以俚语入诗的近代诗人，不但在诗中描写异域风光，还将世界眼光和西方思想融入诗中。其遣词用句虽然依旧古雅，表达方式却更加灵活多变。他写道："我手写我口，

---

① 温廷敬：《黄遵宪传》，《国风》半月刊卷五第八、九期，1934年；又见葛贤宁：《近代中国民族诗人黄公度》，《新中华》，第二卷第七期，第91—101页，1934年。

古岂能拘牵。"

严复（1854—1921）虽然不是康党，却是一个重要的角色。他曾求学于格林尼治海军学院，辜鸿铭（1857—1928）则求学于爱丁堡。他们二人都效力于张之洞门下，后来又都执教于北京大学。这两位可能是当时中国对西方哲学和社会科学了解最深入的学者。他们早年都赞赏西方，而晚年则趋于保守，崇中抑西。辜鸿铭的大部分文章都是用英文写就的，英语学界对他的研究很多。严复之所以出名，则是因为他将英文书翻译成典雅的古文。他的主要贡献是将英国的政治、社会、经济、哲学思想介绍给当时的中国社会。

严复14岁时入福州船政局附设的船政学堂学习。1876年毕业后，他被派往英国继续深造，学习海军。严复精于数学，又对逻辑学、社会学、法学和经济学感兴趣，回国后执教于福州船政学堂和天津水师学堂，后曾担任北京大学校长。

1897年，严复同夏曾佑联手创办天津《国闻报》。该报十日一期，转译西方及日本报章，内容异常丰富，积极宣传维新思想。1898年，严复将自己所译赫胥黎（T. H. Huxley）的《天演论》（*Evolution and Ethics*）一书刊行，该书经多次修改，版本众多。"物竞天择，适者生存"的格言激发了中国读书人的兴趣，很快就传诵于演说者的口头，宣扬于报人的笔端。严复还翻译了穆勒①的《群己权界论》（*On Liberty*）和《穆勒名学》（*Logic*）、斯宾塞（H. Spencer）的《群学肄言》（*Study of Sociology*）以及亚当·斯密（Adam Smith）的《原富》（*Wealth of Nations*）。虽然这些译本将西方近代思想引入了中国，但只是打下了一个脆弱的基础，民众对此

---

① 译者按：即约翰·斯图亚特·密尔。

基本上一无所知。

辛亥革命后，严复成为袁世凯的顾问。1915年，他参加了袁世凯的帝制运动，并且成为宣扬帝制的筹安会的发起人之一，他因此饱受共和派的口诛笔伐。

康有为的思想是从中学发展而来的，而严复虽然也深通中学，但其思想的根基却建立在西学之上。严复的思想广度至少在表面上超过康有为。他早年常纵论各种变法措施，那时他还是支持维新变法的。他批评维新的领袖们对西方只是一知半解：

> 中国知西法之当师，不自甲午败衄之后始也。海禁大开以还，所兴发者亦不少矣。译署一也，同文馆二也，船政三也，出洋肄业四也，轮船招商五也，制造六也，海军七也，海署八也，洋操九也，学堂十也，出使十一也，矿务十二也，邮电十三也，铁路十四也。拉杂数之，盖不止一二十事。此中大半皆西洋以富以强之基，而自吾人行之，则淮橘为枳，若存若亡，不能收其效者，则又何也！[1]

他又说：

> 尝谓中西事理，其最不同而断乎不可合者，莫大于中之人好古而忽今，西之人力今以胜古；中之人以一治一乱、一盛一衰为天行人事之自然，西之人以日进无疆，既盛不可复

---

[1]《严几道文钞》卷二，第19页。

衰，既治不可复乱，为学术政化之极则……①

严复还批判了张之洞宣扬的"中体西用"说，他写道：

> 体用者，即一物而言之也。有牛之体，则有负重之用；有马之体，则有致远之用。未闻以牛为体，以马为用者也。中西学之为异也，如其种人之面目然，不可强谓似也。故中学有中学之体用，西学有西学之体用，分之则并立，合之则两亡……是故以科学为艺，则西艺实西政之本。设谓艺非科学，则政艺二者，乃并出于科学，若左右手然，未闻左右之相为本末也，且西艺又何可末乎？②

有一个现象很有趣，那就是严复和他同时代的许多人到了晚年都不再仰慕西方。早年他曾主张改革应当深入而渐进，而不是骤变。他希望同外国保持良好的外交关系，希望有一位深得民心的皇帝，希望打破保守主义者的政治垄断，还提倡鼓民力、开民智、新民德。然而到了晚年，到辛亥革命之后，尤其是第一次世界大战之后，严复的思想来了个彻底的逆转，认为中国的制度、学问皆在欧洲之上。他说："觉彼族三百年之进化，只做到'利己杀人、寡廉鲜耻'八个字。回观孔孟之道，真量同天地，泽被寰区。此不独吾言为然，即泰西有思想人亦渐觉其为如此。"③此时严复已经成为一名保守主义

---

① 《论世变之亟》，见《严几道文钞》卷一，第1页。
② 《与外交报主人书》，见《严几道文钞》卷四，第19页。
③ 《严几道致熊纯如书札抄》（五十九），《学衡》第十八期，1923年6月；又见王栻主编：《严复集》（第三册），北京：中华书局，1986年，第692页。

者，留辫蓄发，批评新文化运动。

19世纪90年代，学贯中西的王韬、严复和主张改革的薛福成、黄遵宪提供了丰富多彩的思想资源，但是维新需要一位强势人物坚定立场，提供领导。下文便可谓是康有为号召行动的檄文。

选文41　康有为《强学会序》（1895年）①

俄北瞰，英西睒，法南瞵，日东眈，处四强邻之中而为中国，岌岌哉！况磨牙涎舌，思分其余者，尚十余国。辽台茫茫，回变扰扰，人心皇皇，事势儳儳，不可终日。

昔印度，亚洲之名国也，而守旧不变，乾隆时英人以十二万金之公司，通商而墟五印矣。昔土耳其，回部之大国也，疆土跨亚欧非三洲，而守旧不变，为六国执其政，剖其地，废其君矣。其余若安南，若缅甸，若高丽，若琉球，若暹罗，若波斯，若阿富汗，若俾路芝，及为国于太平洋群岛、非洲者，凡千数百计，今或削或亡，举地球守旧之国，盖已无一瓦全者矣。

我中国屏卧于群雄之间，鼾寝于火薪之上，政务防弊而不务兴利，吏知奉法而不知审时，士主考古而不主通今，民能守近而不能行远。孟子曰："国必自伐，而后人伐之。"蒙盟、奉吉、青海、新疆、卫藏土司圉徼之守，咸为异墟；燕、齐、闽、浙、江、淮、楚、粤、川、黔、滇、桂膏腴之地，悉成盗粮。吾为突厥、黑人不远矣。

---

① 《康南海文集汇编》卷八，第20页；又见汤志钧等编：《中国近代教育史资料汇编·戊戌时期教育》，上海：上海教育出版社，2007年，第131—133页。

西人最严种族，仇视非类。法之得越南也，绝越人科举富贵之路，昔之达宦，今作贸丝也；英之得印度百年矣，光绪十五年始举一印人以充议员，自余土著，畜若牛马。若吾不早图，倏忽分裂，则桀黠之辈，王谢沦为左衽；忠愤之徒，原邻夷为皂隶。伊川之发，骈阗于万方；钟仪之冠，萧条于千里。三州父子，分为异域之奴；杜陵弟妹，各衔乡关之戚。哭秦庭而无路，餐周粟而匪甘。矢成梁之家丁，则螳臂易成沙虫；觅泉明之桃源，则寸埃更无净土。肝脑原野，衣冠涂炭。嗟吾神明之种族，岂可言哉！岂可言哉！

夫中国之在大地也，神圣绳绳，国最有名，义理制度文物，驾于四溟，其地之广于万国等在三，其人之众等在一，其纬度处温带，其民聪而秀，其土腴而厚，盖大地万国未有能比者也。徒以风气未开，人才乏绝，坐受凌侮。昔曾文正与倭文端诸贤讲学于京师，与江忠烈、罗忠节诸公讲练于湖湘，卒定拨乱之功。普鲁士有强国之会，遂报法仇。日本有尊攘之徒，用成维新。盖学业以讲求而成，人才以摩厉而出，合众人之才力，则图书易庀；合众人之心思，则闻见易通。《易》曰："君子以朋友讲习。"《论语》曰："百工居肆，以成其事，君子学以致其道。"海水沸腾，耳中梦中，炮声隆隆，凡百君子，岂能无沦胥非类之悲乎？图避谤乎？闭户之士哉！有能来言尊攘乎？岂惟圣清，二帝三王孔子之教，四万万之人将有托耶！

梁启超（1873—1929）是康有为的弟子，也是他的重要助手。在众多康门弟子中，梁启超是日后声名最显赫的一位。本书后面会一再选取他的文章。① 在近代中国，梁启超可谓学问最博，驰誉最广之人。他的一生可以分为三个时期：从1890年到1911年，倡导维新和立宪；从1912年到1919年，支持共和，一度进入内阁；从1919年到去世，一直在清华大学任教授。他一生笔耕不辍，留下了卷帙浩繁的政论、杂文和学术著作。

梁启超9岁时就可以写出流畅的长篇古文，被目为神童。他18岁时读了徐继畬的《瀛寰志略》②，并开始对汉译的西书产生兴趣。他既是康有为的弟子，又是谭嗣同的朋友，所以深受康有为《大同书》和谭嗣同《仁学》的影响。

1895年，梁氏投身维新运动，次年任上海《时务报》主笔。他在《时务报》上接连发表了十篇文章，统名《变法通议》，下面的选文就是该文的节录。张之洞对梁启超特加青眼，欲加延揽。梁氏谢绝了张之洞，却接受了湖南巡抚陈宝箴的邀请，出任新设的长沙时务学堂的中文总教习。在湖南，他同黄遵宪、谭嗣同一起组织南学会，刊行《湘报》，鼓吹民权、保国、保种等思想。下面的选文是维新派的一篇重要文章，他们立足过去，又面向当代。

选文42　梁启超论变法（1896年）③

序

法何以必变？凡在天地之间者，莫不变。昼夜变而成日，寒

---

① 见第22章和第28章。
② 关于《瀛寰志略》，见选文6。
③ 《饮冰室合集·文集之一》，第1—8页。

暑变而成岁……紫血红血，流注体内，呼炭吸养，刻刻相续，一日千变，而成生人……贡助之法变为租庸调，租庸调变为两税，两税变为一条鞭……上下千岁，无时不变，无事不变……

为不变之说者，动曰守古守古，庸讵知自太古、上古、中古、近古以至今日，固已不知万百千变……吾揆之于古，一姓受命，创法立制，数叶以后，其子孙之所奉行，必有以异于其祖父矣。而彼君民上下，犹惘焉以为吾今日之法吾祖，前者以之治天下而治，蔺然守之，因循不察，渐移渐变，百事废弛，卒至疲敝，不可收拾。代兴者审其敝而变之，斯为新王矣。苟其子孙达于此义，自审其敝而自变之，斯号中兴矣。汉唐中兴，斯固然矣。《诗》曰：“周虽旧邦，其命维新。”……为不变之说者，犹曰守古守古，坐视其因循废弛，而漠然无所动于中。呜呼，可不谓大惑不解者乎！《易》曰：“穷则变，变则通，通则久。”伊尹曰：“用其新，去其陈，病乃不存。”……

论不变法之害

今有巨厦，更历千岁，瓦墁毁坏，榱栋崩折，非不枵然大也，风雨猝集，则倾圮必矣。而室中之人，犹然酣嬉鼾卧，漠然无所闻见。或则睹其危险，惟知痛哭，束手待毙，不思拯救。又其上者，补苴罅漏，弥缝蚁穴，苟安时日，以觊有功。此三人者用心不同，漂摇一至，同归死亡……惟国亦然……

印度，大地最古之国也，守旧不变，夷为英藩矣。突厥，地跨三洲，立国历千年，而守旧不变，为六大国执其权分其地矣。非洲广袤，三倍欧土，内地除沙漠一带外，皆植物饶衍，畜牧繁盛，土人不能开化，拱手以让强敌矣。波兰为欧西名国，政事不修，内讧日起，俄、普、奥相约，择其肉而食矣。中亚洲回部，素号骁悍，善战斗，而守旧不变，俄人鲸吞蚕食，殆将尽之矣。越南、缅甸、高丽服属中土，渐染习气，因仍弊政，萎靡不变，汉官威仪，今无存矣。

今夫俄宅苦寒之地，受蒙古钤辖，前皇残暴，民气凋丧，岌岌不可终日。自大彼得游历诸国，学习工艺，归而变政，后王受其方略，国势日盛，辟地数万里也。今夫德列国分治，无所统纪，为法所役，有若奴隶，普人发愤兴学练兵，遂蹶强法，霸中原也。今夫日本，幕府专政，诸藩力征，受俄、德、美大创，国几不国。自明治维新，改弦更张，不三十年，而夺我琉球，割我台湾也。又如西班牙、荷兰，三百年前属地遍天下，而内治稍弛，遂即陵弱，国度夷为四等。暹罗处缅越之间，同一绵薄，而稍自振厉，则岿然尚存。《记》曰："不知来，视诸往。"又曰："前车覆，后车戒。"大地万国，上下百年间，强盛弱亡之故，不爽累黍，盖其几之可畏如此也。

中国立国之古等印度，土地之沃迈突厥，而因沿积弊，不能振变，亦伯仲于二国之间……一有水旱，道路不通，运赈无术，任其填委，十室九空……教匪会匪，蔓延九州，伺隙而动。工艺不兴，商务不讲，土货日见减色，而他人投我所好，制造百物，畅销内地，漏卮日甚，脂膏将枯。学校不立，学子于帖括外，一物不知，其上者考据词章，破碎相尚，语以瀛海，瞠目不信……

【编者按：接着，梁启超详细阐发了康有为的观点：中国地大物博，其落后在于政治制度。】

难者曰：今日之法，匪今伊昔，五帝三王之所递嬗，三祖八宗之所诒谋，累代率由，历有年所，必谓易道乃可为治，非所敢闻……上观百世，下观百世，经世大法，惟本朝为善变。入关之初，即下薙发之令，顶戴翎枝，端罩马褂，古无有也，则变服色矣。用达海创国书，借蒙古字以附满洲音，则变文字矣。用汤若望、罗雅谷作宪书，用欧罗巴法以改《大统历》，则变历法矣……凡此皆本朝变前代之法，善之又善者也……

（泰西诸国）振兴工艺，保护商业，惧利源为人所夺，而国以穷蹙也。将必知学，兵必识字，日夜训练，如临大敌，船械新制，争相驾尚，惧兵力稍弱，一败而不可振也。自余庶政，罔不如是。日相比较，日相磨厉，故其人之才智，常乐于相师，而其国之盛强，常足以相敌，盖舍是不能图存也。

而所谓独立之国者，目未见大敌，侈然自尊，谓莫己若……

谭嗣同（1865—1898）是梁启超的朋友，为变法而牺牲，年仅33岁。他思想早熟，富有创见；他是性情中人，豪爽任侠，志行高洁。谭嗣同少年时受继母虐待，家庭生活并不幸福。他博览群书，能识大体，诗文也都典雅可观。其哲学著作《仁学》作于1896年至1898年间，文风与经书相似。他在中国近代哲学史上有着显赫的地位，人们一般将他归为哲学家。

谭嗣同的思想虽然兼有儒、佛与西学等来源，然其大端则师承康有为。他的主要哲学思想都包含在《仁学》之中。书中认为，如果破除了国家的畛域，则个人自由将成为可能。一旦国界消除，则"战争息，猜忌绝，权谋弃，彼我亡，平等出……君主废则贵贱平，公理明则贫富均，千里万里，一家一人"。人类之所以无法实现这种社会，是由于为各种"网罗"所困。欲致人类于大同，则必冲决利

禄、俗学①、君主、伦常、天、佛法等种种网罗。网罗一破，则海阔
天空，无羁无绊，而真自由可得。

谭嗣同冲破忠君网罗之说，受到了黄宗羲的《原君》《原臣》
的影响。② 与康有为不同的是，谭嗣同不但要打破洋人的束缚，还要
打破异族的钤辖。他主张变法图存，认为变法可以智民、富民、强
民、生民；要变法就要做到"四通"——上下通，中外通，男女通，
人我通。四种关系通达无碍，则仁道完成而全球合一。

谭嗣同既主张"四通"，也就反对闭关绝市，中断对外贸易，
也反对重申海禁，阻止华人出洋。他认为外贸有益于中国，这一想
法在当时是革命性的，很可能得自西方。他读《海国图志》时，就
批评魏源的"以夷制夷"之策③愚不可及，中国自唐、金、宋以来屡
受其害。他称赞林则徐的远见，因为林氏认为中国的大患是沙俄。

谭嗣同认为，两千年的中国政治为乡愿之亡国政治，图存自救
的根本在于废弃旧章，仿行西洋制度；而西洋所长不仅在其物质文
明——船坚炮利是以良法美政为根基的。这种见解与郭嵩焘大体相
合，比张之洞、康有为更上一层楼。他相信世间人性皆同，人性皆
善，不分华人、洋人。洋人能办到的，华人只要下定决心也能学到。
在1898年，谭氏大概是唯一放弃了改造儒学和旧文化的全盘西化论
者。下文选自他给友人的一封长信。

---

① 译者按：指词章、考据之学。
② 见第2章（一）。
③ 见选文3。

选文43　谭嗣同论全盘西化①

来语"将讲洋务之术尚未精，必变法以图治欤？抑中国圣人之道，固有未可尽弃者欤？"嗣同以为，圣人之道，无可疑也。方欲少弃之而不能，何况于尽！特所谓道，非空言而已，必有所丽而后见……无其道则无其器……无其器则无其道。未有弓矢而无射道，未有车马而无御道……

【编者按：接下来谭嗣同解释"道"随着"器"之变而变，这是对正统理学的重大改变。他认为，若器改变，则道不能不变。他又讨论了西方的父子、夫妇等家庭关系，认为可取。这和当时大多数中国人的想法异趣。】

（西洋）夫妇则自君至民，无置妾之例，又皆出于两情相愿，故伉俪笃重，无妒争之患，其子孙亦遂无嫡庶相猜忌之患。朋友则崇尚风义，讲信修睦，通财忘势，而相赴难。其学堂书院之规模，一堂师弟，恩谊分明，迥非中国书院之攘诟，及近日师弟相待之薄……诋之者谓在中国有抉目刳心，为诸不道，而谁目睹之耶？果尔，何以在本国不闻有是，而天道又何在？此有识所断不信。

来语"数十年来，士大夫争讲洋务，绝无成效，反驱天下人才尽入于顽钝贪诈。嗣同以为，足下非惟不识洋务之谓，兼不识何者为讲矣。中国数十年来，何尝有洋务哉？抑岂有一士大夫能讲者？能讲洋务，即又无今日之事。足下所谓洋务，第就所见之

---

① 原题《报贝元征》，见麦仲华编：《皇朝经世文新编》卷二，第19—32页；又见何执编：《谭嗣同集》，长沙：岳麓书社，2012年，第208—245页。

轮船已耳，电线已耳，火车已耳，枪炮水雷及织布炼铁诸机器已耳。于其法度政令之美备，曾未梦见，固宜足下之云尔。凡此皆洋务之枝叶，非其根本……

故枪炮厂不一，天津、上海、江宁其最久者，至用枪炮之时，无枪炮也。船厂不一，旅顺、福州其最大者，至用船之时，无船也。于是又不得已而购于外洋。外洋知中国素无试验船械之机器，莫辨良楛也，尽以其共弃而已废者，昂值售之中国……而出使大臣意在分肥，收兑委员从而索费；值愈昂而器愈劣，又累被倭船搜夺，私相授受，急何能择耶！然则中国虚掷此数十年，足下犹称为讲洋务，毋乃过于高视衮衮诸公，为之出其罪乎？……

续电线，创邮便局，以理邮政。汲自来水，然电气煤气灯，以利民用。街道修，则疠疫之源塞；医院多，则医治之术工；造公共之花园，以为养生却病之方。七日一休沐，以合文武弛张之政。博通各国语言文字，以翻译西书西报，以周知四国之为，以造就使才而四出游历，以长见识，以充学问，以觇人国之得失兴衰。各国之长并取之，各国之弊立去之。各国之船械，无一不能造；各国之器用，无一不愈精。谨权量，审法度，一道德，同风俗，法立而教自存焉矣。

更思足下轻敌之意，殆犹以为彼夷狄耳。此天下士大夫之通病，有断断不可不改者。语曰："知己知彼。"先必求己之有可重，而后可以轻人。今中国之人心风俗政治法度，无一可比数于夷狄，何尝有一毫所谓夏者，期求并列于夷狄犹不可得，遑言变夷耶？……若嗣同则自今益当求新，决不敢自固于所陈，足下不斥其妄，尤有更精之策，并为足下倾箱倒箧而出之。

一曰筹变法之费。除卖地以供国家巨用外，余议院学堂乡塾之所需，莫如毁天下寺观庙宇诸不在祀典之列者……

一曰利变法之用。机器之兴，仅赖煤炭火油以司运动，则耗多而势必竭。西国有收地热日热以行轮船，及用电气以行铁车者。然地日之热，其力甚微，电气资本，所费不给……然而西人诸机器之力犹有限量，欲求大至无限量之力，又莫如海潮。据天学家言，海潮与日月相吸之力，能令地球暂离其轨道，所以积久必有岁差。今任其自消自长，而不思所以用之……

一曰严变法之卫……【编者按：在这一条里，谭嗣同阐述了自己更新军备，建造飞艇①，以驾西方而上之的雄图。】

一曰求变法之才。前言变学校、变科举，是求才矣，而创办之始，尤贵有人焉以肩其任。莫如即责成各府州县之绅首，有能倡议废寺观，或集股开矿，或置办机器，与以一艺一事名者，与兴利诸事，即加服命宠异，令入议院充议员，由官伙助之，保护之，使成共事……

汪康年（1860—1911）也属于维新阵营，曾任军机章京，此时他最广为人知的身份则是一名报人。甲午战后，他成为提倡现代化和变法维新的急先锋，1896年在上海创办《时务报》，以梁启超为主笔，自任经理。汪康年提倡民权，认为应当让民众在君主立宪政体下参与政治。他所追求的民权并不是从天而降的完整的民权，而是部分地参用民权。其议论小心稳妥，言之有据。

---

① 译者按：此处英文译作 "motor boats and balloons"，不确。谭嗣同原文中的"电船气球"为一物，即飞艇，而英文译者将"电船"和"气球"误作两物。

选文44　汪康年论民权①

中国之言治者曰：以君治民而已。至泰西而有民主之国，又有君民共主之国，中国之儒者莫不骇且怪之。虽然，何足怪哉！古之言治者，莫不下及于民。是以《尚书·洪范》曰："谋及庶人。"《吕刑》曰："皇帝请问下民。"《周礼·小司寇》："掌外朝之政，以致万民而询焉。"……《孟子》曰："国人皆曰贤，然后用之；国人皆曰不可，然后去之；国人皆曰可杀，然后杀之。"其他见于经典者不可偻指数。是古之为国，未尝不欲与民共治也。

顾或患权之下移。不知君民共主之国，凡国有大事，下诸议院，议院议之、断之，君而行之。官君有不同，可使复议，议不能定，可更置议员，是大权仍操之君。

或曰：用民权则桀黠得志，豪强横行，乱且未已。不知民但能举俊秀以入议院，而不能肆行己志；议员但能议其事，而不能必其行，何肆横之有？

或曰：权在上则聚，在下则散，散不可以为国。不知议员人虽多，必精其选；议虽杂，必择其多。选精则少谬误之论，择多则愿行者众。是三者皆非足虑者也。

且夫居今日而参用民权，有三大善焉。盖从前泰西君权过重，故民权伸而君权稍替。中国君权渐失，必民权复，而君权始能行。何则？中国虽法制禁令号出于君，顾前代为君者，深恐后世子孙不知事体，或有恣肆暴横之事，故再三申之，凡事必以先代为法，

① 原题《论中国参用民权之利益》，见《皇朝经世文新编》卷二十七，第8—9页；又见戴逸主编：《近代报刊文选》，成都：巴蜀书社，2011年，第34—37页。

毋得专擅改易。故举措一断之例，大臣皆奉行文书，百官有司咸依故事，为断而熟谙则例之，吏乃得阴持其短长。故国之大柄，上不在君，中不在官，下不在民，而独操之吏。吏志在得财传子孙，初无大志，故觊利营私，丛弊如毛，良法美意，泯焉澌灭。

且不特此也，君独立于百官兆民之上，则聪察不能下逮，而力亦有所不及，是以会计隐没，上勿知也；刑狱过差，上勿察也；工作窳敝，上勿闻也。屡戒徇私，而下之用情如故；屡饬洁己，而下之贪贿如故；屡饬守法，而下之作弊如故。诏书严切，官吏貌若悚惶，而卒之无纤毫之悛改，犹得谓之君有权乎？惟参用民权，则千耳万目无可蒙蔽，千夫所指无可趋避，令行禁止，惟上之从。虽曰参用民权，而君权之行莫此若矣。

且夫民无权，则不知国为民所共有，而与上相睽；民有权，则民知以国为事，而与上相亲。盖人所以相亲者，事相谋，情相接，志相通也。若夫君隆然若天，人民蔼然如草芥，民以为天下四海皆君之物，我辈但为君之奴仆而已，平日政事举措漠不相闻，一旦变故起，相率委而去之。但知咎君之不能保护己，而不知纤毫尽心力于君。惟与民共治之国，民之与君声气相接，亲爱之心油然自生，故西国之民见君则免冠为礼，每饮酒必为君祝福，国有大事则群起而谋。其故盖必使民共乐，民然后乐其乐；使民共忧，民然后忧其忧，必然之理也。

若夫处今日之国势，则民权之行尤有宜亟者。盖以君权与外人相敌，力单则易为所挟；以民权与外人相持，力厚则易于措辞。西人与中国互市，动辄挟我国君之权力以制我之民，中国欲拒之，则我之权不足，欲以民为辞，则中国久无民权之说，无可措语。是以增订条约不谋之民，而辄许之；索租界、索赔款亦不谋之民，而辄与之。其他一切有损于国、有损于民之事，皆惟西人所欲应之如响，有司奉令承教为之，惟恐不速。于是民仇视西人之余，转而仇视有司。夫天下之权势出于一则弱，出于亿兆人则强，此理之断断然者。且夫群各行省之人而使谋事，则气聚，否则散。使士商氓庶皆得虑国之危难，则民智，否则愚。然则反散为聚，反愚为智，非用民权不可，夫岂有妨害哉！吾见古制复则主权尊、国势固也。

第 17 章

张之洞的改革计划

对研究中国近代史的人来说，"中学为体，西学为用"的口号可谓再熟悉不过了。它成为数十年间中国文化政策讨论的焦点。1898年，张之洞让这句话一夜成名。张氏既是推动改革的开明大员，又是反对宪政的保守士大夫。他在工业建设方面的作为已经见于第13章。由于他在中国近代史上的地位太过重要，我们在这里姑且抛开时间顺序，简要地对他的生平和思想做一整体的介绍。

张之洞出身于官宦之家，自幼受儒家教育，为同治二年（1863）进士。他登科不久就上书皇帝，并以此得名。他先后做过两广总督（1884—1889）和湖广总督（1889—1907），其间曾短暂署理两江总督。这些履历使他成为晚清政府在一切重大问题上不可或缺的咨询对象。晚清政治的一大特色就是，许多内外政策的制定首先由地方督抚提议。李鸿章、刘坤一、荣禄相继去世后[1]，张之洞就成为首屈一指的元老重臣，入京出任大学士、军机大臣，兼管学部[2]事务。这是他最后的职位，实权甚少，对这个摇摇欲坠的朝廷难

---

[1] 李鸿章卒于1901年，刘坤一卒于1902年，荣禄卒于1903年。

[2] 关于学部，见第20章。

有什么助益。这个朝廷的寿命只比他多了两年。

张之洞的基本改革思想见于那部广为传诵的《劝学篇》。此书作于1898年，比冯桂芬的《校邠庐抗议》晚出38年。^①上文已指出，"中体西用"的口号正是来源于冯氏。二人思路一致，而张氏晚冯氏一代，不仅在"西艺"上更富见闻，而且对于"西政"也了解更多。"西政"包括学制、财政、税务、军备、法制、奖励实业等方面。但是，张之洞并不欣赏西方的哲学和政治学说，其思想大致可概括为以下三条：

（一）振名教以保社稷。张之洞与曾国藩持守着同样的义理，对朝廷忠心耿耿。作为三朝元老，他对朝廷感恩戴德，对于清廷的轻徭薄赋、宽柔养民尤其赞叹不置。他还论证满汉同种，保满即保汉。

张之洞强调，孔孟之道是中华文明的核心。他批评将儒经译成英文的做法，因为他觉得这些译文都出自陋儒之手。他极为看重三纲（君为臣纲，父为子纲，夫为妻纲）、五常（仁、义、礼、智、信），曾说："故知君臣之纲，则民权之说不可行也；知父子之纲，则父子同罪、免丧废祀之说不可行也；知夫妇之纲，则男女平权之说不可行也。"^②为保皇帝免遭革命之祸，民主制度、君主立宪和个人自由都在他抨击之列。1900年，他在汉口镇压了一次起事，处决与事者20余人。

张之洞对外国侵略切齿痛恨，是个十足的"鹰派"：他于1879年至1880年间主张对俄开战，1882年至1885年间主张对法开战，

---

① 关于《校邠庐抗议》，见第5章（二）。
②《张文襄公全集》卷二〇二，第13—15页；又见张之洞：《劝学篇》，上海：上海书店出版社，2002年，第12页。

1894年至1895年间主张对日开战，1901年中外议和期间又主张在东北对俄开战——此次事件中，他对李鸿章的激烈批评惊动了朝廷。

在京师，张之洞被视为北派领袖，而翁同龢（1830—1904）则被奉为南派魁首。据张氏《年谱》，他颇为后悔自己没有培养嫡系人马。与翁氏相比，张氏更为开明，也更富远见。他提倡以教育为根本入手处，渐进地改良，而不是像光绪帝和康有为那样希图急遽的变革。他尖锐地抨击康有为的学说，他希望的是将孔孟之道与西方的技术、治理手段（而非政治体制）相结合："中学为内学，西学为外学，中学治身心，西学应世事"[1]——这句话又是那句著名口号的变体。

（二）教育救国。"教育救国"的口号在20世纪20年代风靡一时，而读完张之洞的文章，你定会惊讶数十年前张之洞已经将这句话践行到了何种程度。他在成都和广州建立书院，资助书籍刊刻。在幕友的协助下，他撰成《輶轩语》与《书目答问》两书，前者论治学与作文，后者则是一部中国基本典籍的书目，至今仍嘉惠学林。

后来张之洞认识到，教育是一国富强的晴雨表："窃惟古来世运之明晦，人才之盛衰，其表在政，其里在学"[2]；"西国之强，强以学校"[3]。他自问自答："种何以存？有智则存。"又说："故救时必自变法始，变法必自变科举始。"[4]

张之洞建议在京师和各省会建立大学堂，在各府建立中学堂，在各县建立小学堂；办小学的经费由行会和宗族组织供给；寺观应

---

① 《张文襄公全集》卷二〇二，第48页；又见张之洞：《劝学篇》，第71页。
② 张之洞：《劝学篇·序》，第1页。
③ 张之洞：《劝学篇·序》，第2页。
④ 《张文襄公全集》卷二〇三，第24页；又见张之洞：《劝学篇》，第53页。

改作校舍（在当时是激进的手段）。1893年，张氏奏请设立自强学堂。1896年，该学堂在南京成立。学堂延请外国教习，开设外交、农学、实业、商业等课程。1895年12月，他又计划编练一支"自强军"。自强学堂和自强军的成立，将自强运动推向了高潮。1896年，张氏仿照曾国藩1872年的先例，派遣40名学生分赴英、法、德诸国留学。20世纪初，他又派遣许多学生留学日本。这些留学生归国后，张氏就向他们详询外国情形。他担任管学大臣①时，以归国留日学生提供的信息为基础，以日本学制为样板，制定了中国学制。张氏认识到了教育的重要性，却忽视了受教育者的心理。他设置的课程依然重视读经与忠君。

（三）实业救国。在中国的经济领域，张之洞是一位开路人。1889年，他在广州开办了中国第一家新式铸币厂。1895年，他的自强军移驻上海郊外的吴淞，配以德国教官和近代化装备，成为中国新式陆军的骨干。张氏名气最大的手笔要属汉阳铁厂、大冶铁矿和萍乡煤矿；他在武汉开办了织布局、缫丝局、制革局；他为武汉带来了自行车、起重机和其他机械，为这座城市赢得了"中国芝加哥"的名号。他还积极推动铁路建设，亲自督建芦汉铁路。他鼓励商会和丝、茶等产业的发展。他一生握重权，掌巨财，却清贫以终。

1898年，他的《劝学篇》进呈御览之后颇受嘉许，钦命下发40册给各省督抚，命其"广为刊布"。下面是其中重要篇目的节选。

---

① 译者按：原文为"minister of education"，当时学部尚未成立，教育事务由管学大臣掌管。时任管学大臣的是张百熙，张之洞只是会同张百熙、荣庆厘定学制。

选文45 张之洞《劝学篇》节选

正权 ①

今日愤世疾俗之士，恨外人之欺凌也，将士之不能战也，大臣之不变法也，官师之不兴学也，百司之不讲求工商也，于是倡为民权之议，以求合群而自振。嗟乎!安得此召乱之言哉!

民权之说，无一益而有百害。将立议院欤?中国士民至今安于固陋者尚多，环球之大势不知，国家之经制不晓，外国兴学立政、练兵制器之要不闻，即聚胶胶扰扰之人于一室，明者一，暗者百，游谈呓语，将焉用之?

且外国筹款等事重在下议院，立法等事重在上议院，故必家有中资者，乃得举议员。今华商素鲜巨资，华民又无远志，议及大举筹饷，必皆推诿默息，议与不议等耳。此无益者一……【编者按:张之洞随后又列举了"无益者"三条，此处从略。】

方今中华诚非雄强，然百姓尚能自安其业者，由朝廷之法维系之也。使民权之说一倡，愚民必喜，乱民必作，纪纲不行，大乱四起……

且必将劫掠市镇，焚毁教堂，吾恐外洋各国必藉保护为名，兵船、陆军深入占踞，全局拱手而属之他人，是民权之说，固敌人所愿闻者矣……

昔法国承暴君虐政之后，举国怨愤，上下相攻，始改为民主

---

① 《张文襄公全集》卷二〇二，第23—26页;又见张之洞:《劝学篇》，第19—21页。

之国。我朝深仁厚泽，朝无苛政，何苦倡此乱阶，以祸其身而并祸天下哉？此所谓有百害者也。

考外洋民权之说所由来，其意不过曰国有议院，民间可以发公论、达众情而已，但欲民申其情，非欲民揽其权。译者变其文曰"民权"，误矣。【注：美国人来华者，自言其国议院公举之弊，下挟私，上偏徇，深以为患。华人之称美者，皆不加深考之谈耳。】

近日撮拾西说者甚至谓人人有自主之权，益为怪妄。此语出于彼教之书，其意言上帝予人以性灵，人人各有智虑聪明，皆可有为耳。译者竟释为人人有自主之权，尤大误矣。泰西诸国，无论君主、民主、君民共主，国必有政，政必有法，官有官律，兵有兵律，工有工律，商有商律，律师习之，法官掌之，君民皆不得违其法。政府所令，议员得而驳之；议院所定，朝廷得而散之。谓之人人无自主之权则可，安得曰人人自主哉？

夫一哄之市必有平，群盗之中必有长，若人皆自主，家私其家，乡私其乡，士愿坐食，农愿蠲租，商愿专利，工愿高价，无业贫民愿劫夺，子不从父，弟不尊师，妇不从夫，贱不服贵，弱肉强食，不尽灭人类不止，环球万国必无此政，生番蛮獠亦必无此俗。

至外国今有自由党，西语实曰"里勃而特"，犹言事事公道，于众有益，译为"公论党"可也，译为"自由"非也。

若强中御外之策，惟有以忠义号召合天下之心，以朝廷威灵合九州之力，乃天经地义之道，古今中外不易之理……

循序①

今欲强中国，存中学，则不得不讲西学。然不先以中学固其根柢，端其识趣，强者为乱首，弱者为人奴，其祸更烈于不通西学者矣……

今日学者，必先通经以明我中国先圣先师立教之旨，考史以识我中国历代之治乱、九州之风土，涉猎子集以通我中国之学术文章，然后择西学之可以补吾阙者用之，西政之可以起吾疾者取之，斯有其益而无其害。如养生者，先有谷气而后可饮庶馐；疗病者，先审藏府而后可施药石。西学必先由中学，亦犹是矣。

华文不深者不能译西书。外国各学堂，每日必诵耶稣经，示宗教也。小学堂先习蜡丁文，示存古也。先熟本国地图，再览全球图，示有序也。学堂之书，多陈述本国先君之德政，其公私乐章，多赞扬本国之强盛，示爱国也。如中士而不通中学，此犹不知其姓之人，无辔之骑、无舵之舟，其西学愈深，其疾视中国亦愈甚，虽有博物多能之士，国家亦安得而用之哉！

去毒②

悲哉洋烟之为害，乃今日之洪水猛兽也，然而殆有甚焉。洪水之害不过九载，猛兽之害不出殷都，洋烟之害流毒百余年，蔓

---

① 《张文襄公全集》卷二〇二，第27—28页；又见张之洞：《劝学篇》，第22—23页。
② 《张文襄公全集》卷二〇二，第38—40页；又见张之洞：《劝学篇》，第31—34页。

延二十二省，受其害者数十万万人，以后浸淫尚未有艾。废人才，弱兵气，耗财力……

《论语》曰："齐之以刑，免而无耻；齐之以礼，有耻且格。"是法所不能治者，名得而治之。顾亭林曰："以法治人，不若以名治人。"《学记》曰："君子如欲化民成俗，其必由学乎。"是政所不能化者，学得而化之。何也？

中国吸烟之始，由于懒惰，懒惰由于无事，无事由于无所知，无所知由于无见闻。士之学取办于讲章墨卷，官之学取办于例案，兵之学取办于钝器老阵，如是已足……大率皆可以不勤动、不深思、不广交、不远行而得之。陋生拙，拙生缓，缓生暇，暇生废，于是嗜好中之，此皆不学之故也。

若学会广兴，文武道艺；城乡贵贱，无有不学。弱者学之于阅报，强者学之于游历，其君子胸罗五洲，其小人思穷百艺，方且欲上测行星，下穷地隔，旁探南北极，岂尚有倬昼作夜，终老于一灯一榻者？导之且不为，况禁之哉？

故曰兴学者，戒烟之药也……

变法①

变法者，朝廷之事也，何为而与士民言？曰：不然。法之变与不变，操于国家之权，而实成于士民之心志议论。

试观曾文正为侍郎时，尝上疏言翰林考小楷、诗赋之弊矣，

---

① 《张文襄公全集》卷二〇三，第19—22页；又见张之洞：《劝学篇》，第49—51页。

及成功作相以后，若力持此议，当可成就近今三十年馆阁之人材，然而无闻焉。何也？大乱既平，恐为时贤所诟病也。

文文忠尝开同文馆，刊公法格致各书矣，以次推行，宜可得无数使绝国、识时务之才，然而曲谨自好者相戒不入同文馆，不考总署章京，京朝官讲新学者阒然无闻。何也？劫于迂陋群儒之谬说也。夫以勋臣元老，名德重权，尚不免为习非胜是之谈所挠，而不睹其效，是亦可痛、可惜者矣。

又如左文襄在闽创设船政，在甘创设机器织呢羽局。沈文肃成船政，设学堂，与北洋合议设招商局。丁文诚在山东、四川皆设制造洋枪枪弹局。此皆当世所谓廉正守道之名臣也，然所经营者皆是此等事，其时皆在同治中年、光绪初年国家闲暇之时。惜时论多加吹求，继者又复无识，或废阁，或灭削，无能恢张之者，其效遂以不广。

夫不可变者伦纪也，非法制也；圣道也，非器械也；心术也，非工艺也。请征之经。穷则变，变通尽利，变通趣时，损益之道与时偕行，《易》义也。器非求旧惟新，《尚书》义也。学在四夷，《春秋》传义也。五帝不沿乐，三王不袭礼，礼时为大，《礼》义也。温故知新，三人必有我师，择善而从，《论语》义也。时措之宜，《中庸》义也。不耻不若人，何若人有，《孟子》义也。

请征之史……历代变法最著者四事，赵武灵王变法习骑射，赵边以安；北魏孝文帝变法尚文明，魏国以治，此变而得者也。若武灵之不终以嬖幸，魏之不永以子孙不肖，与变法无涉。商鞅变法，废孝弟仁义，秦先强而后促；王安石变法，专务剥民，宋因以致乱，此变而失者也。商王之失在残酷剥民，非不可变也，法非其法也。【注：西法以省刑、养民两事为先务。】请征之本朝……即如轮船、电线创设之始，訾议繁兴，此时若欲废之，有不攘臂而争者乎？

今之排斥变法者大率三等：一为泥古之迂儒，泥古之弊易知也。一为苟安之俗吏，盖以变法必劳思，必集费，必择人，必任事，其余昏惰偷安、徇情取巧之私计，皆有不便，故藉书生泥古之谈，以文其猾吏苟安之智，此其隐情也。至问以中法之学术治理，则皆废弛欺饰而一无所为，所谓守旧，岂足信哉？又一为苛求之谈士。

夫近年仿行西法而无效者亦诚有之，然其故有四：一、人顾其私，故止为身谋而无进境，制造各局、出洋各员是也。此人之病，非法之病也。一、爱惜经费，故左支右绌而不能精，船政是也。此时之病，非法之病也。一、朝无定论，故旋作旋辍而无成效，学生出洋、京员游历是也。此浮言之病，非法之病也。一、有器无人，未学工师而购机，未学舰将而购舰，海军、各制造局是也。此先后失序之病，非法之病也。乃局外游谈，不推原于国是之不定，用人之不精，责任之不专，经费之不充，讲求之不力，而吹求责效，较之见弹求鸮炙、见卵求时夜，殆有甚焉。

学堂甫造而责其成材，矿山未开而责其获利，事无定衡，人无定志，事急则无事不举，事缓则无事不废，一埋一掊，岂有成功哉？

非攻教 ①

---

① 《张文襄公全集》卷二〇三，第51—53页；又见张之洞：《劝学篇》，第74页。

异教相攻，自周秦之间已然。儒墨相攻……唐则儒释相攻，后魏、北宋则老释相攻……至今日而是非大明。我孔孟相传大中至正之圣教，炳然如日月之中天，天理之纯、人伦之至，即远方殊俗，亦无有讥议之者。然则此时为圣人之徒者，恐圣道之陵夷，思欲扶翼而张大之，要在修政，不在争教，此古今时势之不同者也。

中外大通以来，西教堂布满中国，传教既为条约所准行，而焚毁教堂又为明旨所申禁。比因山东盗杀教士一案，德国藉口，遂踞胶州，各国乘机要求，而中国事变日亟。有志之士但当砥厉学问，激发忠义，明我中国尊亲之大义，讲我中国富强之要术，国势日强，儒效日章，彼教不过如佛寺道观，听其自然可也，何能为害？如仍颓废自甘，于孔孟之学术、政术不能实践力行，学识不足以济世用，才略不足以张国威，而徒诟厉以求胜，则何益矣。岂惟无益，学士倡之，愚民和之，莠民乘之，会匪、游民藉端攘夺，无故肇衅……

不特此也，海上见闻渐狎，中西之町畦渐化，若游历内地，愚夫小儿见西国衣冠者则呼噪以随之，掷石殴击以逐之，一哄而起，莫知其端，并不问其为教士、非教士，欧洲人、美洲人也。夫无故而诟击则无礼，西人非一，或税关所用，或官局所募，或游历，或传教，茫然不辨，一概愤疾则不明，诏旨不奉则不法，以数百人击一二人则不武，怯于公战、勇于私斗则不知耻。于是外国动谓中国无教化，如此狂夫，亦何以自解哉？

至于俗传教堂每有荒诞残忍之事，谓取人目睛以合药物，以造镪水，以点铅而成银，此皆讹谬相沿，决不可信……若有此事，则西国之人早已尽为教堂残毁，无完肤、无遗种矣。若谓不戕西人，惟残华民，则未通中华以前，此千余年中之药物、镪水、银条，安所取之？且方今外洋各国所需之药物、镪水，所来之银条，一日之内即已无算，中国各省虽有教堂，又安得日毙数千万之教民，日抉数千万之眸子，以供其取求耶？语云："流丸止于瓯臾，流言止于智者。"荐绅先生、缝掖儒者，皆有启导愚蒙之责，慎勿以不智为海外之人所窃笑也。

第 18 章

1898 年的失败

　　1898年春，康有为等人的屡次上书以及康有为有关日、俄改革的著作上呈朝廷，使开明官员关心起维新的问题。最重要的则是引起了光绪帝本人的对维新的重视。此时是自1889年皇帝成年、太后撤帘归政以来，光绪帝掌权最充分的时候。光绪帝认识到了变革的必要性，于1898年6月11日颁下诏书，宣布变法。同日，翰林院侍读学士徐致靖向皇帝保荐康有为、梁启超、黄遵宪等人推动变法。6月16日，光绪帝破格召见康有为，着康有为在总理衙门章京上行走，许以专折奏事之权。光绪帝和维新派的诸领袖都偏于理想而短于政治经验。他们在短时间内颁布了大量改革诏令，而没有细查改革的社会与政治条件是否成熟，推行之后能否见效。这些诏书中有关于科学研究的，有关于西法练兵的，有关于发展农业与教育的，有关于公布公共预算的，有宣布废除八股文的，有罢免守旧官员的，有裁撤闲曹的，不一而足。把持着肥差的官员和只晓得起承转合的士子纷纷群起反对他们。保守主义者们怂惠慈禧太后镇压维新变法，说如果不镇压，太后自己也权位难保。9月21日，太后下令软禁光绪帝，再度垂帘听政。由此，守旧派完全掌握了局势，其倒行逆施最终导致了义和团运动。我们首先叙述一下当时复杂的朝局，然后再考察更为复杂多变的保守主义思想。康有为和梁启超以芝麻小官而骤得大权，又有些自以为是，于是激起了守旧派的强烈反弹。

（一）朝廷与皇帝

在变法之争的大题目下还有几个小题目：新旧之争、满汉之争、英俄之争、帝后之争。慈禧太后只关心皇室的利益，如果维新运动奉她为领袖，她对维新的阻挠就会大大减少。但是即便如此，矛盾仍然不可避免：慈禧太后权力的支柱是她所宠幸庇护的太监和守旧大臣，而皇帝则是维新一派的领袖。不撤换太后的人马，新政便无从施行；如果太后同意施行新政，则大权必定旁落无疑。新政直接威胁到了她本人的地位，也动摇了守旧大臣的地位，毕竟他们是改革的主要对象。如果主张维新的光绪帝握有实权，则太后和守旧大臣便风光难再。手握重兵的地方大员荣禄（1836—1903）死心塌地地依附太后，反对维新，以保全禄位。协办大学士徐桐（1820—1900）也是一位守旧大臣，光绪帝对他极为反感，1887年至1898年的11年间只召见过他一次。仗着太后对自己信任有加，徐桐一直未遭罢黜。

此一时期，朝中有南、北党之争。太后支持以徐桐和大学士李鸿藻（1820—1897）为首的北党，光绪帝则支持以帝师翁同龢为首的南党。刚毅（卒于1900年）也是太后眼前的红人，竭力阻挠变法，并且主张废黜光绪帝。不消说，臭名昭著的太监李莲英（卒于1911年）也反对一切变法措施。荣、刚、李三人沆瀣一气，破坏维新事业。

地方督抚中，唯有湖南巡抚陈宝箴将变法诏书切实施行。山东巡抚和四川总督都是荣禄的党羽，对诏书阳奉阴违。两广总督谭钟麟和两江总督刘坤一也唯荣禄之命是从。皇帝敦促刘坤一、谭钟麟切实推行变法，刘氏竟以未收到诏书为由推诿，而谭氏则直接置而不答。

攻击变法的御史与守旧大臣都有着千丝万缕的联系。即令一位御史与守旧大臣素无瓜葛，只要能参哪个维新派一本，马上就能得到守旧大员的垂青。例如，有一个叫曾廉的举人上书请杀康有为。曾廉的动机为何，我们不得而知。然而徐桐览书大悦，马上将曾廉邀请到自家宅邸，奉为上宾，不久又保荐他出任知府。在朝臣之中，翁同龢大体上是守旧派，长期以来一直是光绪帝最信任的师傅。翁氏看到皇帝对康有为等人的倚重更胜自己，不免心生嫉妒，害怕自己的地位受到威胁。

裁撤冗员和闲曹，如詹事府、通政司、鸿胪寺、太常寺、太仆寺、大理寺，以及湖北、广东、云南三省巡抚，使许多官员一夜之间就要丢掉饭碗。举人和贡生也将丧失入仕的机会。将寺观改作校舍的想法则过于简单，实则难以办到。当时高级僧尼往往与紫禁城内的太监有交情，从而间接地能和太后搭上线。当和尚告诉太监寺庙将被拆毁，地皮挪作他用，连太监自己也可能被扫地出门，那么太监就会竭尽所能说服老佛爷尽快停止变法。

总之，维新派领袖几乎全是汉人，而反对维新者以满人高官居多。刚毅曾说变法是损满益汉，另一名满人高官则说，康有为在保朝廷和保国家的面目之下，其实是想排除满人而保全四万万人。1898 年 7 月，一位满人高官的妻子向太后哭诉，说所有满人都要遭到罢斥了。据说太后闻言大惊，这促使她下决心出辣手镇压维新派。1898 年 9 月，太后在荣禄的帮助下发动了戊戌政变。包括谭嗣同在内的六名维新领袖被处斩，光绪帝则在幽禁中度过余生。1908年太后死期已届时，她的外甥已先她一日去世了。

下面这段光绪帝和康有为的对话发生在关键的6月16日，皇帝发动百日维新五天之后。由于这段对话是康有为去世后他的一位门生追记的，所以文中称康有为曰"先师"。这段对话可能就是这位"当代圣人"自己记录的版本。

选文46　康有为同光绪帝的对话（1898年6月）①

先师二十八早入朝房，与荣禄遇，与谈变法事。荣禄入对时，即面劾先师辩言乱政。荣禄下，先师入对。皇上问先师年岁、出身毕，先师即言："四夷交侵，分割渐至，覆亡无日。"

皇上言："皆守旧者所致耳。"先师奏言："皇上之圣明，洞悉病源。既知病源，则药即在是；既知守旧之致祸败，则非尽变旧法与之维新，不能自强。"

皇上言："今日诚非变法不可。"先师言："近岁非不言变法，然少变而不全变，举其一而不改其二，连累致败，终必无功。"皇上然之。

先师又奏言："所谓变法者，须将制度、法律先为改定，乃谓之变法。今言变法者，是变事耳，非变法也。"又请先开制度局，皇上以为然。

先师又奏："臣于变法之事，尝参考各国变法之故，曲折之宜，

---

① 张伯桢：《南海康先生传》，第26—28页；又见夏晓虹编：《追忆康有为》（增订本），北京：生活·读书·新知三联书店，2009年，第96页。

择其可施行于中国者，斟酌而损益之，章程条理皆已备具。若皇上决意变法，可备采择。"皇上曰："汝条理甚详。"先师乃曰："皇上之圣，既见及此，何为不厉行之？"

皇上以目睨帘外，既而叹曰："奈掣肘何？"先师知皇上有所碍，又奏曰："就皇上现在之权，行可变之事，虽不能尽变，而扼要以图，亦足以救中国矣。惟方今大臣皆老耄守旧，不通外国之故，皇上欲倚以变法，犹缘木以求鱼也。"

皇上曰："伊等皆不留心办事。"先师对曰："大臣等非不留心也，奈以资格迁转，至大位时，精力已衰矣。又多兼差，实无暇晷，无法参考新学，实无如何。皇上欲变法，惟有擢用小臣，广其登荐，予以召对，破格擢用。方今军机、总署并已用差，但用京卿、御史两官分任内外诸差事，当无不办。其旧人且姑听之，惟彼等事事守旧，请皇上多下诏书，示以意旨所在。凡变法之事，皆特下诏书，则彼等无从驳议。"先师又曰："昨日赏李鸿章、张荫桓宝星，何不明下诏书？"皇上一笑。"自割台后，民志已离。欲悚动臣僚之意，团结兆民之心，非得皇上哀痛之诏，无以收拾也。"皇上曰："然。"

先师又奏："今日之患，在民智不开；而民智不开之故，皆由以八股试士为之学。八股者，不读秦汉以后之书，更不考地球各国之事。然可以通籍，累致大官。今群臣济济，然无以任事变者，皆缘以八股考试致大位之故。"皇上曰："然。西人皆为有用之学，而吾中国皆为无用之学，故致此。"先师对曰："皇上既知八股之害，废之可乎？"皇上曰："可。"先师对曰："皇上既以为可废，请皇上即下明诏，勿交部议。若交部议，部臣必驳矣。"皇上曰："然。"

皇上曰："方今患贫，筹款如何？"先师略言中国矿产遍地，生财有道，但当设法开源，不患财用不足。先师又详奏译书、派游学、派游历各事，每终一事，稍息以待皇上命。皇上犹不命起，重及用人行政，末及推广社会，以瀹民智而激民气，并招抚会匪。因问，遂奏谢保国会被劾，皇上为保护之恩。皇上点首称是。久之，皇上点首云："汝下去稍歇。"又云："汝尚有言，可具折条陈来。"先师乃起出，皇上目送之。苏拉迎问，盖对逾十刻，为从来所未有也。

在以上文字中，维新派一再引日本为榜样，足见甲午战后，中国人对日本的仇恨中逐渐杂入了丝丝钦佩。一些中国人开始考虑赴日留学，明治维新的领袖在中国大受欢迎，伊藤博文就是一例。他于1898年秋造访北京。消息传开，许多官员建议借伊藤博文的长才助中国变法，兼可密切两国邦交。贵州举人傅燮奏请留伊藤博文为相，以行新政。伊藤博文被中国官员尊为再造日本的名相，而光绪帝已经凭着一腔热情，纸上谈兵地推行新政三个月有余。他决定于1898年9月20日接见伊藤博文，而维新运动第二天就夭折了。

选文47　伊藤博文同光绪帝的对话（1898年9月）①

伊藤奏曰：外臣博文此次来到贵国，系为漫游，本日蒙陛下召见，殊为光荣。恭维陛下改良旧法，力图富强，此于保全东亚局面上实有重要之关系，自不待言。博文漫游已终，归国奏明皇

---

① 王芸生：《六十年来中国与日本》（第三卷），第229页。

上陛下，陛下必宸衷欣悦。博文谨祝大皇帝圣寿万年！

伊藤奏毕，光绪命之坐，遂作下列之问答。

光绪：久闻贵爵大名，今日不图竟得相见，诚属快慰之至！

伊藤：本日辱蒙召见，亲得咫尺龙颜，荣幸实无有过于此者。

光绪：途中平安否？

伊藤：托陛下洪福，路上极为平安。

光绪：贵国大皇帝陛下安否？

伊藤：此次决定漫游后，曾入宫觐见，龙体极为安泰。

光绪：贵国维新以来之政治，为各国所称扬。贵爵对于祖国之功业，实无人不佩服。

伊藤：过蒙奖誉，万不敢当。臣不过仰体我天皇陛下之圣谟，聊尽臣子之职分耳。

光绪：贵我两国，地势上同在一洲之内，最亲最近。目今我国改革，迫于必要，朕愿闻贵爵披沥其意见，请贵爵将改革顺序方法，详细告知总理衙门王大臣，予以指导。

伊藤：敬奉谕旨。王大臣如有咨询，臣依实际所见，苟有利于贵国者，必诚心具陈。

光绪：常与贵国同心协力，永久继续亲密国交，为朕所最为切望者。

伊藤：我国天皇陛下之圣意，亦实相同。此心若能普及于两国臣民，则交谊日渐亲密，实属易事……

之后的对话就是礼节性的了，意义不大。会见后，皇帝赐宴招待伊藤博文。

（二）反变法的保守思想 [①]

维新运动的反对者在思想上建树甚少。他们乞灵于传统的教条以抗拒变革，认为有祖宗之法足矣。然而观其议论，仍不乏高见。他们的见解同样是这段历史具有启发性的组成部分。

按政治思想划分，保守主义者有两大类。第一类保守主义者无条件地反对一切改变。他们有的认为治国就该靠人治加德治，无所谓法治，也就无所谓变法；有的认为祖宗之法无论如何也不可废，则也就无所谓变法。第二类人的反对则没有那么绝对。他们有的相信中法本就优于西法，所以不必变；有些人则承认西法确有优长之处，却与中国国情不合。他们最能认可的说法是，西法非必不可取，西政非必不可用，但康有为的变法则弊大于利。他们认为，康氏变法最严重的害处就是腐蚀人心——中国制度之优越在于王道，而西洋人唯重金钱，西法则并用法治与霸政。

王先谦（1842—1917）是学林泰斗，《东华录》的编者之一。他与大藏书家叶德辉（1864—1927）都认为，中国之坏是人之坏而非法之坏，所以言变法不如言变人。王先谦进一步宣称，西方人公心重而中国人私心重，所以民主制度难以行于中国，其说如下：

> 夫所谓自治云者，从前西国本无政教，百姓困苦，不能相忍，自下劙上，以成此局。中国数千年圣帝明王，殚其作君作师之心力，积累经营，筹虑既周，防检尤密。其立国之本，固不侔矣。而中西公私之悬异，即由此而生。西人各挟

———————

① 关于本节，请参看陈聱《戊戌政变时反变法人物之政治思想》，收入包遵彭等编：《中国近代史论丛》（第7册第1辑），台北：正中书局，1956年。

一自治之权，鸠合大朋，互相抑制。坐而谋者公益，出而议者公害，政令公之，财产公之，土地公之【注：如印度取自公司，而归之国家是也】，其势皆出于不得不然。而上无龃龉不安之见，民无推诿坐视之心者，习成故也。

中国之民，自黄帝、尧、舜以来，戴君若天，望君若神，又乐其宽然有余也。而欣欣焉以自私，击壤之歌是也。自夏后氏家天下，民亦以为吾君之子也，而相与私之，君与民各据其私而私之……今以中国自私之心，而行西人自治之政，其不能相合决矣。①

褚成博也认为最紧要的便是变人心，他于1898年写道：

当今之世，非无治法之患，实无人心之患。欲求变法，先宜变心……自同治初元，曾国藩、左宗棠、沈葆桢、李鸿章诸人，因外患日深，力崇西学……咸谓始虽效彼所长，终当驾乎其上。乃因循至今，岛寇偶侵，全局糜烂。是岂法之不变，变之不善哉，亦误于行法之不得其人耳……船械诸工，果能符宗棠原议，悉由华厂自办乎？……（李鸿章）所派学生，果有一二造诣精绝、为国竭忠御侮乎？……创设海军，果能遵葆桢原议自动训练乎？推之他事，莫不皆然……大率有初而无终，言多而行少……远猷败于粉饰，患气伏于贪私……从前总理衙门筹议海防云：各事一不得人，均归虚费，

---

① 王先谦：《虚受堂书札》卷二，光绪三十二年版，第75—76页（译者按：陈錱之文将《书札》误作《文集》）。又见王先谦：《葵园四种》，长沙：岳麓书社，1986年，第933页。

其误在用非其人，不在法之不善。①

一些守旧士人比较中西政治之后，认为西人除机械、算学外一无所知，而中国政治则为德治，为王政，为义，为太平，为永久。有道德力量在后面撑腰，中国必定能够统一区宇，宾服四夷。黄仁济是一位保守论者，他写道：

> 若谓天地人物，皆可以算学得之，似此则外洋宜有治而无乱，有兴而无衰，有生而无死，有存而无亡，有强而无弱，有富而无贫。何以治乱兴衰生死存亡富贫之故，外洋亦又得而握之。盖此算数之中，又有一天理之主宰焉。外洋但知一时一事之推测，而中华早悉百世千载之推测，斯即我中华有圣人，而外洋不能企及者……
>
> 外洋专重利，并行一信字，上下同心，有君臣一体之意，其国虽富强，终不能群情一统。我中华共重义，兼行一仁字，因少同心，反形衰弱。惟修身、齐家、治国、平天下之道，实由此而推引。外洋专从数，并行一术字，凡事皆有数定，故并君臣父子夫妇兄弟、善恶贞淫吉凶祸福之理，全然不讲。中华则于数中兼说一理字，百事圣经圣传皆有理以穷其间……②

循着这一思路，许多士人和官员都承认西方之长在于富强之

---

① 陈鼒：《戊戌政变时反变法人物之政治思想》，第151—152页。
② 陈鼒：《戊戌政变时反变法人物之政治思想》，第156—157页。

术，但此富强之术须加改造，以适应中国国情。"中学为体，西学为用"一语有多重内涵。诚如卫德明（Hellmut Wilhelm）教授所言，体用两分的思想在中国由来已久，可以追溯到孟子的"内"和"外"。[1] 在朱熹的学说里则称为"体"和"用"，相当于理学框架下的"理"与"气"这对概念。值得注意的是，"中体西用"的头号阐释者张之洞就精通朱子之学，无怪乎他将所有学术都分为两类——"旧学为体，新学为用"。这个两分法用到政治学说上，就体现为德治为主、法治为辅的思想。有些人将"中体西用"解释为以霸道杂入王道，因为他们脑中还存着一个古老的观念——律法不外乎君主惩罚人民的工具。仿行西法不过一时权宜，中国治道的常经大法仍在于仁义道德。于是，这个口号又可以理解为：以服膺孔孟、尊戴君上为本，以夷人的"霸政"为辅，从而致国家于富强之境。士人文悌写道：

> 故其事必须修明孔、孟、程、朱，《四书》《五经》《小学》《性理》诸书，植为根柢，使人熟知孝弟忠信、礼义廉耻、纲常伦纪、名教气节以明体，然后再习学外国文字、言语、艺术以致用。则中国有一通西学之人，得一人之益矣。[2]

不少旅行日记告诉我们，这种态度可以一变而成为对西方异俗的厌恶。袁祖志《涉洋管见》中有一节读来趣味横生：

---

[1] Hellmut Wilhelm, "The Problem of Within and Without, a Confucian Attempt of Syncretism", *Journal of the History Ideas*.

[2] 文悌：《文侍御悌严劾康有为折》，见苏舆：《翼教丛编》，上海：上海书店出版社，2002年，第30页。

中土四时咸备，气候均调，泰西则寒暑不时，冬夏乱序，有自古迄今霜雪不降之处，该处之人，毕生不识六出花为何物……

以人事而论，中土首重伦常，次隆仁义。泰西则子不养父，臣玩其君，妻贵于夫，三纲沦矣。因夫妇之道不修故，婚姻之礼遂废。女子二十有一便纵其任意择夫，尽有屡择方配之人，不以先奸后娶为耻。青年碧玉，到处求雄；皓首孤孀，尽堪招偶。风俗之坏，一至于斯……

以言礼乐，则天子之居与齐民等。不过规模累大，而无森严堂陛之象。君主之容与君后之象悬以待沽，民间作为玩具，尊卑之分泯矣……

言乎服御，则除土耳其一国被服离奇外，其余各国相同，毫无分别。尊卑一式，贵贱难分。夏无纱葛之适体，冬鲜裘絮之章身。但有车马之劳，而无蓝舆之适。妇女裙长七尺，徒扫垢壤，帐帷高悬一丈，难拒蚊蚋。

以言乎饮食，则无分冬夏，均啜冷水凉醪；不解烹庖，但识牛脂羊肋；传餐无几，徒劳器具之繁；式食庶其，不胜仆从之瘁；羹汤绝少，珍错全无焉。

以言乎政治，则暴征苛敛，亘古罕闻。竟有按照物价所值，如数输纳，或查得偷漏，则递加十倍百倍以示惩罚。或有地税，或有丁税，或有身税，或有屋税，或有招牌税，烦重极矣。取之不厌，民何以堪，又复尊尚邪教，任其横行，竭民脂膏，启造礼拜堂，以有用之钱，置之无用之地，殊堪骇异。

至于律不载恋奸之条，妻可以置妾控夫，尤为可笑。此

外则倒置失宜者，图圄之反为天堂也。居大不易者，食用之贵如珍宝也。五伦不修而五谷不备也，百药不详而百草无香也……①

中国第一任驻英副使刘锡鸿在《英轺日记》中写道：

彼之实学，皆杂技之小者。其用可制一器，而量有所限者也……一意讲求杂技，使趋利之舟车、杀人之火器，争多竞巧，以为富强，遽谓为有用之实学哉？……究其禁奇技以防乱萌，揭仁义以立治本，道固万世而不可易。彼之以为无用者，殆无用之大用也夫！②

另外一条批判西方物质至上主义的思路是，认为中国物质文明的停滞是因为中国人重大道而轻器物。例如，刘岳云（1849—1917）说："夫夷之技，一工人耳，荐绅之所不道，而学士大夫之所鄙也……中国之才百倍于夷狄，特摒弃弗为，别求其至远至大者也。"③

有的人则没那么自大，反而有几分悲观。他们认为西方物质文明领先太多，中国人想要师夷长技以制夷，难于上青天。想要图存须得另辟蹊径，西化并不可取。大儒俞樾（1821—1907）开出的药方，就有几分道家消极抵抗的味道：

---

① 袁祖志：《涉洋管见》，见《小方壶斋舆地丛钞》（第六十册），第470—478页。
② 刘锡鸿：《英轺日记》，见《小方壶斋舆地丛钞》（第五十六册），第184页；又见钱钟书主编：《郭嵩焘等使西记六种》，第240页。
③ 刘岳云：《食旧德斋杂著》卷一，《〈格物中法〉序》首页，无页码。

　　　然则胜之将奈何？曰：吾固言之矣，两刚不能以相制，制刚者，柔也；两利不能以相制，制利者，钝也；然则两巧不能以相制，制巧者，拙也……即或决命于疆场，彼之利器足以伤我者不过数百人耳，数十人耳。吾赏罚信必，号令严明，千百为辈如墙而进，彼奈我何？故曰惟拙可以制巧。以大拙制大巧，必胜之术也。[1]

最后，有几种说法是专门针对西洋机器的：

（1）中国人单凭人力和经验就能胜过机器。沈纯写道：

　　　中国舵工，视日晕云气而知何时有风雨，察水纹沙线而知此处有暗礁，验山形水色而知此海属何处。一日经历，终身不忘。他如琉璃河之铁杆、厦门之独石桥、都中之华表、广东之雕牙器、埃及古宫之楹栋、意大利之石刻，悉未尝借力机器。洋人见之，率皆摹抚流连，莫测其妙……[2]

（2）中国人口过于庞大，如果应用机器，许多劳动力将失业，社会的秩序与安宁将被严重扰乱。此论点被学者朱一新（1846—1894）痛切阐发："西国地广人稀，故耕种亦用机器。若中国用此，一夫所耕，可夺十夫之利。彼十夫者，非坐而待毙，即铤而走险耳。"[3]

---

① 俞樾：《宾萌集》卷二，第6页。
② 沈纯：《西事蠡测》，见《小方壶斋舆地丛钞》（第六十二册），第530页。
③ 朱一新：《无邪堂答问》卷四，第50页，《拙庵丛稿》本；又见朱一新：《无邪堂答问》，北京：中华书局，2000年，第170页。

张自牧也说：

> 南亩之农夫，北山之矿工，及夫挽车操舟者流，数千百万
> 之人，毕生胼胝于其中，一旦为机器所攘夺，失其谋生之业，
> 其有不相聚焉乱者乎？泰西机器之行未及百年，而大乱屡见，
> 殆由此也。①

（3）地球上的自然资源是有限的，而机器的生产却是无限的。
自然资源一旦枯竭，人类的生存便将面临困境，所以应该抵制机器。
俞樾说：

> 今彼中（西洋）人则不然，但知穷极天地之所有，以供
> 吾一日之用。语曰："竭泽而渔，明年无鱼。"闻彼中用煤无
> 度，产煤之地日以少矣……然即煤之一物而推之，则知用之
> 无度必有穷……日复一日，菁华衰竭，恐天地块然不复能生
> 人物矣！②

---

① 张自牧：《瀛海论》，见《小方壶斋舆地丛钞》（第六十册），第489页；又
见北京图书馆出版社古籍影印室辑：《历代边事资料辑刊》（第五册），北京：
北京图书馆出版社，2005年，第17—18页。
② 俞樾：《宾萌集补篇》卷六，第79—80页，清光绪二十五年刻，《春在堂全
书》本。

第 19 章

义和团

打击维新运动和太后重掌大权二事，并没有保守派估计的那样顺利。一面是中国面临被瓜分的威胁，一面是汉人对满人统治的敌意日渐高涨，越来越多的人认识到变法势在必行。如果慈禧太后要变法，则势必让人觉得她在肯定光绪帝1898年的诏书，等于在世人面前打了自己的脸。她更愿做维新和守旧两派之上的仲裁者。

1900年，国内的反对声音使慈禧太后恼恨，国外对维新派的公开同情更使她怒不可遏。她最终决心把宝全押在守旧派上。守旧派则试图将一切经济、社会和政治的不满引向洋人，引向皈依洋教的中国人，引向洋人修建的教堂和铁路。

效果果然立竿见影。1900年6月，千千万万的拳民受了怪力乱神的蛊惑和守旧官僚的怂恿，相率起事，蔓延山东、山西、直隶和辽东半岛。他们烧教堂，拆铁轨，毁电报线，杀外国教士和中国教徒。6月20日，清廷对列强宣战，拳民立即围攻北京的使馆和教堂。他们截断了京津之间的铁路，逼退了一支2000人的英国援军。8月14日，八国联军（包括日、德、英、法、美等国）进入北京，清军和义和团对使馆和教堂的围攻本就半真半假，此时更是烟消云散。列强通过1901年签订的《辛丑条约》，向中国勒索了高达3.339亿美元的赔偿。

即使有外国的挑衅，也只有对西洋情形两眼一抹黑的当权者，才会给清朝的国运带来如此浩劫。

死硬派的首脑中有几位是亲王。19世纪60年代以来，教育皇室的机构名存实亡，他们的教育长期被忽视。他们从小不学无术，又惯于颐指气使，很容易炫惑于民间的怪力乱神。所以，当山东拳民自称得神之助、子弹不伤时，他们竟然深信不疑，连太后本人恐怕也信以为真了。

拳民被视作尽忠报国的义民和中外决战关头的可恃之力。他们所有非理性的暴力行为——杀教民、杀洋人、毁坏一切跟"洋"字沾边的事物——当时统统被视作抵抗侵略者的爱国行动。1900年京师及京畿的大乱，是无知、迷信和群体狂热交汇而成的。

关于义和团的起源，可谓众说纷纭。关于这个问题，中国方面以劳乃宣（1843—1921）的研究最具代表性。他认为，以"义和拳"为名的秘密会社早在1727年至1808年间已经存在，并且一直存续到19世纪末。"拳"指的是中国防身的技击之术。"义和拳"既是一路拳术，又是使用这路拳术的会社的名称。① 简单来说，此团体起源于传授此拳术的会社。由于官府命山东民众组织团练，抵抗德国对山东的蚕食，于是各地的义和拳纷纷改称"义和团"，由此取得了半官方武装的身份。一些西方学者的研究，如施达格（G. N. Steiger）博士所著的《中国与西方》（*China and the Occident*），则采用更狭义的概念，认为义和团是戊戌政变之后才出现的，是奉朝廷之命组建的武装力量。但是，最近的研究已经证明此说不可信。

---

① 译者按："义和拳"作会社名称时，英文应译作"Harmonious Brotherhood"，原书"Righteous and Harmonious Fist"的译法不确，且有误导性。

下文三篇义和团的文献，第一篇是一份传单，这种形式早在汉代就已出现，此后历代不绝。传单有时是出于好事者的胡闹，有时却是阴谋家利用无知和迷信倡乱的工具。另外两篇是拳民的告示，很有典型意义。1900年4月到8月间，这种告示遍布华北乡村。老人们想约束年轻人的逾矩行为，自己却也信了义和拳的那套说辞。

三篇文献都未直接抨击洋人，但都诉诸佛、道等种种迷信。其中，第一篇文献（特别是其中"十愁"的说法）流传甚广。

选文48　拳民告示①

（1）义和团传单

关公圣帝君降坛曰②：今年人死七分，求观音菩萨大法慈悲，能救众生，可传送此帖，灾能免。传一张免一身之灾，传三张免一家之灾，若不传说，荒（谎）言为神所恶，反加重灾。

为善者可保，作恶者难逃，不信可看七八月间，人死无数。诸神圣时察人间善恶。天有十愁：一愁天下不安宁，二愁山东一扫平，三愁湖广水连天，四愁四川起狼烟，五愁江南大荒乱，六

①　翦伯赞编：《中国近代史料丛刊·义和团》（四），上海：上海人民出版社，1957年，第148—149页。
②　译者按：在翦伯赞《中国近代史料丛刊·义和团》一书中，"关公圣帝君降坛曰"是传单的题目，而非正文。英文本译者将"曰"字看作"曰"字，把"关公圣帝君降坛曰"当作正文第一句，似较原书通顺。传单内容借关公之口宣传，所以著一"曰"字，而作"日"字则难以索解。《近代史资料》1957年第1期刊登了王火选辑的《义和团杂记》，收录了一篇类似的传单，开头即是"关圣帝君降坛曰"。此处姑从英文本改动。

愁人死多一半，七愁义和拳人弱，八愁洋人直隶闹，九愁有衣无人穿，十愁有饭无人吃。殃转福有命，代笔人免一家之灾。

六月十九日、七月二十六日向南方上供，免尔之灾。

（2）京都顺天府宛邑齐家司马兰村义和团晓谕

京都顺天府宛邑齐家司马兰村虔诚设立义和神团，为此晓谕严规村坊事：

窃有天主教，由咸丰年间串结外洋人，祸乱中华，耗费国帑，拆庙宇，毁佛像，占民坟，万恶痛恨；以及民之树木禾苗，无一岁不遭虫旱之灾。国不泰而民不安，怒恼天庭。今以上天大帝垂恩，诸神下降，赴垣设立坛场，神传教习子弟，扶清灭洋，替天行道，出力于国家而安于社稷，佑民于农夫而护村坊，否极泰来之兆也。而恐愚庶无赖之徒，仗势横行，依强凌弱，报与村首团长，以公为公，按法办理，不准狗（徇）私为己。如有私情，神目如电，察示无私，轻罚重法，绝不宽宥。因以外教邪术迷人，上天恼怒，差众圣下界赴坛，传教子弟义和团。义者仁也，和者礼也，仁礼和睦乡党，道德为本，务农为业，而遵依佛教。不准公报私仇，以富压贫，依强凌弱，以是为非。

斋堂川齐家司马兰村坎字团具

（3）告白

中原各省集市村庄人等知悉：

兹因天主教并耶稣堂毁谤神圣，上欺中华君臣，下压中华黎

民，神人共怒，人皆缄默。以致吾等俱练习义和神拳，保护中原，
驱逐洋寇，截杀教民，以免生灵涂炭。自示之后，晓谕村庄人等，
无论尔等谁庄，如有教民，急速驱逐，自逞将教堂及伊等房屋，
俱各延烧毋留。谁若招留抗违隐匿信主之人，吾等到处一例问罪，
用火焚化，以致掣肘。尤恐不谕而诛，吾等不忍无故干受其累。
勿违，特示。

义和拳具

光绪二十六年五月初一日

在义和团运动的迅猛发展势头之下，朝中敢于站出来反对的人
寥寥无几。许景澄（1845—1900）和袁昶（1846—1900）是最杰出
的两位。许景澄，同治七年（1868）进士，曾任驻日公使（1880）、
驻法、德、意、荷、奥公使（1884—1887）和驻俄公使（1891—
1898）。袁昶，光绪二年（1876）进士，充总理衙门章京十余年
（1883—1894），1898年9月除直隶布政使，以三品京卿在总理衙门
上行走。他们认为拳民全不可恃，中国向列强开战无异于自杀，而
围攻公使馆则严重违反了国际法。二人既是浙江同乡，又是好友，
联名具奏镇压拳民，旋被诬为汉奸，6月26日被捕下狱，两日后处斩。

下面的三封奏折就是两位勇敢的大臣所作。通过这三封奏折，
我们可以从北京的视角，对义和团运动的背景和发展做一总体的
了解。

选文49　反义和团的殉难者（1900年）①

第一封奏折为户部侍郎许景澄、太常少卿袁昶所上，奏请剿拳民以弭巨患：

伏查嘉庆十三年七月上谕，即有山东河南一带匪徒，设立八卦教、义和团等名目之事，实系白莲教余孽，曾奉仁宗皇帝严旨密拿惩办。去年，吴桥县知县劳乃宣说帖考之最详。前月，东抚袁世凯遵旨覆陈，言万无招抚编为营伍之理，言之最为切实明白。前东抚毓贤，办理平原县邪匪一案，称匪首朱红灯自称明裔，妖言煽乱，各处响应，幸被官兵掩捕擒获，就地正法，绝无能避枪炮刀斧之妖术，此其明证……

为今之计，惟有先清内城之匪，以抚定民心，慰安洋情，乃可阻其续调之兵。必中国自剿，乃可免洋兵助剿，情势显然。

许、袁二人的第二折奏请保护使馆，以维持大局：

窃自上月二十四日，德国公使克林德途遇枪毙之后，该匪遂攻击各国使馆。提督董福祥所统甘军，尤与之声势相倚，狼狈为虐……今已二十余日，洋兵死者寥寥，而匪徒骸骼狼藉，遍于东交民巷口。平日妖言惑众，自诩能避枪炮之术，而今安在？

伏以春秋之义，两国构兵，不戮行人；泰西公法，尤以公使

① 《光绪政要》卷二十六，第8—10页；又见翦伯赞编：《中国近代史料丛刊·义和团》，第159—168页。

为国之重臣，蔑视其公使，即蔑视其国。兹若任令该匪攻毁使馆，尽杀使臣，各国引为大耻，联合一气，致死报复。在京之洋兵有限，续来之洋兵无穷。以一国而敌各国，臣愚以为不独胜负攸关，实存亡攸关也。我国家与泰西各国通商，垂六十年，准其各省传教，平日教民倚势鱼肉乡里，以洋教士为护符，地方官或者希图了事，抑制平民，亦所不免。民心怨愤，仇视教民，是皆臣等办理不善……见异服异言，统呼之为毛子，锐以歼薙为快……

臣愚请保全使馆，为将来转圜地步。一面严旨切责董福祥，饬令甘军悉行退扎城外……一面仍请责成大学士荣禄，克期将拳匪一律驱逐出城，以救燃眉之急……

1900年7月28日，许、袁的第三折直接导致了二人之死：

窃自拳匪肇乱，甫经月余，神京震动，四海响应，兵连祸结，牵掣全球，为千古未有之奇事，必酿成千古未有之奇灾……查拳匪揭竿之始，非枪炮之坚利，战阵之训练，徒以"扶清灭洋"四字号召群不逞之徒，乌合肇事，若得一牧令将弁之能者，荡平之有余。前山东抚臣毓贤养痈于先，直隶总督裕禄礼迎于后，给以战具，附虎以翼……裕禄且招揽拳匪头目，待如上宾，乡里无赖棍徒，聚千百人，持义和团三字名帖，即可身入衙署，与该督分庭抗礼，不亦轻朝廷羞当世士耶？……

大学士徐桐，索性糊涂，罔识利害；军机大臣协办大学士刚毅，比奸阿匪，顽固性成；军机大臣礼部尚书启秀，胶执己见，愚而自用；军机大臣刑部尚书赵舒翘，居心狡狯，工于逢迎。当拳匪甫入京师之时，仰蒙召见王公以下内外臣工，垂询剿抚之策。

臣等有以团民非义民，不可恃以御敌，无故不可轻与各国开衅之说进者。徐桐、刚毅等竟敢于皇太后皇上之前，面斥为逆说……甚至王公府第，闻亦设有拳坛，拳匪愚矣，更以愚徐桐、刚毅等。徐桐、刚毅等愚矣，更以愚王公。是徐桐、刚毅等，实为酿祸之枢纽……

方匪初起时，何尝敢抗旨辱官，毁坏官物？亦何敢持械焚劫，杀戮平民？自徐桐、刚毅等称为义民，拳匪之势益张，愚民之惑滋甚，无赖之聚愈众……使徐桐、刚毅等，不加以义民之称，该匪尚不敢大肆焚掠杀戮之惨。推原祸首，罪有攸归，应请旨将徐桐、刚毅、赵舒翘、启秀、裕禄、董福祥、毓贤，先治以重典，其余袒护拳匪，与徐桐、刚毅等谬妄相若者，一律治以应得之罪。不得援议亲议贵，为之末减，庶各国恍然于从前纵匪肇衅，皆谬妄诸臣所为，并非朝廷本意。弃仇寻好，宗社无恙，然后诛臣等以谢徐桐、刚毅诸臣。臣等虽死，当含笑入地。无任流涕具陈，不胜痛愤惶迫之至，伏乞皇太后皇上圣鉴！

此折奏闻之后，二人即被处斩。

第六部分

改良与革命

1901—1912

第 20 章

保守主义的改革运动

随着1898年的变法失败和1900年的庚子之变，中国士大夫阶层产生了深刻的分裂，而他们对西方的回应正是本书关注的焦点。从那时起，一个上层领导者的重要新兴集团逐渐和清王朝分道扬镳。这一新兴集团又分作两派：一是以孙中山为首的革命派，一是以康有为为首的君主立宪派。两派都有报刊，宣传各自的主张。1900年后清政府的新政是对以往保守主义的修正，但这只是多条变革线索中的一条。还有一条线索就是国内外的反清动乱，其基础是留日学生。

清廷在新政中出台了不少公文，也取得了若干成就。新政的范围大体不出张之洞、刘坤一的奏折①所言，本章的文献只涉及其中一些主要成就：废除八股与科举②，广设现代化和半现代化的教育机构；立宪运动③，令人始料未及地引起了各省政治的活跃，为1911年的辛亥革命准备了条件；编练新军，在文官政府迅速失去对政局的控制时，将一股开明的军事力量注入其中。除了以上这些重要变革，

---

① 见选文50。
② 见选文51。
③ 见选文52。

法律、实业、交通、银行与金融①、社会风俗的变革也都有了重大进展，如果篇幅允许，都应做进一步的说明。例如，法律方面，1902年至1907年间，沈家本领导一个专门机构修订了《大清律》，并开始起草现代民法典和诉讼法，这一工作到民国时期仍在继续。

关于清季十年清政府的困境，流传着一个经典的比喻：它身陷流沙，如果挣扎自救，只会陷得更深更快。张之洞勾画的新政蓝图特别着重于人才培养。培养人才必须求诸新式教育，而新式教育又须求诸留学，而留学助长了学生爱国反清的革命情绪。清王朝本是让自己未来的官员接受现代教育，却不料培养了自己的掘墓人，签下了自己的死刑书。根本原因在于，清王朝作为一个异族政权，先天不具备"现代化"能力；它愈发无力因应1900年之后的政治问题就是证据。清朝的覆亡，很难说制度原因占几分，人才原因占几分。或许，制度与人才二者本来就是一回事——过时的制度必然产生退化无用的统治阶级。

（一）拳乱之后的新政

1900年朝廷逃到西安时，义和团运动中呼风唤雨的极端保守派大多非死即逐。慈禧太后从北京逃往西安，一路颠簸于车轿之中，备尝艰辛。她一路上得到了沉重的教训，也近距离接触了偏远地区的官员和农民，必然收获颇多。军机大臣荣禄是太后的密友，也是唯一随行的满人重臣。或许就是在荣禄的建议下，太后以光绪帝的名义下诏罪己，最重要的则是宣布实行新政。此举着实高明，既道

---

① 见第21章。

出了朝廷的悔意，又掩饰了太后对拳乱的责任。

1901年1月29日，新政上谕颁布，其中引用了太后的"懿训"："取外国之长，乃可补中国之短。"等于否认了太后曾阻挠变法。接着又说："近之学西法者，语言文字、制造器械而已，此西艺之皮毛，而非西政之本源也。"上谕命朝廷内外臣工就何者当兴、何者当革，各抒己见，详细条议上奏。上谕下达后，对策的奏折纷至沓来。

1901年4月21日，督办政务处成立，主要职能是审核有关新政的奏议，由荣禄、奕劻（1838—1917）等充督办政务大臣，张之洞、刘坤一遥为参预。当时权势最盛的疆臣是李鸿章、袁世凯、刘坤一和张之洞四人。此时李鸿章已届风烛残年，议定《辛丑条约》是他最后也是最耻辱的一桩差事。订约后不久，李氏便溘然长逝。袁世凯全副精力都扑在天津周边的恢复重建上，还要尽力确保八国联军的早日撤离。于是，擘画新政方案的任务就落在了刘坤一和张之洞肩上，二人联名于1901年7月12日、19日和20日各递一折。10月2日懿旨称许二人的奏议"事多可行"，命"随时设法择要举办"。事实上，8月29日上谕废除了八股文，于次年实行，同时彻底废除了武举。9月16日，上谕准江南、湖北、四川等省派遣留学生，并予嘉许。

日俄战争之后，大批留学生负笈东瀛，变法三折所擘画的大多数新政到此时才付诸实行。所以，中国在政府主导下真正的大规模现代化运动至20世纪初才展开，比日本迟了40年。

选文50　江楚会奏变法三折（1901年）

遵旨筹议变通政治人才为先折①

仰见我皇上惩毖多难，必欲扫积习以济时艰。感涕之余，且愧且奋。臣等尝闻之《周易》，乾道变化者，行健自强之大用也；又闻之《孟子》，过然后改，困然后作，动心忍性，增益所不能者，生于忧患之枢机也……

窃谓中国不贫于财，而贫于人才；不弱于兵，而弱于志气。人才之贫，由于见闻不广，学业不实；志气之弱，由于苟安者无履危救亡之远谋，自足者无发愤好学之果力。保邦致治，非人无由。谨先就育才兴学之大端，参考古今，会通文武，筹拟四条。一曰设文武学堂。二曰酌改文科。三曰停罢武科。四曰奖劝游学。敬为圣主陈之。

一、设文武学堂。【编者按：作者首先考察了自古以来的学校和考试制度。】唐采回历，隋志经籍，多收方言。明初文科，亦兼骑射。钦惟我朝康熙年间，测天造炮，皆用西人。内府地图，创用西法之经纬线……尼布楚界碑，兼用三体文字……祖宗旧制，洵足为万代法程。今泰西各国学校之法，犹有三代遗意，礼失求野，或尚非诬……

【编者按：接下来，作者详细描述了外国学校制度，尤其关注德、日两国。各级学校、科目、课外作业、军事训练等，都娓娓详陈。他们建议所有县一律设小学堂，废除八股文，还讨论了八股文

---

① 《张文襄公全集》卷五十二，第9—29页；又见吴剑杰编：《中国近代思想家文库·张之洞卷》，北京：中国人民大学出版社，2014年，第346—378页。

章士的任用，认为要让他们有饭碗可端。此处从略。】

一、酌改文科。科举一事，为自强求才之首务……半年来，谘访官绅人士，众论金同。改章大指，总以讲求有用之学，永远不废经书为宗旨。拟即照光绪二十四年臣之洞所奏变通科举奏旨允准之案酌办……大略系三场先后互易……头场试中国政治、史事。二场试各国政治、地理、武备、农、工、算法之类。三场试四书、五经经义……

兹拟将科举略改旧章，令与学堂并行不悖，以期两无偏废……

【编者按：剩下的"停罢武科""奖劝游学"两条，此处从略，下文还将涉及。】

此四条为求才图治之首务。其间事理皆互相贯通，互相补益。故先以此四事上陈，盖非育才不能图存，非兴学不能育才，非变通文、武两科不能兴学，非游学不能助兴学之所不足。揆之今日时势，亟无可亟，缓无可缓……

遵旨筹议变法谨拟整顿中法十二条折 [①]

窃臣等筹拟兴学育才四条，业经会同奏陈在案。窃惟治国如治疾，然阴阳之能为患者，内有所不足也。七情不节，然后六气感之，此因内政不修而致外患之说也。疗创伤者，必先调其服食，安其藏府，行其气血，去其腐败，然后施以药物、铁石而有功。此欲行新法，必先除旧弊之说也。盖立国之道，大要有三，一

---

① 《张文襄公全集》卷五十三，第1—33页；又见吴剑杰编：《中国近代思想家文库·张之洞卷》，第346—378页。

曰治，二曰富，三曰强。国既治，则贫弱者可以力求富强。国不治，则富强者亦必转为贫弱。整顿中法者，所以为治之具也。采用西法者，所以为富强之谋也。谨将中法之必应整顿变通者，酌拟十二条。一曰崇节俭，二曰破常格，三曰停捐纳，四曰课官重禄，五曰去书吏，六曰去差役，七曰恤刑狱，八曰改选法，九曰筹八旗生计，十曰裁屯卫，十一曰裁绿营，十二曰简文法。敬备朝廷采择，胪陈于下。

【编者按：以上纲目，其内容不问而知，其论证的细节不再一一摘录，我们不妨直接进入结论。】

以上十二条，皆中国积弱不振之故，而尤为外国指摘诟病之端。臣等所拟办法，或养民力，或澄官方，或作士气，前人论及此者多矣。特以误于弊去太甚之言，怵于诸事更张之谤，律令文告都成具文。小有设施，不规久远。

今日外患日深，其乐因循、务欺饰者，动以民心固结为言。不知近日民情，已非三十年前之旧，羡外国之富而鄙中土之贫，见外兵之强而疾官军之懦，乐海关之平允而怨厘局之刁难，夸租界之整肃而苦吏胥之骚扰。于是民从洋教，商挂洋旗，士入洋籍。始由否隔，寝成涣散。乱民渐起，邪说乘之。邦基所关，不胜忧惧。必先将以上诸弊一律划除，方可冀民心永远固结，然后亲上死长，御侮捍患，可得而言矣。仰恳圣明裁察施行，以为自强之根本……

遵旨筹议变法谨拟采用西法十一条折

窃臣等筹拟兴学育才四条，及整顿中法十二条，业经两次会同奏陈在案……方今环球各国，日新月盛。大者兼擅富强，次者亦不至贫弱。究其政体学术，大率皆累数百年之研究，经数千百人之修改，成效既彰，转相仿效。美洲则采之欧洲，东洋复采之西洋……今蒙特颁明诏，鉴前事之失，破迂谬之谈，将采西法以补中法之不足。虚己之衷，恢宏之度，薄海内外，无不钦仰，翘首拭目，以观自强之政。顾西法纲要，更仆难终。情形同自有异同，行之亦必有次第。臣等谨就切要易行者，胪举十一条……大要皆以变而不失其正为主。谨为我皇上胪陈之。

一、广派游历。欧美强盛窥伺中国，已百年矣……然而自强无具，因应无方，驯致妄开巨衅，几危大局者，则皆坐见闻不广之一病，于各国疆域、政治、文学、武备茫然不知。同治季年虽已派游历、设驻使、遣学生，而愚陋谬妄之人，闻出洋者之言，则诋其妄；见总署之官属，则恶其污，于是相戒以讲洋务为讳。甚至上年夏间，京外大僚犹有谓洋人不能陆行者，有谓使馆、教堂既毁，洋人即从此绝迹者。锢蔽至此，致召阽危，诚可痛矣……

论今日者，欲求急救之方，惟有广派游历之一法。观其国势，考其政事学术。察其与我国关涉之大端，与各国离合之情事。回华后，将其身经目睹者，告语亲知，展转传说，自然群迷顿觉……以后新派总署堂官、章京、海关道员、出使大臣及随员，必选诸曾经出洋之员……若未经出洋者，不得开坊缺、送御史、升京卿、放道员……尝考西国兴盛之初，皆由游历而起……

一、练外国操……圣祖仁皇帝征三藩，则用西洋人南怀仁铸红夷大炮，至今炮上尚铸有南怀仁之名……抑练兵尤有要者，外国于其都城，皆设有专管筹画兵事之大臣。英、法、德等国名曰总营务处，日本名曰参谋本部，略如宋人枢密院之意，专掌全国水陆兵制饷章、地理图籍、操练法式、储备粮饷、转运车船、外交侦探等事。平日之豫筹，临时之调度，皆以此官掌之……中国欲练精兵，非设此衙门不可。其章程请敕出使大臣李盛铎向日本索取译寄，采择用之。惟其参谋部总长，须深于兵事起自行间者，方使任之，并非仅用亲贵资格……

一、广军实。和约虽定，战备不可不修。我无战具，则和局不能保矣。经费虽艰，军械不可不制。不制军械，则将士永不知今日战阵为何事矣。大厂自难多开，小办必须努力……如能派人赴日本各国学习尤善。

一、修农政。中国以农立国……近年工商皆间有进益，惟农事最疲，有退无进……欲修农政，必先兴农学。查外国讲求农学者，以法、美为优，然译本尚少。近年译出日本农务诸书数十种，明白易晓，且其土宜风俗，与中国相近，可仿行者最多。其间即有转译西国农书，一切物性土宜之利弊，推广肥料之新法，劝导奖励之功效，皆备其中。

查光绪二十四年九月，曾奉旨令各省设农务局。拟请再降明谕，切饬各省认真举办……查汉唐以来，皆有司农专官，并请在京专设一农政大臣，掌考求督课农务之事……

一、劝工艺。世人多谓西国之富以商，而不知西国之富实以工艺，盖商者运已成之货，工者造未成之货……有工艺然后有货物，有货物然后有商贾、有贩运……外国财多，中国人多，今中国讲富国之术，若欲以商务敌欧美各国，此我所不能者也。若欲以工艺敌各国，此我所必能者也。劝工之道有三：一曰设工艺学堂……一曰设劝工场……一曰良工赏以官职……至于自创新法造成各种货物者，给予牌照，准其专利若干年，凡人工所成之货，厘税尤须从轻，新出式样并免厘税三年，亦为鼓舞工艺之要务。总之，欲养穷民，查荒地不如劝百工，欲塞漏卮、拒外人，不如造土货，富民富国确实可凭，如此则但患生齿之不繁耳，岂患生齿之日繁乎！

一、定矿律、路律、商律、交涉刑律。中国矿产富饶蕴蓄而未开，铁路权利兼擅迟疑而未办，二事久为外人垂涎。近数年来，各国纷纷集股来华，知我于此等事务尚无定章，外国情形未能尽悉，乘机愚我，攘利侵权，或借开矿而揽及铁路，或因铁路而涉及开矿……近年法于云、贵，德于山东，英、意于晋、豫，早有合同章程，纷歧恐未必尽能妥善……【编者按：本条还讨论了其他立法，此处从略。】

一、用银元。银元之利有三：平色划一，出纳分明，吏胥不能舞弊勒索，官民不致贴补受累，一也；商贾交易简捷无欺，驵侩无权，既益于行旅，亦便于汇兑，二也；官款收发全用银元，以大元为母，小元为子，相辅而行，工火局用外，尚有盈余，三也……

一、行印花税。查外国征商之政，除烟、酒、洋药外，大率皆无关税，其巨款全在印花税。凡有关银钱、物业之契约，单据领用官局印花粘贴其上，其大意在抽银不抽货，抽已卖之货，不抽未卖之货，抽四民百业凡有进项之人，不仅抽商贾贸易之人，故西人解印花税之义曰：此乃银钱税也。今日筹款，此事似可仿行……

一、推行邮政。查外洋各国邮政，为筹款一大端，大率岁入皆银数千万两，而递信最速。中国驿站为耗财一大端，岁费约三百万两，而文报最迟……

中国既无邮局，于是英、德、美、日本诸国，在中国自设信局，侵我利权，实非万国通例。自光绪二十一年奉旨饬催总税务司赫德办理，光绪二十二年沿海沿江渐设邮局，附于海关税务司兼办……

一、官收洋药。方今筹饷最急，然而零星罗掘，难得巨款，厘金将撤，碍难再加，盐价屡加，亦难过重。惟有加价于洋药，则不病民而增巨饷。查法国及西班牙运售火柴、吕宋烟，日本在台湾收售洋药、土药，皆由公家收买分销，今拟仿照其法。检海关贸易册，光绪二十五年洋药进口销售者五万九千一百六十一担……以六万担计，合九千六百万两，现在时价，每两价银五钱，姑以大率作一万万两计算，共计价银五千万两，税厘在内。拟以后由官设局，在各关进口时，全行收买，然后转发散商，分销各省……计每年可得盈余一千万两……

一、多译东西各国书。今日欲采取各国之法，自宜多译外国政术学术之书。译书约有三法：一令各省访求译刻。译多者准请奖，然经费有限，书不能多也。一请明谕各省举、贡、生员，如有能译出外国有用之书者，呈由京外大臣奏闻，从优奖以实官，或奖以从优虚衔，发交各省刊行，如此则费省矣。然外国要书流播入中国者，无几不能精也。一请敕令出使大臣访求该国新出最精最要之书，聘募该国通人为正翻译官，即责令所带随员、学生助之……

以上各条，皆举其切要而又不可不急行者……至若康有为之邪说谬论，但以传康教为宗旨，乱纪纲为诡谋，其实于西政西学之精要全未通晓。兹所拟各条，皆与之判然不同，且大率皆三十

年来已经奉旨陆续举办者，此不过推广力行，冀纾急难……伏望
圣明深察远览，早赐施行，使各国见中华有奋发为雄之志，则鄙
我侮我之念渐消；使天下士民知朝廷有改弦更张之心，则顽固
者化其谬，望治者效其忠，而犯上作乱之邪说可以不作，天下
幸甚……

（二）教育改革

科举制度的历史超过一千年。清代科举的正式文体是八股文，
主张经世致用的读书人反对八股已久，主张以论述时务的策论代之。
1887年，应御史的奏请，数学被列为考试科目之一。不幸的是，守
旧观念仍占据支配地位，没有几个士子对这个新选择感兴趣。1897
年，甲午战争两年之后，贵州学政严修奏请设立经济特科，以识拔
通晓时务而不惯作八股文章的士人。次年，梁启超等百余名举人联
名上奏，请将科举全盘废除。康有为也上奏，强烈支持废科举以御
外侮。1898年的百日维新中，调整科举科目的诏令已经下达，却未
得实施。1903年年初，两江总督张之洞和直隶总督袁世凯联衔上奏，
建议逐步废除科举（即选文51）。此后另有人奏请全废科举。1905年
9月2日的谕旨最终宣布，即刻且永久停废科举。自公元622年起，科
举通常一年一考或三年两考，极少中断，直到1905年彻底结束。

为了替代科举制度，清政府仿照西方和日本建立了一套新的教
育制度。教会学校由此取得了新的地位，招生状况也大为改观。以
往教会学校专招贫苦子弟，如今也开始吸引官绅阶层的子弟。与此
同时，留洋（尤其是留学东洋）受到热捧。在日本留学的中国学生
一度超过万人，而留学欧美的只有区区几百人而已。固然有些留学

生确实学到了真本事，但也有一些人只是在日本的师范或政法学校的速成班镀了层金，回国后摇身一变就成了教师或法官。

教育制度变了，19世纪70年代以来的留洋学生突然获得了认可。他们中的许多人（包括一位牙医）被赐予进士或举人出身。1905年以后，教育制度至少在形式上完成了西化。这一运动并未使中国迅速走向民主，因为此时教育还只是富人的奢侈品。而新制度是否造就了张之洞汲汲以求的"人才"，也只有天知道了。

选文51　袁世凯、张之洞奏请递减科举折①

窃惟国无强弱，得人则兴，时无安危，有才斯理。诚以人才者，国家之元气，治道之根本……中国今日贫弱极矣，大难迭乘，外侮日逼，振兴奋发，正在此时……

钦惟我皇太后、皇上宵旰焦劳，求贤若渴；诏各行省普立学堂，复申谕以敦促之……而起视各省，大率观望迁延，否则敷衍塞责，或因循而未立，或立矣而未备。推究其故，则曰经费不足也，师范难求也。二者固然，要不足为患也。其患之深切著明，足以为学校之的而阻碍之者，实莫甚于科举。盖学校所以培才，科学所以抡才；使科举与学校一贯，则学校将不劝自兴；使学校与科举分途，则学校终有名无实。何者？利禄之途，众所争趋；繁重之业，人所畏阻。学校之成期有定，必累年而后成材；科举之诡弊相仍，可侥幸而期获售。虽废去八股试帖，改试策论经义；

---

① 《光绪政要》卷二十九，第7—9页；又见陈元晖主编，璩鑫圭、唐良炎编：《中国近代教育史资料汇编·学制演变》，上海：上海教育出版社，2007年，第530页。

然文字终凭一日之长，空言究非实诣可比……

中国非无忧时之人也，而绅民不闻倡建学堂者，亦以群情注重科举，父兄以是勖子弟，乡党以是望侪偶……是科举一日不废，即学校一日不能大兴，将士子永远无实在之学问，国家永远无救时之人才，中国永远不能进于富强，即永远不能争衡于各国，臣等诚私心痛之……

请断自宸衷，决然必行……务期科举逐渐而尽废，学校栉比而林立，上以革数百年相沿之弊政，下以培亿兆辈有用之人才，五洲惊服，万世瞻仰，在此举矣……

（三）立宪

在政治改革方面，1905年慈禧太后向欧美派遣了两个使团，考察外国宪政，以昭郑重。使团回国后，戴鸿慈（1853—1910）和端方（1861—1911）两位钦差大臣联名进呈了《欧美政治要义》一书，选文52就选自该书。该书刊行于1907年，而其要旨已在1906年9月缮折上奏。

这部书在许多方面都有着重要意义。第一，它反映了两位钦差对君主立宪政体的理解。戴鸿慈是一位传统的儒门士大夫，端方则是以开明干练著称的满人官员，他们在宪政问题上能走多远，全视朝廷意愿而定。他们论述西方宪政时，对何者当拒、何者当纳的取舍非常有趣。第二，这部著作凸显了当时新政施行者的实用主义取向，宪政体制之所以正当，乃是因为现实之需要，而不是因为学理之不谬。例如，作者在首卷中提出宪政可以提高君主统治的效能，而不会分散其大权。他们还特别强调，如果民众有权参政，就会激发他们对国家事务的热忱，国家利源就会滚滚而来，政府的税收也会得到极大便利。第三，他们的话并不只是讲给太后一个人听的，他们还希望为君主的作为能够公诸全国提供一个有说服力的理由。值得注意的是，两位钦差回国不到一年，此书就刊行了。将此书与当时立宪派刊物上登载的文章对比，观点大同小异。不难看出，政府还想用这本书赢得士大夫的更多支持，冀收遏制革命之效。

选文52　外国宪政考察报告（1906年）

观欧洲立宪政体之政治编制，最宜详审者，则君主亲裁之时与立宪政体之时，君主之权力因宪法而有如何之变化是也。欲知此重要之处，当就纯粹君主亲裁政体之国一变而为君主立宪政体之国考之。若比利时、希腊、拉马尼等国，依民意定宪法选定君主之制，意大利、西班牙因民约而成国之制，名为君主国，实皆民主国者，姑置不论。如德意志皇帝非以固有之权力创成帝国，特各邦依条约而委任以联邦盟主之权力，其宪法亦颇似民主宪法，亦不必论。夫所谓纯粹君主亲裁政体之国一变而为君主立宪政体之国者，如普鲁士王国、巴威里王国、索撒王国、墺大利帝国等是也……

右举诸国如普鲁士、索撒及墺大利之宪法，皆曾咨询国会使之修正，亦非纯然之敕拟宪法。在今日之世界，惟巴威里宪法有纯然敕拟宪法之性质，首定君主之权力，揭大纲一条，谓王为国家元首，总揽统治权，依宪法之条规行之，君主一身不可侵犯云云。次则逐条列记属于君主之各种权力，此因法兰西大革命影响及于全欧，德意志各邦人民亦皆望立宪，虽其君主不欲骤改亲裁政体，然势不得已，亦遂应时而各敕拟宪法……

至于君主一身不可侵犯，则无论敕拟、共议皆有此语，盖因君主亦犹是人也，或时有过失，以政策之误有损民之利，悖立宪本旨，又或因过失而违背宪法之条规。当是时，则非难集于君主之一身，辱权力，损威严，政体将从此破坏矣。故各国宪法置君主于指斥言议之外……则宪法条规亦将有名而无实，是与君主亲裁之时无异也。因此之故，必使政府大臣辅弼君主，有误政道或违宪法，则为辅弼者未尽其任，故政府大臣必代君主而负其责任。此之谓责任大臣，各国宪法明确规定者……

君主于宪法制定以前，总国政之全权，国家一切政务皆取决于民（君）主；而宪法制定以后，亦非大有变更。君主仍为最高之机关，宪法特就国中各部机关明定其权限而已。故君主之权力不仅明记于宪法者已也，即宪法所不载者，凡关于国政之权力，君主仍得行之。泰西学者称君主不由他种机关而自行之权力为大权，其所以为大权者，在行之之时不必据定宪法条规，故不明记于宪法者颇多。学者或又以为保持君主之权力，特揭明文于宪法，以明其为君主之大权，使它种机关如国会等不得相侵，而称为宪法上之大权。凡君主之大权皆明记宪法之上，其未明记者，君主绝不得行。此说不然，宜注意焉。

（四）袁世凯与新军

袁世凯当时已经以能员著称，并跻身清末新政领袖之列。他以练兵起家，后来成为中华民国第一任大总统，1912年之后他又致力于推翻共和，帝制自为。他去世后，中国进入了军阀时代，多数军阀都曾是他的部将。

　　袁世凯出身于官宦之家，家族长辈中文官、武将都有。他读书不多，早年从军，被李鸿章安插在朝鲜。戊戌政变和义和团运动使得能带兵、会练兵的官员受到朝廷重视。他抓住了这个机会，仕途从此平步青云。中国近代军事力量可以追溯到湘军和淮军，它们是曾国藩等一众中兴名臣为了镇压太平天国和捻军而组建的地方武装。1885年中法战争后，在戈登的建议下，天津武备学堂成立。武备学堂聘请德国教官，采用西式军事教育方法，成果却微乎其微。甲午战后，张之洞组建了"自强军"，后来移驻吴淞，同样聘请德国教官训练。[①] 大约同时，芦津铁路总办胡燏棻（卒于1906年）受命组建新式陆军，取名"定武军"，以德式操法训练，扎营于天津20英里外的小站。这支军队成为日后北洋军的骨干。当时袁世凯正在北京，加入了维新运动的头号社团强学会，同时也和兵部尚书荣禄等大员建立了良好关系。通过这层关系，袁氏得以指挥定武军，不久定武军改称"新建陆军"。1895年12月8日，圣旨命袁世凯严格按照德国陆军操典训练新军，为此，中方教官也必须学习德文。

　　1896年至1898年间，袁世凯的精力主要倾注在这支新军上，在1900年的义和团运动中，他幸运地置身风暴之外。1901年李鸿章去世后，袁世凯接过了他的直隶总督、北洋通商大臣的印绶。1903年荣禄去世，当时慈禧太后痛感家国之耻，将提振武备作为新政的重要一环。袁世凯再次抓住机会，在心腹大将的协助下，培植起效忠其个人的武装。他的部下如冯国璋（1859—1919）、王士珍（1861—1930）、曹锟（卒于1938年）、段祺瑞（1865—1936）等人，

---

① 见第17章。

后来都成了炙手可热的军阀。1905年年末，袁世凯已经练成北洋陆军六镇，即使在袁氏脱离军队期间（1907—1911），北洋众将依然效忠于他。

袁世凯的传记作者固然对其新政成就言过其实，但袁氏也确将李鸿章、张之洞等人的一些建议变成了现实，其最著者就是科举之废。民国时贬损袁氏的人，似乎忘了他在民国之前还曾立下这份功劳。袁氏在山东巡抚任上（1899年12月6日—1901年6月16日）曾上折条陈十事：慎号令、教官吏、崇实学、增实科、开民智、重游历、定使例、辨名实、裕度支、修武备。其思路和《江楚会奏变法三折》①相同。袁氏在自己的地盘上推行新的教育制度，建立大、中、小学堂，还设立校士馆作高等研究之用。袁世凯出任直隶总督和军机大臣（1901—1909）期间，除了练兵，他还努力识拔外交人才，又在保定开办农务大学堂和农事试验场，还开办工艺局，以鼓励实业。为了增加财政收入，应对新军、学校、巡警等新事业的开支，袁氏推行财政改革，开征新税，开办现代银行。他还赞成君主立宪——至于究竟是真心还是假意，则是另一个问题。在他的鼓励下，许多学生和军官东渡日本，学习政治和军事。日本顾问逐渐取代了德国顾问。简言之，这段时期袁世凯主要致力于新军建设、民众教育和地方善政。他出众的才干和显赫的地位，无疑使他的新举措赢得了太后的支持。太后死后，在很多怀有进步思想的人看来，袁世凯是唯一能挽狂澜于既倒的人。

---

① 见选文50。

第 21 章

经济发展

本书的主要关注对象是思想而非经济，但一些经济概念在中国思想史上占有重要地位。"企业家精神"在本质上是不是一个意识形态的表述？让我们避免此类无谓的争论，把注意力投向20世纪初中国涌现出的实业新思想。新思想的出现，既是由于受到外来的刺激，也源于对中国自身需求和潜力的新认知。

1896年之后，西方的刺激更加看得见摸得着了。由于《马关条约》允许日本人在口岸从事贸易、工业和制造，其他国家援引最惠国条款，也获得了同样的利权。此后，外国工厂如雨后春笋般涌现，无非是为了利用中国的廉价劳动力和原材料。日本、英国和德国的企业纷纷在上海开设纺织厂，中国实业家也迅速跟进。手工业是农村家庭的主要副业，如今已无力与更廉价的机器制造品竞争。慢慢地，农民不得不开始用血汗钱换取洋布、洋烟。

1898年，为了鼓励实业，总理衙门规定，发明新式武器者给予50年专利权，发明新式民用品者给予30年专利权。1898年起，帝国主义列强又大量攫取铁路、矿产的利权。清政府不得不采取反制措施。1903年至1911年间，大员们积极推动几个大型工业项目。朝廷又派遣贝子载振赴欧美和日本考察实业。1903年，朝廷设立商部，

1906年改为农工商部。包括《公司律》在内的《商律》也得以颁布。高官们带头提倡国货，例如1905年袁世凯在天津开办考工厂，展卖商品。商部也在北京兴建了一座展卖商品的大楼，还敦促各省兴办高等实业学堂。留洋归国者通过考试后，赐工科、商科进士等出身。1910年，两江总督端方还办了一场规模宏大的博览会——南洋劝业博览会。

1903年至1908年间，127家中国企业向农工商部登记注册，注册资本共计3219.98万元，涵盖纺织、面粉、缫丝、电力、烟草、火柴、铸钢等领域。十年中，中国靠着外国贷款和承建，筑成铁路6000英里。为了抗衡外国银行，中国也成立了一批新式银行，如1897年成立的中国通商银行、1904年成立的户部银行等。户部银行在1908年重组为大清银行，1913年又改为中国银行。1907年，成立了浙江实业银行。

此时中国的经济增长只是略约地折射出世界其他地区的工业化进程，大大落后于英、日等国企业在条约口岸的扩张。在航运、码头、纺织、保险、银行、铁路、矿业的投资方面，任何一家中国企业，无论官办商办，都无法同怡和洋行一家匹敌。外国资本在中国步步紧逼。一些中国士大夫开始了新的商业冒险，转型为新式企业家。官僚墨守成规是官督商办体制的一大缺陷。曾国藩、李鸿章、左宗棠、张之洞之所以能开办如此多的企业，是因为下辖地区的大小事务都归他们统管。他们通常会差人代管这些企业，因而官僚主义就不可避免。无论是大员本人还是他们委派的管理人，都不可能夙夜在公、忘我工作。他们也没有商人逐利的动机，不可能全神贯注于成本、价格以及市场上的每一点风吹草动。

跨入新世纪，中国实业界的领袖中有两颗新星最为耀眼——盛宣怀和张謇。中国人应对西方经济侵蚀的路数五花八门，盛氏和张氏代表了其中两种。二人都怀有强烈的民族主义情感。他们虽也谋得了一官半职，但从未跻身封疆大吏之列。与其说他们是官僚，不如说他们是实业领域的专家和经理人。

盛宣怀出身于江苏的官宦人家，乡试落榜后投入李鸿章幕府。1873年，盛氏受李鸿章之命，出任轮船招商局会办。在招商局，和他搭班的是两位买办出身的广东商人，一名唐廷枢，一名徐润（1838—1911），二人日后都显赫一时（徐润靠着茶叶和地产生意发了大财）。盛宣怀认为近代化的交通和通讯是强国之要，所以李鸿章命他督建芦汉铁路和津沪之间的电报线。一旦有哪个官办企业陷入困境，盛宣怀就会被派去当救火队长。上海第一家纺织厂毁于大火后，李鸿章派盛宣怀接管该厂，盛氏募集商股，将其重建。汉冶萍公司资金不足，必须出卖股份时，又是盛宣怀从张之洞手中接过了管理权。上面的每一桩都是筹钱的苦差事。

盛宣怀做地方官最高不过道台，显示出的外交手腕却丝毫不下于他的实业才干。1876年，他陪同李鸿章赴芝罘与威妥玛谈判买断吴淞铁路事宜。义和团运动期间，他为东南互保而奔走，使南方得以置身于冲突之外。

盛宣怀显然是个同时解决多方面问题的天才，如轮船、电报、铁路、矿务，他的头衔也越来越多。1896年时他是津海关道，并兼任当时中国大多数铁路工程的总办，还主持着轮船招商局和电报总局。德璀琳看到盛氏揽了这么多肥差，便提醒李鸿章要防着他一手，李氏却置之不理，他评价盛氏是个"小心人"。

1886年，盛宣怀在天津创建了北洋大学堂，1897又在上海创建了南洋公学。两校都是实力不俗的工科学府，不但培养工程师，还培养政治家。王宠惠和陈立夫就毕业于北洋大学。到了20世纪初，盛宣怀的权势已炙手可热，政敌也越树越多。1908年，他以医治肺痨为名东渡日本，实则是躲避国内的尖锐批评。在日本，他会见了政界和实业界的要人，并考察了日本的实业。1911年2月，盛宣怀官拜邮传部尚书。在任上，他力主铁路国有化政策，结果点燃了1911年10月10日辛亥革命的导火线。

在条约口岸，盛宣怀的外国竞争对手赞赏他为了追求自己的目标锲而不舍、精力过人，却不怎么信任他。濮兰德（J. O. P. Bland）说他是个"老狐狸"，而马士（H. B. Morse）则说"不管是中国人还是外国人都信不过他"。无论盛宣怀的手脚是否干净，他的民族主义情感还是很强烈的。1896年5月，张之洞邀请他主持芦汉铁路的建设，这是张氏抵抗外国经济侵略的一步棋。在给张氏的回信中，盛宣怀慨然说："再拼数年心血，为中国挣一口气，亦不敢惜。"[①]

1898年5月，为了抵制外国代表提出的关于铁路利权的过分要求，盛宣怀写道："所以不惮艰险，挺身任之，利钝非所计也。"[②]盛氏一往无前的锐气使他成就了许多功业，也令他得罪了不少人。他还有一个小小的成就，那就是建立了中国红十字会（1909），而更重要的成就则是建立了中国首家现代银行。他将银行视为抵抗外国（尤其是俄国）金融侵略的一种必要手段。张之洞对此事的态度不冷不热，盛宣怀却十分热心。下文就是盛氏的一封奏折。

---

①《愚斋存稿初刊》卷二十四，第27页。
②《愚斋存稿初刊》卷三十一，第32—33页。

选文53　盛宣怀论现代银行（1896年）[1]

银行昉于泰西，其大旨在流通一国之货财，以应上下之求给。立法既善于中国之票号、钱庄，而国家任保护，权利无旁扰，故能维持不敝。

各国通商以来，华人不知务此，英、法、德、俄、日本之银行乃推行来华，攘我大利。近年中外士大夫灼见本末，亦多建开银行之议。商务枢机所系，现又举办铁路，造端宏大，非急设中国银行，无以通华商之气脉，杜洋商之挟持。

议者谓国家银行，当全发帑本，简畀大官，通行钞票，由部造发，如英法等国，财赋皆出入于银行，是户部之外府也。然中外风气不同，部钞殷鉴未远，执官府之制度，运贸易之经纶，恐窒碍滋多，流弊斯集。或致委重西人，取资洋款，数千万金，呫嗫立办，其词甚甘，其权在彼，利害之数未易计度。

臣惟银行者，商家之事。商不信，则力不合；力不合，则事不成。欲慎始而图终，必积小以成大。拟请简派大臣，遴选各省公正殷实之绅商，举为总董，号召华商，召集股本五百万两，先在京都、上海设立中国银行，其余各省会口岸，以次添设分行，照泰西商例，悉由商董自行经理。

臣前在上海与开设粤、闽、浙、沪、江、汉各海关官银号之绅商候选道严信厚议及银行之事。严信厚顾全大局，情愿以其独开之银号，归并公家之银行，使其气局宽展。并照汇丰银行规制，

以精纸用机器印造银票，与现银相辅而行，按存银之数为印票之数，以便随时兑现……银行用人办事，悉以汇丰章程为准则。合天下之商力，以办天下之银行。但使华行多获一分之利，即从洋行收回一分之权。并照西例，俟有余利，酌量提捐归公，预定章程遵守，商民既交得其便，国家即阴受其益……

　　1896年11月，恭亲王面告盛宣怀，大意是朝廷已准许俄国在京城开设中俄银行，如果中国事先不自设一银行，则利权将被俄国一网打尽。所以，清政府是最迫切地想看到这家银行如期开张的。1897年6月，银行正式开业，资本500万两，限华人持股。[①]

　　盛宣怀一生成就了许多功业，也置下了万贯家财。他说自己的一生还有三大憾事：没有中过进士，没有做过督抚，没有游历过西洋。他的价值观和抱负还属于传统一路，比他年轻一些的张謇（1853—1926）却有着不同的性格和理想。

　　张謇出身于江苏农家，1894年甲午科殿试，他从314名进士中脱颖而出，状元及第。这是一份巨大的荣誉，日后对他的事业助益良多。1882年，他被派往朝鲜供职，由于文才出众、办事用心，引起了李鸿章、张之洞等大员的注意。1895年，他本可担当重任，却决心投身实业。

　　张謇以状元从商而名声大噪。他厌恶官场的条条框框，更痛恨百无一用是书生的讥评。他痛感于日本之胜，决心改变中国的贫弱现状。李提摩太曾发表自己的改革主张，包括发展教育和实业、改善公共卫生和福利、提高大众生活水平等。张謇对李提摩太的建议

　　　　———————————

①《愚斋存稿初刊》，卷二十五，第12页。

颇为动心，将目光投向了自己的家乡——江苏通州。江苏的通州通常被称作"南通"，以别于北京附近的通州。南通产良棉，而甲午战后日本也在培育良种棉花。张謇白手起家，1898年在南通创建了大生纱厂。他既是工厂的管理者，又是官商之间的桥梁，毕竟官府的照顾是不可或缺的。张氏本人的意图在1897年大生纱厂的《厂约》中说得明白，现节录于下。

选文54　张謇的经济观

通州之设纱厂，为通州民生计，亦即为中国利源计。通产之棉，力韧丝长，冠绝亚洲，为日厂之所必需；花往纱来，日盛一日。捐我之产以资人，人即用资于我之货以售我，无异沥血肥虎，而袒肉以继之。利之不保，我民日贫，国于何赖？……是以二十一年（1895）冬，南皮督部既奏以下走经理其事，不自量度，冒昧肩承，中更人情之乖，益以商市之变，千磨百折，忍侮蒙讥，首尾五载，幸未终溃。是非下走才力智计之所能，盖大府矜谅于上，有司玉成于下，而二三同志君子贤人劢勤而提挈之力多也。今厂工已毕，纱机已开，凡我共事之人，既各任一事以专责成，事有权限，无溢于权限之外，无歉于权限之内，事庶举手。①

我们可以从本篇和其他文章中推测，张謇办实业成功的原因有以下两点：第一，有韧劲、肯吃苦；第二，同地方官员和督抚关系

①　原题《厂约》，见《张季子九录·实业录》卷一，第7—8页；又见张謇研究中心、南通市图书馆、江苏古籍出版社编：《张謇全集》（第三卷），南京：江苏古籍出版社，1994年，第18页。

良好，这一点多少得益于他状元的名声。他可能是第一个也是最后一个儒商。他多年工作不领薪水，有时旅费竟要靠卖字来筹。他还要同鄙夷弃儒从商的社会风气做斗争。1925 年，将要退休的张謇在股东会上发表了一份宣言，回顾了自己弃儒从商的历程：

謇不幸生当中国上下不接时代，投身实业所受之困辱，及年力已衰不堪重困久辱，须请股东举贤为代……况謇亦股东之一，视公司与地方自治、与全国实业，都有直接间接之关系，故认为亦广亦重也……

张謇农家而寒士也，自少不喜见富贵人，即有声望之要人，亦不轻见；见必不为屈下……年三十以后，即愤中国之不振；四十后中东事已，益愤而叹国人之无常识也，由教育之不革新。政府谋新矣而不当，欲自为之而无力。反复推究，当自兴实业始。然兴实业则必与富人为缘，而适违素守。又反复推究，乃决定捐弃所恃，舍身喂虎，认定吾为中国大计而贬，不为个人私利而贬，庶愿可达而守不丧。自计既决，遂无反顾。

一厂计自丙申至己亥（1896—1899），为负谤含垢，强力图成，无息赔息之一节；自庚子至辛丑（1900—1901）为渐转复厄、支柱危险之一节；自壬寅至丙午（1902—1906），为日进有功之一节；自丁未至乙卯（1907—1915），为平流而进之一节……二厂计自丁未至戊申（1907—1908），为整地建厂、无息赔息之一节，己酉至乙卯（1909—1915），为岁获赢余之一节……（一厂）总凡二十七年，赢利兼正余二者，凡九百九十六万四千六百余两……（二厂）开机后十六年，赢利兼正余二者，凡三百五十一万七千一百余两，合共一千三百四十八万一千七百余两……二十余年自己所得之公费

红奖，大都用于教育慈善公益，有表可按，未以累股东，而慷他人
之慨也……①

张謇待工人如慈父，仿照日本做法为工人兴建宿舍。1903年，
他曾赴日本一行。下面摘录几段张謇的日记，以见日本政治和实业
制度的影响：

日人治国若治圃，又若点缀盆供，寸石点苔，皆有布置。老
子言"治大国如烹小鲜"，日人知烹小鲜之精意矣。

日人治工业，其最得要在知以予为取，而导源于欧，畅流于
华，遂足分欧之利而兴其国。然大概工价，则过华或倍或二倍。
我政府而有意于通商惠工也，利过于日有五说焉：一、原料繁富，
二、谷足工廉，三、仿各国之长使利不泄，四、餍民生之好使不
愿外，五、与世界争进文明，其要则"以予为取"一语赅之。日
本凡工业制造品运往各国，出口时海关率不征税，转运则以铁道
就工厂，又不给则补助之。国家劝工之勤如是。然地少谷贵，工
资与制作之业并增均长，而言工业者犹务进不已也。与世界竞争
文明，不进即退，更无中立，日人知之矣。

回经安治川，观范多隆太郎所有之铁工所……能造汽车及浚
渫机船，匠目无欧洲人，台湾基隆有分场。我思上海制造局规模

---

① 原题《大生纱厂股东会宣言书》，见《张季子九录·实业录》卷八，第
33—36页；又见《张謇全集》（第三卷），第113—117页。

之大，经费之宏，几几十倍于此，曾未为农工实业造一船、制一械，以市于民而收其利，以助农商之业而分人以利。彼此相较何如也？……

日本士大夫为官、商，听其人志愿，方为官则一意官之事，及为商则一意商之事。华士大夫则方官而有商略，方商而有官式。[1]

到1910年，张謇不仅掌管着南通和上海的三座纱厂，还经营着航运公司，承运自己的产品，另有面粉厂、榨油厂、酿酒厂和盐业公司。短短十年，南通一跃成为一座工业城市。与此同时，南通还逐渐具备了从幼儿园到南通学院的一套教育体系。南通学院设有贸易、师范、蚕学、农学、医学、工程等学科。在慈善方面，南通还建起了育婴堂、养老院、残废院和盲聋学校，还有一座新式监狱。在文化设施方面，南通拥有了博物馆、图书馆和公园。这些进步大多是由张謇促成的。

张謇也因德高望重而被推任公职。他是20世纪初立宪运动的领袖，而且是江苏省谘议局的议长（1909—1911）。1912年，他受孙中山之邀入阁，出任实业总长，1913年至1915年任全国水利局总裁。在张謇的推动下，中国颁布了第一部公司法和破产法。然而，袁世凯并没有给他太多施展的空间，他不久就辞官回乡了。1917年，他在南通开办了一所伶工学校，邀请剧作家和名伶任教。1920年，他邀请梁启超和杜威（John Dewey）来伶工学校发表演说。胡适（1891—1962）在为《南通张季直先生传记》作的序中写道："他独

---

[1] 以上三段日记见《张季子九录·专录》卷四，第1—34页；又见《张謇全集》（第六卷），第482—794页。

力开辟了无数新路，做了三十年的开路先锋，养活了几百万人，造福于一方，而影响及于全国。"[1]

下面一段文字，是1913年张謇在就任汉冶萍公司总经理的典礼上的演说。这篇演说道出了他对工业化的总体想法，他尤其坚信棉、铁生产是中国进步之必需。这一观点在当时的中国并不如今天这样深入人心。

謇尝研究海关贸易册，知棉、铁两业，可以操经济界之全权。昔年从事棉业，困苦艰难，屡蹶而后振，顾于铁业，未涉津涯……但铁业为吾华一线生机，今日为世界各国所注目者，仅此一厂。办事人积十余年辛苦，苟不至矢尽援绝，决不肯半途而废……况十年树人，李君昔年所遣吴、李诸君，又自欧洲学成而返，他国人方为之震惊而叹服。正可再接再厉，努力进行……国家规永久之业，而用人惟贤，办事务实，则虽国有，而无弊害……[2]

1914年，张謇写了一封信敦促政府发展矿业：

窃闻制造之业莫重于钢铁，经济之原莫先于货币。东西各国靡不有炼钢制币之官厂及金银铜铁诸官矿，平时以供社会之要需，战时以备国家之缓急……

---

[1] 张孝若：《南通张季直先生传记》，第5页；又见欧阳哲生编：《胡适文集》（4），北京：北京大学出版社，2012年，第542—544页。
[2] 原题《汉冶萍就职演说》，见《张季子九录·实业录》卷五，第13—14页；又见《张謇全集》（第三卷），第793—794页。

新颁矿业条例，惟食盐、煤油二种定为国有，其他各矿在国家方力持开放主义，原无与民争利之心。然如铁如铅，不特为轮轨机械之所必需，亦实为枪炮弹药之原料，而采炼费巨，听民自为，动多流弊。似宜济以官力，免蹈汉冶萍覆辙。[①]

张謇的生平虽然尚未得到深入的研究，但有一点颇为明显：他极力弥合儒教与近代产业间的鸿沟，并且取得了相当的成就。

---

① 原题《拟具官营矿业办法呈》，见《张季子九录·呈文录》卷九，第3—5页；又见《张謇全集》（第二卷），第259页。

第 22 章

梁启超与民族主义

梁启超在20世纪初成为中国最有影响力的宣传家。梁氏在1898年戊戌变法时崭露头角，但还不敢与其师康有为立异。变法失败后，师徒二人逃亡海外，康有为的思想依然故我，而梁启超客居日本，一边办报，一边如饥似渴地阅读日文及其他新书，学术大进。梁氏以前言必称孟子，现在则言必称卢梭、孟德斯鸠；以前他也提倡"保教"，现在则试图在多方面突破乃师康有为的思想。

在日本，他办的刊物三易其名：1898年至1901年间名为《清议报》，1902年之后易名为《新民丛报》，1910年以后又改称《国风报》。其中《清议报》的名头最为响亮。自强运动、维新运动一败再败之余，梁启超意识到不仅中国的政治和社会制度需要改变，中国人自身也要经历脱胎换骨的改造，所以"新民"二字就成为其刊名。其目的就是掀起一场新的爱国主义的文化运动。

1900年之后的十年，清朝覆亡在即之兆已经越来越明显。中国士大夫脑后的"反骨"一下露了出来，纷纷著书立说，倡导改革，更深入地思考和理解这三千年未有之大变局。梁启超代表了改良派的主流。他和孙中山不同，孙是一位实践家，而梁则象征着中国读书人的伟大学术传统，直面西方带来的前所未有的问题。梁氏渊博的学问和生花的妙笔，赋予其文章以巨大的魔力。他不仅为一代中国人普及了爱国心和公民权的思想，同时也是一般政治理论的启蒙者。下面的选文《新民说》作于1902年，发表于《新民丛报》第一号，该文既能承上，包含了儒学的精义，又能启下，对后世产生了不可估量的影响。1937年，华北的日伪政权为对抗国民党的三民主义，曾炮制出"新民主义"。毛泽东的"新民主主义"在语义学上也是梁氏"新民"之说的近属。

八股废后，年轻学子写文章失去了固定的范本，民国年间的学校就把梁启超的文章当范本来用，于是梁氏之文洛阳纸贵，直到20世纪30年代仍是如此。梁氏"其文条理明晰，笔锋常带情感"，唤起了一代人去思索和应对新的问题。梁启超是一位不断变化的思想家，无论其最终定位如何，他对20世纪初爱国情绪的高扬都居功至伟。

选文55　梁启超《新民说》①

国也者，积民而成。国之有民，犹身之有四肢、五脏、筋脉、血轮也。未有四肢已断，五脏已瘵，筋脉已伤，血轮已涸，而身犹能存者；则未有其民愚陋怯弱，涣散混浊，而国犹能立者。故欲其身之长生久视，则摄生之术不可不明，欲其国之安富尊荣，则新民之道不可不讲。

---

① 《新民丛报》，1902年1月；又见《饮冰室合集·专集之四》，第1—7页。

论新民为今日中国第一急务

吾今欲极言新民为当务之急，其立论之根柢有二：一曰关于内治者，一曰关于外交者。

所谓关于内治者何也？天下之论政术者多矣，动曰：某甲误国，某乙殃民，某之事件政府之失机，某之制度官吏之溺职……若是者，吾固不敢谓为非然也。虽然，政府何自成？官吏何自出？斯岂非来自民间者耶？某甲、某乙者，非国民之一体耶？……然则苟有新民，何患无新制度，无新政府，无新国家？非尔者，则虽今日变一法，明日易一人，东涂西抹，学步效颦，吾未见其能济也。夫吾国言新法数十年而效不觌者，何也？则于新民之道未有留意者也……

所谓关于外交者何也？自十六世纪以来，约四百①年前，欧洲所以发达，世界所以进步，皆由民族主义（Nationalism）所磅礴冲激而成。民族主义者何？各地同种族同言语同宗教同习俗之人，相视如同胞，务独立自治，组织完备之政府，以谋公益而御他族是也。此主义发达既极，驯至十九世纪之末（近二三十年），乃更进而为民族帝国主义（National Imperialism）。民族帝国主义者何？其国民之实力，充于内而不得不溢于外，于是汲汲焉求扩张权力于他地，以为我尾闾。其下手也，或以兵力，或以商务，或以工业，或以教会，而一用政策以指挥调护之是也……而今于东方大陆，有最大之国，最腴之壤，最腐败之政府，最散弱之国民，彼族一旦窥破内情，于是移其所谓民族帝国主义者，如群蚁之附

---

① 译者按：梁氏原文作"三百"，英译本改作"四百"，今从英译。

疆，如万矢之向的。虽然而集注于此一隅，彼俄人之于满洲，德人之于山东，英人之于扬子江流域，法人之于两广，日人之于福建，亦皆此新主义之潮流，迫之不得不然也……故今日欲抵挡列强之民族帝国主义，以挽浩劫而拯生灵，惟有我行我民族主义之一策；而欲实行民族主义于中国，舍新民末由。

今天下莫不忧外患矣。虽然，使外而果能为患，则必非一忧之所能了也。夫以民族帝国主义之顽强突进如彼其剧，而吾犹商榷于外之果能为患与否，何其愚也！吾以为患之有无，不在外而在内。夫各国固同用此主义也，而俄何以不施诸英？英何以不施诸德？德何以不施诸美？欧美诸国何以不施诸日本？亦曰：有隙与无隙之分而已……然则为中国今日计，必非恃一时之贤君相而可以弭乱，亦非望草野一二英雄崛起而可以图成。必其使吾四万万人之民德、民智、民力，皆可与彼相埒，则外自不能为患，吾何为而患之？……

释新民之义

新民云者，非欲吾民尽弃其旧以从人也。新之义有二：一曰淬厉其所本有而新之，二曰采补其所本无而新之。二者缺一，时乃无功……

凡一国之能立于世界，必有其国民独具之特质。上自道德法律，下至风俗习惯、文学美术，皆有一种独立之精神，祖父传之，子孙继之，然后群乃结，国乃成。斯实民族主义之根柢、源泉也。我同胞能数千年立国于亚洲大陆，必其所具特质，有宏大高尚完美厘然异于群族者，吾人当保存之而勿失坠也。虽然，保之云者，非任其自生自长，而漫曰"我保之，我保之"云尔。譬诸木然，非岁岁有新芽之茁，则其枯可立待；譬诸井然，非息息有新泉之涌，则其涸不移时。夫新芽、新泉，岂自外来者耶？旧也而不得不谓之新，惟其日新，正所以全其旧也……

故今日不欲强吾国则已，欲强吾国，则不可不博考各国民族所以自立之道，汇择其长者而取之，以补我之所未及。今论者于政治、学术、技艺，皆莫不知取人长以补我短矣，而不知民德、民智、民力实为政治、学术、技艺之大原。不取于此而取于彼，弃其本而鹜其末，是何异见他树之蓊郁而欲移其枝以接我槁干，见他井之汩涌而欲汲其流以实我瞽源也！故采补所本无以新我民之道，不可不深长思也。

世界上万事之现象不外两大主义，一曰保守，二曰进取。人之运用此两主义者，或偏取甲，或偏取乙；或两者并起而相冲突，或两者并存而相调和。偏取其一，未有能立者也。有冲突则必有调和，冲突者，调和之先驱也。善调和者，斯为伟大国民，盎格鲁撒逊人种是也……故吾所谓新民者，必非如心醉西风者流，蔑弃吾数千年之道德、学术、风俗，以求伍于他人，亦非如墨守故纸者流，谓仅抱此数千年之道德、学术、风俗，遂足以立于大地也。

第 23 章

孙中山早年的革命方略

梁启超是士林领袖，一度踏入权力中心，而且大有希望再度踏入。与四海想望风采的梁氏相比，早年的孙中山可以说是个文化边缘人。他上过故乡的私塾，后来又在夏威夷和香港上学，受了完整的西医教育，而对中国的学问只是一知半解，所以从未成为上层读书人的一员。他同日本的自由主义-扩张主义者一道谋划革命，在海外华商和洗衣工中宣传革命，最终成立了追随者的组织，以资助革命。孙中山和国民党发源于中西交汇的边缘地带。他本人和许多追随者都来自珠江三角洲，这里海外贸易传统之悠久是中国其他任何地方所不及的，而且这里也是排外主义的急先锋。孙氏的思想不属于儒家——可以说他不属于任何一"家"——这使得他能够在激变的社会中扮演一个思想不断转变的角色。

1884年至1885年的中法战争以后，孙中山领导的革命就小规模地展开了，同清政府的改革几乎并驾齐驱。在这个早期阶段，孙中山没有提出任何明确的政治纲领，他改造中国的事业与他屡败屡战的反清密谋相比，进展要缓慢得多。

到了甲午战争时，孙中山的思想更为笃定，其发展大致可分为两个时期。1894年写就的《上李鸿章书》和《兴中会章程》最能代

表第一个时期。《上李鸿章书》主要谈发展经济的计划，孙中山主张
发展经济才是救国之要，船炮并不足恃。从下面的选文可以看出，
孙中山几乎只关心培养人才和改进技术；信中只表达了对"西艺"
的热望，而丝毫未流露出改造社会的兴趣：

> 窃尝深维欧洲富强之本，不尽在于船坚炮利、垒固兵
> 强，而在于人能尽其才，地能尽其利，物能尽其用，货能畅
> 其流……

> 故教养有道，则天无枉生之才；鼓励以方，则野无郁抑
> 之士；任使得法，则朝无幸进之徒。斯三者不失其序，则人
> 能尽其才矣……

> 故农政有官则百姓劝勤，农务有学则树畜精，耕耨有器
> 则人力省，此三者，我国所当仿行以收其地利者也……

> 倘能推广机器之用，则开矿治河，易收成效，纺纱织布，
> 有以裕民……天生之物如光、热、电者，各国之所共，在穷
> 理之浅深以为取用之多少。地产者如五金、百谷，各国所自
> 有，在能善取而善用之也。人成之物，则系于机器之灵笨与
> 人力之勤惰……

> 所谓货能畅其流者，在关卡之无阻难，保商之有善法，
> 多轮船铁道之载运也……谋富强者，宜急为留意于斯，则天
> 下幸甚！……

夫人能尽其才则百事兴，地能尽其利则民食足，物能尽其用则材力丰，货能畅其流则财源裕。故曰：此四者，富强之大经，治国之大本也……夫天下之事，不患不能行，而患无行之人。方今中国之不振，固患于能行之人少，而尤患于不知之人多。夫能行之人少，尚可借材异国以代为之行；不知之人多，则虽有人能代行，而不知之辈必竭力以阻挠。此昔日国家每举一事，非格于成例，辄阻于群议者。此中国之极大病源也……

窃维我中堂自中兴而后，经略南北洋，孜孜然以培育人才为急务……如文者亦当在陶冶而收用之列，故不自知其驽下，而敢求知于左右……

窃维今日之急务，固无逾于此四大端，然而条目工夫不能造次，举措施布各有缓急。虽首在陶冶人才，而举国并兴学校，非十年无以致其功……民以食为天，此农政之兴尤为今日之急务也……窃以我国家自欲行西法以来，惟农政一事未闻仿效……

文今年拟有法国之行，从游其国之蚕学名家……并拟顺道往游环球各邦，观其农事……惟深望于我中堂有以玉成其志而已……①

---

① 以上诸段见邹鲁：《中国国民党史稿》（上），上海：东方出版中心，2011年，第4—12页。

据谙熟国民党掌故的邹鲁说，李鸿章对这封信很感兴趣，并发给孙中山农学会筹款护照。

然而，孙中山看到李鸿章年已垂暮，锐气尽失，无意事业，且无洞烛大局之眼光，加之清军败于日本，朝廷威信扫地，于是前往檀香山组织兴中会。如果当时李鸿章将孙中山揽入幕府或畀以他职，孙的人生将会全然改写，孙中山就不会是后来的孙中山了。

《兴中会章程》声言要解决中国的政治问题。孙中山同三合会等秘密会党有联络。三合会在华南和海外势力最大，当时也在鼓动反清。《章程》主要鞭挞了清政府的腐败暗弱，其目标是振兴中华，内抗官府压迫，外抗列强欺凌，其措辞大都含混曲折。对于对现实强烈不满的人们来说，共和主义仍然缺乏号召力。

据孙中山自己说，他的三民主义理论框架形成于旅欧的两年间（1896—1898）。当时他发现欧洲尽管科学技术进步，民族主义发达，也还是为社会和经济问题所困。于是，他萌生了民生主义的想法。在西欧，孙中山除了接受智识上的熏陶，还经历了一场戏剧性的绑架。1896年，他被中国驻伦敦公使馆拘留，在英国友人和英国外交部的帮助下才躲过一劫。经过这次惊心动魄的劫难，他决心将自己的革命目标具体化。大概正是由于这个缘故，他从此开始空前地重视掌握领导权。然而，孙氏并没有完全抛弃对旧官僚的幻想，据说他在义和团运动时曾再次联络李鸿章，劝他宣布广东独立，成立民主国。结果信送出去如石沉大海，杳无回音。

1900年的庚子之变标志着孙中山早期的革命思想开始向第二个时期转变。此时，革命的目标已经确定为共和主义，鼓动革命的情感是民族主义，实行革命的手段则是暴力。孙中山就像1789年的法国人那样，相信所有的旧制度都将被粉碎，新制度则会取而代之。

此外，他还为革命制定了详细的方案，相信革命可以按图索骥而成，足见他还受到了19世纪科学崇拜的影响。

1905年，同盟会于东京成立。孙氏的上述思想都凝结在同盟会的成立宣言中。《同盟会宣言》中制定的方略，孙中山称之为"革命方略"，其中政治问题居首要地位。孙中山仅仅靠着这一桩功劳，就应该被历史铭记：他提出了中国现代政治革命的核心思想——"训政"。所谓"训政"，就是由一个临时政府来训练不习惯参政的民众，使其最终达到能够参与民主宪政的程度。《宣言》中制定的三个阶段纵使在政治实践上并不成功，但其理论价值依然不可磨灭。

1905年的《同盟会宣言》揭示了一条货真价实的革命思想——平均地权。虽然老套，却有感召力。平均地权的主张和上文提到的其他主张之所以会出现在这里，无疑是因为《宣言》是近代中国第一份明确为政治革命而起草的文件。还有一点值得留意：此前似乎没有任何一位大儒或高官讲过，平均地权应该是自强运动或维新变法的题中之义。本书在前文虽然涉及了一长串人物，但是他们无一例外地回避根本革新中国生活方式的想法。梁氏和孙氏之前的士大夫都没有设想过，将农民提升为有文化、有恒产、经济独立、政治有权的公民。而梁启超关注更多的也是"新民"的义务，而非权利。即便是孙中山自己，也不能将土地改革置于其革命方略的首位。"平均地权"这一西方自由主义概念，已不知不觉地渗入20世纪初的中国。尽管清王朝已气息奄奄，但是慈禧太后和张之洞对平均地权的思想都不会正眼瞧一下。因为这一思想和旧制度的基础——官僚士绅阶层的特权——是对立的。

1905年的《同盟会宣言》除了提出革命派的目标，也是将来起义后革命政权的布告。

选文56　《同盟会宣言》（1905年）①

天运岁次　年　月　日，中华革命军军都督奉军政府令，以军政府之宗旨及条理，布告国民。

今者国民军起，立军政府，涤二百六十年之膻腥，复四千年之祖国，谋四万万人之福祉，此不独军政府责无旁贷，凡我国民皆当引为己责者也。维我中国开国以来，以中国人治中国，虽间有异族篡据，我祖我宗常能驱除光复，以贻后人。今汉人倡率义师，殄除胡虏，此为上继先人遗烈，大义所在，凡我汉人当无不晓然。惟前代革命如有明及太平天国，只以驱除光复自任，此外无所转移。我等今日与前代殊，于驱除鞑虏、恢复中华之外，国体民生当与民变革，虽纬经万端，要其一贯之精神则为自由、平等、博爱。故前代为英雄革命，今日为国民革命。所谓国民革命者，一国之人皆有自由、平等、博爱之精神，即皆负革命之责任，军政府特为其枢机而已。自此以往，国民之责任即军政府之责任，军政府之功即国民之功，军政府与国民同心勠力，以尽责任。用特披露腹心，以今日革命之经纶暨将来治国之大本，布告天下：

一、驱除鞑虏。今日之满洲，本塞外东胡。昔在明朝，屡为边患。后乘中国多事，长驱入关，灭我中国，据我政府，迫我汉人为其奴隶，有不从者，杀戮亿万。我汉人为亡国之民者，二百六十年于斯。满政府穷凶极恶，今已恶贯。义师所指，覆彼政府，还我主权。其满洲汉军人等，如悔悟来降者，免其罪；敢

①《中山全书》（四），"宣言"第1—4页；又见《孙中山选集》，北京：人民出版社，2011年，第81—84页，题为《军政府宣言》。译者按：据陈锡祺主编《孙中山年谱长编》，该宣言系孙中山与黄兴、章太炎合作编制于1906年秋冬间。

有抵抗，杀无赦！汉人有为满奴以作汉奸者，亦如之。

二、恢复中华。中国者，中国人之中国；中国之政治，中国人任之。驱除鞑虏，光复我民族的国家。敢有为石敬瑭、吴三桂之所为者，天下共击之！

三、建立民国。今者由平民革命以建国民政府，凡为国民皆平等以有参政权。大总统由国民公举。议会以国民公举之议员构成之。制定中华民国宪法，人人共守。敢有帝制自为者，天下共击之。

四、平均地权。文明之福祉，国民平等以享之。当改良社会经济组织，核定天下地价。其现有之地价，仍属原主所有；其革命后社会改良进步之增价，则归于国家，为国民所共享。肇造社会的国家，俾家给人足，四海之内无一夫不获其所。敢有垄断以制国民之生命者，与众弃之！

右四纲，其措施之次序则分三期：第一期为军法之期。义师既起，各地反正，土地人民新脱满洲之羁绊，其临敌者宜同仇敌忾，内辑族人，外御寇仇，军队与人民同受治于军法之下。军队为人民勠力破敌，人民供军队之需要，及不妨其安宁。既破敌者，及未破敌者，地方行政，军政府总摄之，以次扫除积弊，军政府之权利义务，悉规定于约法。政治之害，如政府之压制、官吏之贪婪、差役之勒索、刑罚之残酷、抽捐之横暴、辫发之屈辱，与满洲势力同时斩绝。风俗之害，如奴婢之畜养、缠足之残忍、鸦片之流毒、风水之阻害，亦一切禁止。并施教育，修道路，设警察、卫生之制，兴起农工商实业之利源。每一县以三年为限，其未及三年已有成效者，皆解军法，布约法。

第二期为约法之治。每一县既解军法之后，军政府以地方自治权归之其地之人民，地方议会议员及地方行政官皆由人民选举。凡军政府对于人民之权利义务，及人民对于军政府之权利义务，悉规定于约法，军政府与地方议会及人民各循守之，有违法者，负其责任。以天下平定后六年为限，始解约法，布宪法。

第三期为宪法之治。全国行约法六年后，制定宪法，军政府解兵权、行政权，国民公举大总统及公举议员以组织国会。一国之政事，依于宪法以行之。

此三期，第一期为军政府督率国民扫除旧污之时代；第二期为军政府授地方自治权于人民，而自总揽国事之时代；第三期为军政府解除权柄，宪法上国家机关分掌国事之时代。俾我国民循序以进，养成自由平等之资格，中华民国之根本胥于是乎在焉。

以上为纲有四，其序有三。军政府为国勚力，矢信矢忠，终始不渝。尤深信我国民必能踔厉坚忍，共成大业。汉族神灵，久煜耀于四海，比遭邦家多难，困苦百折，今际光复时代，其人人各发扬其精色。我汉人同为轩辕之子孙，国人相视，皆伯叔兄弟诸姑姊妹，一切平等，无有贵贱之差、贫富之别；休戚与共，患难相救，同心同德，以卫国保种自任。战士不爱其命，闾阎不惜其力，则革命可成，民政可立，愿我四万万人共勉之！

第七部分

意识形态潮流与五四运动

1912—1923

第 24 章

寻找新主义

（一）异彩纷呈的新思想

久衰之余的清帝国在1912年轰然倾覆。袁世凯随即迅速掌权，人们不禁感到辛亥革命是历史的失败。产生幻灭感的不单是国父孙中山一人，许多知识分子都茫然无所适从。以忠君为核心的政治和道德的旧规范已经崩坏，而适合议会政治的新规范并未建立。

后续的事件说明，1912年清朝的灭亡和1916年袁世凯的去世确实"揭开了盖子"。在当时紧张政局的刺激下，各种意识形态、社会运动、社会实验都狂热地迸发出来。现代中国的许多知识分子都有留洋经历。六年之中，他们经历了一连串剧变：1913年国民党反袁的二次革命，1914年日本从德国手中夺取胶州，1915年日本提出"二十一条"。他们还见证了1916年袁世凯称帝失败、中国参加第一次世界大战、俄国革命、协约国出兵西伯利亚，以及1919年巴黎和会上反对将德国在山东的利权转让给日本的斗争。1919年的五四运动迎来了中国历史的新纪元，这一点也不奇怪。

1912年至1923年的11年，时间晚近且变化剧烈，研究起来着实棘手。历史学家们对这段历史也视而不见，实堪浩叹。这11年是现代中国思想伟大的萌芽时期，此点应予体现。导论中已经说过，本书的下限不会超过1923年，因为1923年之后马克思列宁主义对中国思想和政治的影响明显成为有待研究的核心问题，这一问题留待其他人在其他地方解决。所以，本书对1912年至1923年的考察是最不充分、最不惬人意的一部分——仅仅是强调了研究它的必要性而已。

　　本章首先选取了蔡元培（1868—1940）的两篇文章。他的思想是中国古典传统和欧洲现代自由主义相结合的产物。陈独秀（1879—1942）早年与蔡氏类似，崇尚法国大革命的思想，特别强调个人自由。后来，他和李大钊（1889—1927）都转向了列宁主义。这个与俄国革命一致的倾向，导致了根本上的分裂。胡适是杜威的学生，标举实用主义，代表了五四运动的另外一翼。五四一代涌现出了不少政治家，他们分属两个阵营，而这两个阵营最终将世界一分为二。这一时期还有一些政治领袖是脚跨两个阵营的，这一点也不能忽视。

　　1911年之后不同的思想派别，都发源于对一个共同的问题的探索：共和时期的价值和目标为何？中华文明的深刻危机使得这种探索非常迫切，毕竟这是所有知识分子都密切关注的。观点的碰撞很快触及了"大本大原"问题：物质与精神的关系，科学方法的意义，唯物主义和民族主义的优点，全盘西化抑或保留"国粹"，社会主义、无政府主义、共产主义，等等。所有的讨论都致力于中国意识形态的重建。

　　读下面几篇文章之前，我们不妨先注意几位大牌政论家的言论。第一次世界大战期间和之后，中国社会对西方物质文明的厌恶和反感借辜鸿铭之口表达了出来。辜氏认为西方功利主义的文化无法滋养心灵，而中国的精神文明则至善至美，不但足以拯救中国，而且可以将西方从文化危机中拯救出来。辜氏认为，西方文明的基础无非是物质至上、恐怖和贪婪。他激烈地排拒科学、机器、轮船和铁路，劝说国人寻求内心的富足，过中国式的生活。作为一种姿态，他不顾非议，一直留着辫发。

在人生的最后阶段，梁启超也对西方怀有同样的反感。第一次世界大战后他游历欧洲，写下了游记《欧游心影录》，认为欧洲过度崇尚科学，过度发展物质文明，滋养了弱肉强食的风气，造成了人人互相为敌的社会；西方文明已然破产，科学发明助长了战争和对文化特质的无情破坏。整个欧洲社会似乎都陷入了一种怀疑、悲伤和恐惧的状态——简言之，陷入了精神世界的迷惘。

在这一问题上，胡适与梁启超意见相左。胡适批评那些认为西方文明是物质文明、东方文明是精神文明的人。他认为，一种文化的物质和精神两面不是非此即彼的，也不是对立的；精神文化必须建立在物质文化的基础之上。他指出，西方文化并没有忽视人类的精神需求。胡适信奉的是杜威的实用主义。

吴稚晖（即吴敬恒，1865—1953）以铁杆国民党员闻名于时。他接受过传统教育，却是西方科学文明的坚定拥趸。他为唯物主义辩护的文章，除了他的追随者曾撰文提及，还未得到认真研究。吴稚晖代表着国民党元老中一条影响不小的思想路线。

张东荪（1886—1973）代表着民国初年的折中主义哲学流派。张氏既是哲学家、宣传家，也是一位大学教授。从清末起，他的思想一直随时代的变化而变化，在20世纪40年代，他成为民盟的领导人。第一次世界大战前期，他主张中国须深入地吸收西方文化。后来，通过对中国社会的亲身观察，他又认为中国不能完全跟着西方走，自从中国接受了西方文化，政治变得波诡云谲，社会不再风平浪静，而实实在在的进步却微乎其微。张氏认为，如果中国完全采纳西方的物质文化，社会就会变得畸形；最好的出路是复兴中国的精神文化，以平衡西方的物质文化。

章行严（即章士钊，1881—1973）曾留学日本和英国，精通法学和逻辑学，以文笔简明畅达著称。他是1914年创立的《甲寅杂志》的主笔，翻译了白芝浩（Walter Bagehot）、莫烈（John Morley）等人的著作。章氏早年一度鼓吹自由宪政，最终却成为西方政治制度的反对者。他反对西方制度的出发点是，中国是一个农业国。将工业国的政治制度强加在这样一个农业国之上，就像羊披虎皮扮的假老虎，永远也打不过真老虎。中国的精神在于安贫乐道，西方人却看重财货，用金钱左右政治。章氏认为，中国的工业尚处在婴儿期，农业也欠发达，此时照搬西方的政治制度将铸成大错。

刘师复（1884—1915），广东人，中国最早的无政府主义的鼓吹者，宣传无政府主义的晦鸣学社就是由他创立的。1907年，同盟会重要人物李石曾（即李煜瀛，1881—1973）在巴黎创办《新世纪》周报，将巴枯宁和克鲁泡特金的学说介绍给国人。随着1910年《新世纪》停刊和1915年刘师复去世，无政府主义运动就暂时偃旗息鼓了。五四运动兴起后，吴稚晖和李石曾由法国回国，他们仍然推崇无政府主义，但究其实际内容，却已非复当年。

显然，要这样一一列出每个人的思想，永远也列不完。我们还略去了章炳麟（即章太炎，1868—1936[1]）这个国粹派的老顽固。章氏早年参加革命，任东京同盟会机关报《民报》的主笔，晚年却拼

---

[1] 译者按：章太炎生于同治七年十一月三十日，即1869年1月12日，原书所言不确。

命反对新思潮和白话文运动。民国初年，这种前后见解截然两分的名人比比皆是。在下一章，我们试图勾勒出某些知识领袖有代表性的思想进展。

20世纪的中国变化太过剧烈，如果你坚持一个观点，纵使这个观点当时是激进的，然而转瞬之间就会显得保守了。日后严肃的研究或许能够证实这个猜想：中国知识精英的价值观和文化理想的变迁，有一明确的趋势贯穿其中，这个趋势指向的正是群众革命运动。值得注意的是，蔡元培、陈独秀、李大钊、胡适和梁启超都是北京知识界的中心人物，同属一个社会阶层和群体。蔡元培1912年至1919年间的几篇文章，以及胡适1919年至1922年间的文章①，都说明了西方自由主义传统正在茁壮成长。而我们选取的陈独秀1915年至1923年间的文章②，显示出他抛弃了个人主义，转而将马克思主义奉为中国图存的新指针——这一趋势在当时的美国还鲜有人谈论，到了20世纪下半叶才开始得到关注。无独有偶，梁启超在1922年写了一篇《五十年来中国进化概论》③（在这50年中，他有很长一段时间投身于实际政治），其文举重若轻，议论精妙。读罢此文可知，尽管梁氏的思想因时而变，但在1922年，他对理性和进步的信念依然同辛亥时期无异。与之相反，孙中山在1919年至1923年间，明显经历了一次与陈独秀相似的大转变。

可以说，参加革命最为积极的知识分子都是抛弃了西方自由传统的人，区别只在于有人抛弃得彻底些，有人抛弃得少一些。似乎要凝聚革命力量，就非抛弃自由主义不可。我们无须细究早年的陈

---

① 见第26章。

② 见第25章。

③ 见第28章。

独秀和孙中山有几分是真"自由主义者",也不用去管他们后来接受了几分马列主义。即便如此,我们仍然可以说,20世纪20年代中国的革命政治已经证明,从西方自由主义出发直接解决中国问题已不可能。于是,在1923年,中国历史的新纪元到来了,本书也就此画上句号。

(二)蔡元培与教育自由

蔡元培是民国初年著名的自由主义教育家。他曾先后担任民国首任教育总长(1912—1913)、北京大学校长(1917—1927)、中央研究院首任院长(1928—1940)。中央研究院是国民政府时期中国的最高研究机构。正是因为他早年对教育自由的争取,五四运动才得以孕育,新思潮才成为可能。中国的上一代政治和学术精英多曾求学于北大,并受到蔡元培的影响。

蔡元培是一个厉害角色。他接受的是传统教育,而且一举登科,点了翰林。然而,他的思想并没有被儒家的条条框框所限。他反对儒家的繁文缛节,反对学校供奉孔子,提倡将儒家经典分散在文学、史学、哲学等现代学科之中,做科学的研究,而不要求所有学生必修。

蔡元培熟悉西方哲学,对克鲁泡特金、达尔文、尼采、冯特、勒庞等人的学说兴趣尤浓。1912年,他退出民国第一届内阁后远赴欧洲,游学于莱比锡大学。在"一战"期间的法国,他写了两部著作,一部关于哲学原理,一部关于欧洲美学史。他的《中国伦理学史》(1931)也是辞约旨博。蔡元培是公认的学贯中西的大家,但他的主要贡献还是提倡教育自由和思想自由。他相信,学术机构应该免受政府干预。国民党的宣传家曾经称赞，蔡元培领导的知识运动"旨在发现西方富强之原，取其精华纳入中国固有之哲学，在知识和精神上实现新融合，从而使华夏旧文明重获新生"。他在道德操守上堪称表率。虽然身为国民党元老，但他晚年辞职，隐居香港而终，只因看不惯乌烟瘴气的南京政府。

从下面的文章中可以看出，蔡氏思想中有着明显的康德烙印，在担任教育总长期间，他坚持不懈地追寻中西道德哲学的相通之处。

选文57　蔡元培《对于教育方针之意见》（1912年）[1]

近日在教育部与诸同人新草学校法令，以为征集高等教育会议之预备，颇承同志饷以谠沦。顾关于教育方针者殊寡，辄先述鄙见以为喤引，幸海内教育家是正之。

教育有二大别：曰隶属于政治者，曰超轶乎政治者。专制时代（兼立宪而含专制性质者言之），教育家循政府之方针以标准教育，常为纯粹之隶属政治者。共和时代，教育家得立于人民之地位以定标准，乃得有超轶政治之教育。

清之季世，隶属政治之教育，腾于教育家之口者，曰军国民教育。夫军国民教育者，与社会主义僢驰，在他国已有道消之兆。然在我国，则强邻交逼，亟图自卫，而历年丧失之国权，非凭借武力，势难恢复。且军人革命以后，难保无军人执政之一时期，非行举国皆兵之制，将使军人社会永为全国中特别之阶级，而无以平均其势力。则如所谓军国民教育者，诚今日所不能不采者也。

---

[1] 新潮社编：《蔡子民先生言行录》，长沙：岳麓书社，2010年，第91—98页。

虽然，今之世界所恃以竞争者，不仅在武力，而尤在财力。且武力之半，亦由财力而孽乳。于是有第二之隶属政治者，曰实利主义之教育，以人民生计为普通教育之中坚。其主张最力者，至以普通学术，悉寓于树艺、烹饪、裁缝及金、木、土工之中。此其说创于美洲，而近亦盛行于欧陆。我国地宝不发，实业界之组织尚幼稚，人民失业者至多，而国甚贫。实利主义之教育，固亦当务之急者也……

军国民、实利两主义，所以补自卫自存之力之不足。道德教育，则所以使之互相卫互相存，皆所以泯营求而忘人我者也。由是而进以提撕实体观念之教育。

提撕实体观念之方法如何？曰：消极方面，使对于现象世界，无厌弃而亦无执著；积极方面，使对于实体世界，非常渴慕而渐进于领悟。循思想自由、言论自由之公例，不以一流派之哲学、一宗门之教义梏其心，而惟时时悬一无方体无始终之世界观以为鹄。如是之教育，吾无以名之，名之曰世界观教育。虽然，世界观教育非可以旦旦而聒之也。且其与现象世界之关系，又非可以枯槁单简之言说袭而取之也。然则何道之由？曰美感之教育。

美感者，合美丽与尊严而言之，介乎现象世界与实体世界之间而为津梁。此为康德所创造，而嗣后哲学家未有反对之者也。在现象世界，凡人皆有爱恶惊惧喜怒悲乐之情，随离合生死祸福利害之现象而流转。至美术则即以此等现象为资料，而能使对之者，自美感以外，一无杂念。例如采莲煮豆，饮食之事也，而一入诗歌，则别成兴趣。火山赤舌，大风破舟，可骇可怖之景也，而一入图画，则转堪展玩。是则对于现象世界，无厌弃而亦无执著也。人既脱离一切现象世界相对之感情，而为浑然之美感，则即所谓与造物为友，而已接触于实体世界之观念矣。故教育家欲由现象世界而引以到达于实体世界之观念，不可不用美感之教育。

五者皆今日之教育所不可偏废者也。军国民主义、实利主义、德育主义三者，为隶属于政治之教育。（吾国古代之道德教育，则间有兼涉世界观者，当分别论之。）世界观、美育主义二者，为超轶政治之教育⋯⋯

本此五主义而分配于各教科，则视各教科性质之不同，而各主义所占之分数亦随之而异。国语国文之形式，其依准文法者属于实利，而依准美词学者，属于美感。其内容则军国民主义当占百分之十，实利主义当占其四十，德育当占其二十，美育当占其二十五，而世界观则占其五⋯⋯

满清时代，有所谓钦定教育宗旨者，曰忠君，曰尊孔，曰尚公，曰尚武，曰尚实。忠君与共和政体不合，尊孔与信教自由相违（孔子之学术，与后世所谓儒教、孔教当分别论之。嗣后教育界何以处孔子，及何以处孔教，当特别讨论之，兹不赘），可以不论。尚武，即军国民主义也。尚实，即实利主义也。尚公，与吾所谓公民道德，其范围或不免有广狭之异，而要为同意。惟世界观及美育，则为彼所不道，而鄙人尤所注重，故特疏通而证明之，以质于当代教育家，幸教育家平心而讨论焉。

选文58节选自蔡元培致林纾（字琴南，1852—1924）的公开信。林纾当时是北大保守教员阵营的一员。[1] 这封回信有两个背景值得注

---

[1] 译者按：1906年秋，林纾任京师大学堂预科和师范馆经学教员，1913年辞去北大教职，1915年起执教于正志学校，1919年时仍在该校，并非北大教员。

意：第一，它作于五四运动爆发六周之前，信中提倡学术思想之自由，议论鞭辟入里，正是当时自由奔放的开创性时代精神的象征；第二，写作这封信的1919年，正是儒家帝国的旧统已然斩绝，而现代政党政治的新统尚未能起而代之的时代。

选文58　蔡元培治理北京大学的方针（1919年）①

至于弟在大学，则有两种主张如下：

（一）对于学说，仿世界各大学通例，循"思想自由"原则，取兼容并包主义，与公所提出之"圆通广大"四字，颇不相背也。无论有何种学派，苟其言之成理，持之有故，尚不达自然淘汰之运命者，虽彼此相反，而悉听其自由发展。此义已于《月刊》之发刊词言之，抄奉一览。【编者按：《月刊》发刊词作于1918年11月，其中写道："所谓大学者，非仅为多数学生按时授课，造成一毕业生之资格而已也，实以是为共同研究学术之机关。研究也者，非徒输入欧化，而必于欧化之中为更进之发明；非徒保存国粹，而必以科学方法，揭国粹之真相。"】

（二）对于教员，以学诣为主。在校讲授，以无背于第一种之主张为界限。其在校外之言动，悉听自由。本校从不过问，亦不能代负责任。例如复辟主义，民国所排斥也，本校教员中，有拖长辫而持复辟论者，以其所授为英国文学，与政治无涉，则听之。筹安会之发起人，清议所指为罪人者也，本校教员中有其人，以其所授为古代文学，与政治无涉，则听之。嫖赌娶妾等事，本校

①《蔡孑民先生言行录》，第165页。

进德会所戒也，教员中间有喜作侧艳之诗词，以纳妾狎妓为韵事，以赌为消遣者。苟其功课不荒，并不诱学生而与之堕落，则姑听之。夫人才至为难得，若求全责备，则学校殆难成立。且公私之间，自有天然界限……

第 25 章

早期马克思主义者

　　如果共和是中国政治问题的答案，那么新时代中国的智识生活应该是怎样的？从1911年起直到1923年，知识界的领袖们怀着各种各样的实验的态度。例如，陈独秀、胡适、蔡元培等人都从尼采那里汲取思想资源。这一时期的实验和探索还有不少：将西方思想的表达引入民国的思想之中；创造新的白话文学；单一制与联邦制的论战；科学与人生观的论战。这一时期，一些知识分子对西方自由主义产生了幻灭感，转向辩证唯物主义。

　　陈独秀在思想界可谓无役不与。他早年接受儒家教育，后来深受欧风美雨的浸润，尤其深受法国文化的影响。他于清季参加革命党，革命胜利后依然与旧传统势不两立。他积极支持白话文运动，赞赏西方社会的战斗意志、个人主义与功利主义，适与中国社会的衰朽形成对照。1916年，他出任北京大学文科学长，成为新文化运动的主将，为五四运动创造了条件。他还是《新青年》月刊的主编和作者，对新一代青年学生的影响不可估量。这一时期陈氏学说的核心是民主与科学，他在1919年1月写道："现在我们认定，只有这两位先生（'德先生'和'赛先生'）可以救治中国政治上、道德上、学术上、思想上一切黑暗。"

　　凡尔赛和会、山东问题、中国深陷军阀政治、俄国革命的胜利等合在一起，使陈独秀抛弃了西方自由主义信仰，转而拥抱新成立的苏俄及其意识形态。其思想转变的具体时间已难考定。1918年，他在《新青年》上发表短文《偶像破坏论》，标志着他的反传统思想达到高峰。在这篇文章中，他的炮口不单指向中国的旧传统，连某些近代西方思想也成了靶子。例如，他抨击民族国家不过是保护"贵族财主的权利"的工具罢了。此时的陈独秀一定在重新估价自己的目标，以求建立一套更能应对当前形势的新思想。陈氏借助西方自由主义，打破了中国传统的文物制度。而在这个思想重构的阶段，他又开始选用其他思想资源。到1921年，他已经确立了马克思主义信仰，并参与了中国共产党的创建。从建党到1927年，他一直担任中共中央总书记。陈独秀对新文化运动做出了不可磨灭的贡献。选文59和61就代表了他这两个阶段的思想。

选文59　陈独秀《敬告青年》（1915年）[①]

　　窃以少年老成，中国称人之语也；年长而勿衰（Keep young while growing old），英美人相勖之辞也：此亦东西民族涉想不同现象趋异之一端欤？青年如初春，如朝日，如百卉之萌动，如利刃之新发于硎，人生最可宝贵之时期也。青年之于社会，犹新鲜活泼细胞之在人身。新陈代谢，陈腐朽败者无时不在天然淘汰之途，与新鲜活泼者以空间之位置及时间之生命。人身遵新陈代谢

[①]《青年杂志》第一卷第一号，1915年9月15日；又见任建树主编：《陈独秀著作选编》（第一卷），上海：上海人民出版社，2009年，第158—164页。

之道则健康，陈腐朽败之细胞充塞人身则人身死；社会遵新陈代谢之道则隆盛，陈腐朽败之分子充塞社会则社会亡。

准斯以谈，吾国之社会，其隆盛耶？抑将亡耶？非予之所忍言者。彼陈腐朽败之分子，一听其天然之淘汰，惟不愿以如流之岁月，与之说短道长，希冀其脱胎换骨也。予所欲涕泣陈词者，惟属望于新鲜活泼之青年，有以自觉而奋斗耳！自觉者何？自觉其新鲜活泼之价值与责任，而自视不可卑也。奋斗者何？奋其智能，力排陈腐朽败者以去，视之若仇敌，若洪水猛兽，而不可与为邻，而不为其菌毒所传染也。呜呼！吾国之青年，其果能语于此乎？吾见夫青年其年龄，而老年其身体者十之五焉；青年其年龄或身体，而老年其脑神经者十之九焉。华其发，泽其容，直其腰，广其膈，非不俨然青年也；及叩其头脑中所涉想所怀抱，无一不与彼陈腐朽败者为一丘之貉。其始也未常不新鲜活泼，寝假而为陈腐朽败分子所同化者有之；寝假而畏陈腐朽败分子势力之庞大，瞻顾依回，不敢明目张胆，作顽狠之抗斗者有之。充塞社会之空气，无往而非陈腐朽败焉，求些少之新鲜活泼者，以慰吾人窒息之绝望，亦杳不可得。

循斯现象，于人身则必死，于社会则必亡。欲救此病，非太息咨嗟之所能济，是在一二敏于自觉勇于奋斗之青年，发挥人间固有之智能，抉择人间种种之思想——孰为新鲜活泼而适于今世之争存，孰为陈腐朽败而不容留置于脑里——利刃断铁，快刀理麻，决不作率就依违之想，自度度人，社会庶几其有清宁之日也。青年乎！其有以此自任者乎？若夫明其是非，以供抉择，谨陈六义，幸平心察之：

（一）自主的而非奴隶的。等一人也，各有自主之权，绝无奴隶他人之权利，亦绝无以奴自处之义务。奴隶云者，古之昏弱对于强暴之横夺，而失其自由权利者之称也。自人权平等之说兴，奴隶之名非血气所忍受。世称近世欧洲历史为"解放历史"：破坏君权，求政治之解放也；否认教权，求宗教之解放也；均产说兴，求经济之解放也；女子参政运动，求男（女）权之解放也。

解放云者，脱离夫奴隶之羁绊，以完其自主自由之人格之谓也。我有手足，自谋温饱；我有口舌，自陈好恶；我有心思，自崇所信。绝不认他人之越俎，亦不应主我而奴他人。盖自认为独立自主之人格以上，一切操行，一切权利，一切信仰，唯有听命各自固有之智能，断无盲从隶属他人之理。非然者，忠孝节义，奴隶之道德也。德国大哲尼采（Nietzsche）别道德为二类：有独立心而勇敢者曰贵族道德（Morality of Noble），谦逊而服从者曰奴隶道德（Morality of Slave）。轻刑薄赋，奴隶之幸福也；称颂功德，奴隶之文章也；拜爵赐第，奴隶之光荣也；丰碑高墓，奴隶之纪念物也。以其是非荣辱，听命他人，不以自身为本位，则个人独立平等之人格消灭无存，其一切善恶行为，势不能诉之自身意志而课以功过。谓之奴隶，谁曰不宜？立德立功，首当辨此。

（二）进步的而非保守的。人生如逆水行舟，不进则退，中国之恒言也。自宇宙之根本大法言之，森罗万象，无日不在演进之途，万无保守现状之理；特以俗见拘牵，谓有二境，此法兰西当代大哲柏格森（H. Bergson）之创造进化论（L'Evolution créatrice）所以风靡一世也。以人事之进化言之：笃古不变之族，日就衰亡；日新求进之民，方兴未已。存亡之数，可以逆睹，矧在吾国，大梦未觉，故步自封，精之政教文章，粗之布帛水火，无一不相形丑拙，而可与当世争衡？

举凡残民害理之妖言，率能征之故训，而不可谓诬，谬种流传，岂自今始！固有之伦理、法律、学术、礼俗，无一非封建制度之遗，持较晰种之所为，以并世之人，而思想差迟，几及千载；尊重廿四朝之历史性，而不作改进之图；则驱吾民于二十世纪之世界以外，纳之奴隶牛马黑暗沟中而已，复何说哉！于此而言保守，诚不知为何项制度文物，可以适用生存于今世。吾宁忍过去国粹之消亡，而不忍现在及将来之民族，不适世界之生存而归削灭也。

呜呼！巴比伦人往矣，其文明尚有何等之效用耶？"皮之不存，毛将焉傅？"世界进化，骎骎未有已焉。其不能善变而与之俱进者，将见其不适环境之争存，而退归天然淘汰已耳，保守云乎哉！

（三）进取的而非退隐的。当此恶流奔进之时，得一二自好之士，洁身引退，岂非希世懿德；然欲以化民成俗，请于百尺竿头，再进一步。夫生存竞争，势所不免，一息尚存，即无守退安隐之余地。排万难而前行，乃人生之天职。以善意解之，退隐为高人出世之行；以恶意解之，退隐为弱者不适竞争之现象。欧俗以横厉无前为上德，亚洲以闲逸恬淡为美风，东西民族强弱之原因，斯其一矣。此退隐主义之根本缺点也。若夫吾国之俗，习为委靡，苟取利禄者，不在论列之数；自好之士，希声隐沦，食粟衣帛，无益于世，世以雅人名士目之，实与游惰无择也。人心秽浊，不以此辈而有所补救，而国民抗往之风，植产之习，于焉以斩。人之生也，应战胜恶社会，而不可为恶社会所征服；应超出恶社会，进冒险苦斗之兵，而不可逃遁恶社会，作退避安闲之想。呜呼！欧罗巴铁骑入汝室矣，将高卧白云何处也？吾愿青年之为孔墨，

而不愿其为巢由；吾愿青年之为托尔斯泰与达噶尔（R. Tagore,
印度隐遁诗人），不若其为哥伦布与安重根！

（四）世界的而非锁国的。并吾国而存立于大地者，大小凡
四十余国，强半与吾有通商往来之谊。加之海陆交通，朝夕千里。
古之所谓绝国，今视之若在户庭。举凡一国之经济政治状态有所
变更，其影响率被于世界，不啻牵一发而动全身也。立国于今之
世，其兴废存亡，视其国之内政者半，影响于国外者恒亦半焉。
以吾国近事证之：日本勃兴，以促吾革命维新之局；欧洲战起，
日本乃有对我之要求。此非其彰彰者耶？投一国于世界潮流之中，
笃旧者固速其危亡，善变者反因以竞进。

吾国自通海以来，自悲观者言之，失地偿金，国力索矣；自
乐观者言之，倘无甲午庚子两次之福音，至今犹在八股垂发时代。
居今日而言锁国闭关之策，匪独力所不能，亦且势所不利。万邦
并立，动辄相关，无论其国若何富强，亦不能漠视外情，自为风
气。各国之制度文物，形式虽不必尽同，但不思驱其国于危亡者，
其遵循共同原则之精神，渐趋一致，潮流所及，莫之能违。于此
而执特别历史国情之说，以冀抗此潮流，是犹有锁国之精神，而
无世界之智识。国民而无世界智识，其国将何以图存于世界之
中？语云："闭户造车，出门未必合辙。"今之造车者，不但闭户，
且欲以周礼考工之制，行之欧美康庄，其患将不止不合辙已也！

（五）实利的而非虚文的。自约翰弥尔（J. S. Mill）"实利主
义"唱道于英，孔特（Comte）之"实证哲学"唱道于法，欧洲
社会之制度、人心之思想为之一变。最近德意志科学大兴，物质
文明，造乎其极，制度人心，为之再变。举凡政治之所营，教育
之所期，文学技术之所风尚，万马奔驰，无不齐集于厚生利用之

一途。一切虚文空想之无裨于现实生活者，吐弃殆尽。当代大哲，若德意志之倭根（R. Eucken），若法兰西之柏格森，虽不以现时物质文明为美备，咸揭橥生活（英文曰Life，德文曰Leben，法文曰La vie）问题，为立言之的。生活神圣，正以此次战争，血染其鲜明之旗帜。欧人空想虚文之梦，势将觉悟无遗。夫利用厚生，崇实际而薄虚玄，本吾国初民之俗；而今日之社会制度，人心思想，悉自周汉两代而来——周礼崇尚虚文，汉则罢黜百家而尊儒重道——名教之所昭垂，人心之所祈向，无一不与社会现实生活背道而驰。倘不改弦而更张之，则国力将莫由昭苏，社会永无宁日。祀天神而拯水旱，诵孝经以退黄巾，人非童昏，知其妄也。物之不切于实用者，虽金玉圭璋，不如布粟粪土。若事之无利于个人或社会现实生活者，皆虚文也，诳人之事也。诳人之事，虽祖宗之所遗留，圣贤之所垂教，政府之所提倡，社会之所崇尚，皆一文不值也！

（六）科学的而非想象的。科学者何？吾人对于事物之概念，综合客观之现象，诉之主观之理性而不矛盾之谓也。想象者何？既超脱客观之现象，复抛弃主观之理性，凭空构造，有假定而无实证，不可以人间已有之智灵，明其理由，道其法则者也。在昔蒙昧之世，当今浅化之民，有想象而无科学。宗教美文，皆想象时代之产物。近代欧洲之所以优越他族者，科学之兴，其功不在人权说下，若舟车之有两轮焉。今且日新月异，举凡一事之兴，一物之细，罔不诉之科学法则，以定其得失从违；其效将使人间之思想云为，一遵理性，而迷信斩焉，而无知妄作之风息焉。国人而欲脱蒙昧时代，羞为浅化之民也，则急起直追，当以科学与人权并重。士不知科学，故袭阴阳家符瑞五行之说，惑世诬民；

地气风水之谈，乞灵枯骨。农不知科学，故无择种去虫之术。工不知科学，故货弃于地，战斗生事之所需，一一仰给于异国。商不知科学，故惟识罔取近利，未来之胜算，无容心焉。医不知科学，既不解人身之构造，复不事药性之分析，菌毒传染，更无闻焉；惟知附会五行生克寒热阴阳之说，袭古方以投药饵，其术殆与矢人同科。其想象之最神奇者，莫如"气"之一说，其说且通于力士羽流之术，试遍索宇宙间，诚不知此"气"之果为何物也！

凡此无常识之思，惟无理由之信仰，欲根治之，厥维科学。夫以科学说明真理，事事求诸证实，较之想象武断之所为，其步度诚缓；然其步步皆踏实地，不若幻想突飞者之终无寸进也。宇宙间之事理无穷，科学领土内之膏腴待辟者，正自广阔。青年勉乎哉！

选文60的作者李大钊如今被中国共产党尊为建党领袖之一。李大钊是政治学和经济学的教授，曾留学日本。他和陈独秀一样是活跃的青年导师，在报刊和北大的讲台上发出自己的声音。据说，李氏1919年至1925年在北大执教期间开设了历史唯物主义和社会主义的课程。从他发表在《新青年》上的文章可以清晰地看到，他对马克思主义产生兴趣是俄国革命之后的事情。下文可以证明，李大钊很快就看到了马列主义革命的优点，而同时代的其他人往往要经历一段长期的怀疑与观察才能确定。他是1921年中共建党的领袖之一，1927年4月被奉系军阀张作霖杀害。

下文的某些部分还是掺杂了一些非马克思主义的历史观，但是种种迹象表明，1918年至1919年间，李大钊曾苦心研究马列主义理论。到了1919年，他宣称："这正是个人主义向社会主义、人道主义过渡的时代。"①

选文60　李大钊《Bolshevism的胜利》（1918年11月5日）②

"胜利了！胜利了！联军胜利了！降服了！降服了！德国降服了！"家家门上插的国旗，人人口里喊的万岁，似乎都有这几句话在那颜色上音调里隐隐约约的透出来。联合国的士女，都在街上跑来跑去的庆祝战胜。联合国的军人，都在市内大吹大擂的高唱凯歌。忽而有打碎德人商店窗子上玻璃的声音，忽而有拆毁"克林德碑"砖瓦的声音，和那些祝贺欢欣的声音遥相应对。在留我国的联合国人那一种高兴，自不消说……

但是我辈立在世界人类中一员的地位，仔细想想：这回胜利，究竟是谁的胜利？这回降服，究竟是那个降服？这回功业，究竟是谁的功业？我们庆祝，究竟是为谁庆祝？想到这些问题，不但我们不出兵的将军、不要脸的政客，耀武夸功，没有一点趣味，就是联合国人论这次战争终结是联合国的武力把德国武力打倒的，发狂祝贺，也是全没意义。不但他们的庆祝夸耀，是全无意味，就是他们的政治运命，也怕不久和德国的军国主义同归消亡！

原来这次战局终结的真因，不是联合国的兵力战胜德国的兵

---

① 李大钊：《我的马克思主义观》，见《新青年》第六卷第五号，1919年9月；又见中国李大钊研究会编：《李大钊全集》（3），北京：人民出版社，2013年，第4页。

② 《新青年》第五卷第五号，1919年1月；又见《李大钊全集》（2），第362—372页。译者按：据朱乔森、黄真考证，本文作于1918年12月初，而非以往认为的11月初。见朱乔森、黄真：《关于〈Bolshevism的胜利〉的写作》，载《历史研究》1980年第4期。

力，乃是德国的社会主义战胜德国的军国主义。不是德国的国民降服在联合国武力的面前，乃是德国的皇帝、军阀、军国主义降服在世界新潮流的面前。战胜德国军国主义的，不是联合国，是德国觉醒的人心。德国军国主义的失败，是 Hohenzollern 家（德国皇家）的失败，不是德意志民族的失败。对于德国军国主义的胜利，不是联合国的胜利，更不是我国徒事内争托名参战的军人，和那投机取巧卖乖弄俏的政客的胜利，而是人道主义的胜利，是平和思想的胜利，是公理的胜利，是自由的胜利，是民主主义的胜利，是社会主义的胜利，是 Bolshevism 的胜利，是赤旗的胜利，是世界劳工阶级的胜利，是二十世纪新潮流的胜利。这件功业，与其说是威尔逊（Wilson）等的功业，毋宁说是列宁（Lenin）、陀罗慈基（Trotsky）、郭冷苔（Collontay）的功业；是列卜涅西（Liebknecht）、夏蝶曼（Scheidemann）的功业；是马客士（Marx）的功业……

Bolshevism 就是俄国 Bolsheviki 所抱的主义。这个主义，是怎样的主义？很难用一句话解释明白。寻他的语源，却有"多数"的意思。郭冷苔（Collontay）是那党中的女杰，曾遇见过一位英国新闻记者，问她 Bolsheviki 是何意义？女杰答曰："……Bolsheviki 的意思，只是指他们所做的事。"但从这位女杰自称她在西欧是 Revolutionary Socialist，在东欧是 Bolshevika 的话，和 Bolsheviki 所做的事看起来，他们的主义，就是革命的社会主义；他们的党，就是革命的社会党；他们是奉德国社会主义经济学家马客士（Marx）为宗主的；他们的目的，在把现在为社会主义的障碍的国家界限打破，把资本家独占利益的生产制度打破。此次战争的真因，原来也是为把国家界限打破而起的。因为资本主义所扩张的生产力，非现在国家的界限内所能包容；因为国家的界限内范围太狭，不足供他的生产力的发展，所以大家才要靠着战争，打破这种界限，要想合全球水陆各地成一经济组织，使各部分互相联结。

关于打破国家界限这一点，社会党人也与他们意见相同。但是资本家的政府企望此事，为使他们国内的中级社会获得利益，依靠战胜国资本家一阶级的世界经济发展，不依靠全世界合于人道的生产者合理的组织的协力互助。这种战胜国，将因此次战争，由一个强国的地位进而为世界大帝国。Bolsheviki看破这一点，所以大声疾呼，宣告：此次战争是Czar的战争，是Kaiser的战争，是Kings的战争，是Emperors的战争，是资本家政府的战争，不是他们的战争。他们的战争，是阶级战争，是合世界无产庶民对于世界资本家的战争。战争固为他们所反对，但是他们也不恐怕战争。他们主张一切男女都应该工作，工作的男女都应该组入一个联合，每个联合都应该有的中央统治会议，这等会议，应该组织世界所有的政府，没有康格雷，没有巴力门，没有大总统，没有总理，没有内阁，没有立法部，没有统治者，但有劳工联合的会议，什么事都归他们决定。一切产业都归在那产业里作工的人所有，此外不许更有所有权。他们将要联合世界的无产庶民，拿他们最大、最强的抵抗力，创造一自由乡土，先造欧洲联邦民主国，做世界联邦的基础。这是Bolsheviki的主义。这是二十世纪世界革命的新信条。

伦敦《泰晤士报》曾载过威廉氏（Harold Williams）的通讯，他把Bolshevism看做一种群众运动，和前代的基督教比较，寻出二个相似的点：一个是狂热的党派心，一个是默示的倾向。他说："Bolshevism实是一种群众运动，带些宗教的气质……"岂但今日的俄国，二十世纪的世界，恐怕也不免为这种宗教的权威所支配，为这种群众的运动所风靡。

哈利逊氏（Frederic Harrison）也曾在《隔周评论》上说过："猛厉，不可能，反社会的，像Bolshevism的样子，须知那也是很坚、很广、很深的感情的发狂……"

陀罗慈基在他著的《Bolsheviki与世界平和》书中，也曾说过："这革命的新纪元，将由无产庶民社会主义无尽的方法，造成新组织体。这种新体，与新事业一样伟大。在这枪炮的狂吼、寺堂的破裂、豺狼性成的资本家爱国的怒号声中，我们应先自而进从事于此新事业。在这地狱的死亡音乐声中，我们应保持我们清明的心神，明了的视觉。我们自觉我们将为未来唯一无二创造的势力……"

从这一段话，可知陀罗慈基的主张，是拿俄国的革命做一个世界革命的导火线。俄国的革命，不过是世界革命中的一个，尚有无数国民的革命将连续而起……

以上所举，都是战争终结以前的话，德奥社会的革命未发以前的话。到了今日，陀氏的责言，已经有了反响。威、哈二氏的评论，也算有了验证。匈奥革命，德国革命，勃牙利革命，最近荷兰、瑞典、西班牙也有革命社会党奋起的风谣。革命的情形，和俄国大抵相同。赤色旗到处翻飞，劳工会纷纷成立，可以说完全是俄罗斯式的革命，可以说是二十世纪式的革命。像这般滔滔滚滚的潮流，实非现在资本家的政府所能防遏得住的。因为二十世纪的群众运动，是合世界人类全体为一大群众。这大群众里边的每一个人、一部分人的暗示模仿，集中而成一种伟大不可抗的社会力。这种世界的社会力，在人间一有动荡，世界各处都有风靡云涌、山鸣谷应的样子。在这世界的群众运动的中间，历史上残余的东西，——什么皇帝咧，贵族咧，军阀咧，官僚咧，军国主义咧，资本主义咧，——凡可以障阻这新运动的进路的，必挟雷霆万钧的力量摧拉他们。他们遇见这种不可当的潮流，都像枯黄的树叶遇见凛冽的秋风一般，一个一个的飞落在地。由今以后，到处所见的，都是Bolshevism战胜的旗。到处所闻的，都是Bolshevism的凯歌的声。人道的警钟响了！自由的曙光现了！试看将来的环球，必是赤旗的世界！……

俄国的革命，不过是使天下惊秋的一片桐叶罢了。Bolshevism这个字，虽为俄人所创造，但是他的精神，可是二十世纪全世界人类人人心中共同觉悟的精神。所以Bolshevism的胜利，就是二十世纪世界人类人人心中共同觉悟的新精神的胜利！

选文61　陈独秀论历史唯物主义（1923年）[①]

【编者按：当时中国学界论战正酣，论题是究竟科学能否决定人生观，其实质是讨论现代科学思想对价值观的影响。陈独秀在开头几页辨析了这场科学与人生观的论战。】

张君劢[②]举出九项人生观，说都是主观的，起于直觉的、综合的、自由意志的，起于人格之单一性的，而不为客观的、论理的、分析的、因果律的科学所支配。今就其九项人生观看起来，第一，

---

① 原题《〈科学与人生观〉序》，见张君劢编：《科学与人生观》，上海：亚东图书馆，1923年；又见任建树主编：《陈独秀著作选编》，第141—148页。
② 张君劢（1887—1969），中国少数党领袖，创立了国家社会党，后该党与其他党派合并为民主社会党。

大家族主义和小家族主义，纯粹是由农业经济宗法社会进化到工业经济军国社会之自然的现象。

第二，男女尊卑及婚姻制度，也是由于农业宗法社会亲与夫都把子女及妻当作生产工具，当作一种财产，到了工业社会，家庭手工已不适用，有了雇工制度，也用不着拿家族当生产工具，于是女权运动自然会兴旺起来。

第三，财产公有私有制度，在原始共产社会，人弱于兽，势必结群合作……到了农业社会，有了一定的住所，有了仓库，谷物又比较的易于保存，独立生产的小农，只有土地占有的必要，没有通力合作的必要，私有财产观念是如此发生的；到了工业社会，家庭的手工的独立生产制已不能存立，成千成万的人组织在一个通力合作的机关之内，大家无工做便无饭吃，无工具便不能做工，大家都没有生产工具，生产工具已为少数资本家私有了，非将生产工具收归公有，大家只好卖力给资本家，公有财产观念，是如此发生的。

第四，守旧维新之争持，乃因为现社会有了经济的变化，而与此变化不适应的前社会之制度仍旧存在，束缚着这变化的发展，于是在经济上利害不同的阶级，自然会随着变化之激徐，或激或徐的冲突起来。

第五，物质精神之异见，少数人因为有他的特殊环境，一般论起来，慢说工厂里体力工人了，就是商务印书馆月薪二三十元的编辑先生，日愁衣食不济，那有如许闲情像张君劢、梁启超高谈什么精神文明、东方文化？【编者按：余下四点从略。】

以上九项种种不同的人生观，都为种种不同客观的因果所支配，而社会科学可一一加以分析的论理的说明，找不出那一种是没有客观的原因，而由于个人主观的直觉的自由意志凭空发生的。

梁启超究竟比张君劢高明些，他说："君劢列举'我对非我'之九项，他以为不能用科学方法解答者，依我看来什有八九倒是要用科学方法解答。"梁启超取了骑墙态度，一面不赞成张君劢，一面也不赞成丁在君，他自己的意见是：人生问题，有大部分是可以——而且必要用科学方法来解决的。却有一小部分——或者还是最重要的部分是超科学的。

他所谓大部分是指人生关涉理智方面的事项，他所谓一小部分是指关于情感方面的事项。他说："既涉到物界，自然为环境上——时间空间——种种法则所支配。"理智方面事项，固然不离物界，难道情感方面事项不涉到物界吗？感官如何受刺激，如何反应，情感如何而起，这都是极普通的心理学……

什么先天的形式，什么良心，什么直觉，什么自由意志，一概都是生活状况不同的各时代各民族之社会的暗示所铸而成：一个人生在印度婆罗门家，自然不愿意杀人，他若生在非洲酋长家，自然以多杀为无上荣誉……

我们相信只有客观的物质原因可以变动社会，可以解释历史，可以支配人生观，这便是"唯物的历史观"。我们现在要请问丁在君先生和胡适之先生：相信"唯物的历史观"为完全真理呢，还是相信唯物以外像张君劢等类人所主张的唯心观也能够超科学而存在？

第 26 章

胡适与中国的实用主义

胡适是《新青年》的老作者，也是陈独秀的好友，在《新青年》变为共产党机关刊物之前，他还是该刊编辑部的成员。胡适留美期间（1910—1917）曾师从杜威，他公开自承思想受惠于穆勒、莫烈和赫胥黎。胡适留学期间形成的基本观点和他日后的观点惊人的一致。

1917年，胡适受北大之聘，担任哲学门教授，并兼任英文教授会主任[①]，一直担任到1926年。到1919年五四运动时，胡适早已因反对古文、提倡白话文而声名鹊起。离开北大的四年半（1926—1930）时间里，他游历欧美，并在上海生活了一段时间。1931年，胡适回到北大，出任文学院院长。1932年至1937年间，他还担任了《独立评论》月刊的主编。《独立评论》延续了中国前马克思主义时代的自由主义观点。

胡适对白话文的提倡，是受实用主义哲学熏陶的结果。如果把下面两篇文章摆在一起读，其关系就一目了然了。1916年至1917年间，他的文学革命的倡议一出，立即得到青年知识分子和学生的响

---

① 译者按：1918年年初，胡适出任英文教授会主任；1919年，北大改门为系，胡适担任英文系主任。

应。他的朋友钱玄同甚至提出了废除汉字的主张。

胡适在自己的学术生涯中，一直秉持一种怀疑与评判的态度。他认为这种态度是新思潮的本质。一方面，他以"整理国故"来阐发这种态度——他对许多经典和文学作品的批判性评论和他未完成的中国哲学史著作，都对中国的学术做出了重大贡献。另一方面，他致力于中西制度与思想的比较，在1923年之前，他的兴趣甚至还包括个人主义和妇女解放。

1921年陈独秀等人创建中国共产党之后，胡适与他们产生了根本的分歧。"一战"之后，中国的思想界出现了三股明显的趋势：第一股以旧派学者、翻译家严复为代表，对于在中国施行西方制度已不抱希望，退回了守旧的立场，从而在新文化运动中丧失了影响力；[①] 第二股以陈独秀、李大钊为代表，开始将马克思主义的新元素引入中国思想界；第三股以胡适为代表，坚信西方自由主义的价值。从1919年到1949年的30年间，第三股趋势在中国学术界一直占据着主流地位。

选文62　胡适《新思潮的意义》（1919年）[②]

研究问题

　　输入学理

　　　　整理国故

　　　　　　再造文明

---

① 见第16章。

② 《胡适文存》卷四，第151—164页；又见欧阳哲生编：《胡适文集》（2），第498页。

（一）

近来报纸上发表过几篇解释"新思潮"的文章。我读了这几篇文章，觉得他们所举出的新思潮的性质，或太琐碎，或太拢统，不能算作新思潮运动的真确解释，也不能指出新思潮的将来趋势……据我个人的观察，新思潮的根本意义只是一种新态度。这种新态度可叫做"评判的态度"。评判的态度，简单说来，只是凡事要重新分别一个好与不好。仔细说来，评判的态度含有几种特别的要求：

（1）对于习俗相传下来的制度风俗，要问："这种制度现在还有存在的价值吗？"

（2）对于古代遗传下来的圣贤教训，要问："这句话在今日还是不错吗？"

（3）对于社会上糊涂公认的行为与信仰，都要问："大家公认的，就不会错了吗？人家这样做，我也该这样做吗？难道没有别样做法比这个更好，更有理，更有益的吗？"

尼采说现今时代是一个"重新估定一切价值"（Transvaluation of all Values）的时代。"重新估定一切价值"八个字便是评判的态度的最好解释。从前的人说妇女的脚越小越美。现在我们不但不认小脚为"美"，简直说这是"惨无人道"了。十年前，人家和店家都用鸦片烟敬客。现在鸦片烟变成犯禁品了。二十年前，康有为是洪水猛兽一般的维新党。现在康有为变成老古董了。康有为并不曾变换，估价的人变了，故他的价值也跟着变了。这叫做"重新估定一切价值"……

（二）

这种评判的态度，在实际上表现时，有两种趋势。一方面是讨论社会上，政治上，宗教上，文学上种种问题。一方面是介绍西洋的新思想，新学术，新文学，新信仰。前者是"研究问题"，后者是"输入学理"。这两项是新思潮的手段。

我们随便翻开这两三年以来的新杂志与报纸，便可以看出这两种的趋势。在研究问题一方面，我们可以指出（1）孔教问题，（2）文学改革问题，（3）国语统一问题，（4）女子解放问题，（5）贞操问题，（6）礼教问题，（7）教育改良问题，（8）婚姻问题，（9）父子问题，（10）戏剧改良问题，……等等。在输入学理一方面，我们可以指出《新青年》的"易卜生号"，"马克思号"，《民铎》的"现代思潮号"，《新教育》的"杜威号"，《建设》的"全民政治"的学理，和北京《晨报》……【编者按：后面又列举了几种北京、上海、广州的报刊。】

为什么要研究问题呢？因为我们的社会现在正当根本动摇的时候，有许多风俗制度，向来不发生问题的，现在因为不能适应时势的需要，不能使人满意，都渐渐的变成困难的问题，不能不彻底研究，不能不考问旧日的解决法是否错误；如果错了，错在什么地方；错误寻出了，可有什么更好的解决方法；有什么方法可以适应现时的要求。例如孔教的问题，向来不成什么问题；后来东方文化与西方文化接近，孔教的势力渐渐衰微，于是有一班信仰孔教的人妄想要用政府法令的势力来恢复孔教的尊严；却不知道这种高压的手段恰好挑起一种怀疑的反动。因此，民国四五年的时候，孔教会的活动最大，反对孔教的人也最多。孔教成为问题就在这个时候。现在大多数明白事理的人，已打破了孔教的迷梦，这个问题又渐渐的不成问题了，故安福部的议员通过孔教为修身大本的议案时，国内竟没有人睬他们了！

又如文学革命的问题。向来教育是少数"读书人"的特别权利，于大多数人是无关系的，故文字的艰深不成问题。近来教育成为全国人的公共权利，人人知道普及教育是不可少的，故渐渐的有人知道文言在教育上实在不适用，于是文言白话就成为问题了。后来有人觉得单用白话做教科书是不中用的，因为世间决没有人情愿学一种除了教科书以外便没有用处的文字。这些人主张：古文不但不配做教育的工具，并且不配做文学的利器；若要提倡国语的教育，先须提倡国语的文学。文学革命的问题就是这样发生的。现在全国教育联合会已全体一致通过小学教科书改用国语的议案，况且用国语做文章的人也渐渐的多了，这个问题又渐渐的不成问题了。

为什么要输入学理呢？这个大概有几层解释。一来呢，有些人深信中国不但缺乏炮弹，兵船，电报，铁路，还缺乏新思想与新学术，故他们尽量的输入西洋近世的学说。二来呢，有些人自己深信某种学说，要想他传播发展，故尽力提倡。三来呢，有些人自己不能做具体的研究工夫，觉得翻译现成的学说比较容易些，故乐得做这种稗贩事业。四来呢，研究具体的社会问题或政治问题，一方面做那破坏事业，一方面做对症下药的工夫，不但不容易，并且很遭犯忌讳，很容易惹祸，故不如做介绍学说的事业，借"学理研究"的美名，既可以避"过激派"的罪名，又还可以种下一点革命的种子。五来呢，研究问题的人，势不能专就问题本身讨论，不能不从那问题的意义上着想；但是问题引申到意义上去，便不能不靠许多学理做参考比较的材料，故学理的输入往往可以帮助问题的研究。

这五种动机虽然不同，但是多少总含有一种"评判的态度"，总表示对于旧有学术思想的一种不满意，和对于西方的精神文明的一种新觉悟……

（三）

以上说新思潮的"评判的精神"在实际上的两种表现。现在要问："新思潮的运动对于中国旧有的学术思想，持什么态度呢？"我的答案是："也是评判的态度。"

分开来说，我们对于旧有的学术思想有三种态度。第一，反对盲从；第二，反对调和；第三，主张整理国故。

盲从是评判的反面，我们既主张"重新估定一切价值"，自然要反对盲从。这是不消说的了。

为什么要反对调和呢？因为评判的态度只认得一个是与不是，一个好与不好，一个适与不适，——不认得什么古今中外的调和。调和是社会的一种天然趋势。人类社会有一种守旧的惰性，少数人只管趋向极端的革新，大多数人至多只能跟你走半程路。这就是调和。调和是人类懒病的天然趋势，用不着我们来提倡。我们走了一百里路，大多数人也许勉强走三四十里。我们若先讲调和，只走五十里，他们就一步都不走了。所以革新家的责任只是认定"是"的一个方向走去，不要回头讲调和。社会上自然有无数懒人懦夫出来调和。

我们对于旧有的学术思想，积极的只有一个主张，——就是

"整理国故"。整理就是从乱七八糟里面寻出一个条理脉络来；从无头无脑里面寻出一个前因后果来；从胡说谬解里面寻出一个真意义来；从武断迷信里面寻出一个真价值来……

为什么要整理呢？因为古代的学术思想向来没有条理，没有头绪，没有系统，故第一步是条理系统的整理。因为前人研究古书，很少有历史进化的眼光的，故从来不讲究一种学术的渊源，一种思想的前因后果，所以第二步是要寻出每种学术思想怎样发生，发生之后有什么影响效果。因为前人读古书，除极少数学者以外，大都是以讹传讹的谬说，——如太极图，爻辰，先天图，卦气，……之类，——故第三步是要用科学的方法，作精确的考证，把古人的意义弄得明白清楚。因为前人对于古代的学术思想，有种种武断的成见，有种种可笑的迷信，如骂杨朱、墨翟为禽兽，却尊孔丘为德配天地，道冠古今！故第四步是综合前三步的研究，各家都还他一个本来真面目，各家都还他一个真价值。

这叫做"整理国故"。现在有许多人自己不懂得国粹是什么东西，却偏要高谈"保存国粹"。林琴南先生做文章论古文之不当废，他说，"吾知其理而不能言其所以然！"现在许多国粹党，有几个不是这样糊涂懵懂的？这种人如何配谈国粹？若要知道什么是国粹，什么是国渣，先须要用评判的态度，科学的精神，去做一番整理国故的工夫。

（四）

新思潮将来的趋势，依我个人的私见看来，应该是注重研究人生社会的切要问题，应该于研究问题之中做介绍学理的事业……

新思潮的唯一目的是什么呢？是再造文明。

文明不是拢统造成的，是一点一滴的造成的。进化不是一晚上拢统进化的，是一点一滴的进化的。现今的人爱谈"解放与改造"，须知解放不是拢统解放，改造也不是拢统改造。解放是这个那个制度的解放，这种那种思想的解放，这个那个人的解放，是一点一滴的解放。改造是这个那个制度的改造，这种那种思想的改造，这个那个人的改造，是一点一滴的改造。

再造文明的下手工夫，是这个那个问题的研究。再造文明的进行，是这个那个问题的解决。

中华民国八年十一月一日晨三时

选文63是胡适对新文学运动的概述，我们之所以选录这一篇，是因为它不但细致描述了早期新文学运动的种种面相，也总结了几位运动主将的主要思想。"白话"和"国语"两个词往往可以互换。按字面含义理解，"国语"即"国族的语言"。但是在文学革命的语境中，尤其是在下文的语境中，它主要是"白话"的意思。

选文63　胡适论文学革命（1922年）①

中国的古文在二千年前已经成了一种死文字。所以汉武帝时丞相公孙弘奏称"诏书律令下者……文章尔雅，训辞深厚，恩施

---

① 原题《五十年来中国之文学》，见《胡适文存》卷二，第188—213页；又见欧阳哲生编：《胡适文集》（2），第181—236页。

甚美；小吏浅闻，不能究宣，无以明布谕下"。那时代的小吏已不能了解那文章尔雅的诏书律令了。但因为政治上的需要，政府不能不提倡这种已死的古文；所以他们想出一个法子来鼓励民间研究古文：凡能"通一艺以上"的，都有官做，"先用诵多者"。这个法子起于汉朝，后来逐渐修改，变成"科举"的制度。这个科举的制度延长了那已死的古文足足二千年的寿命……

但民间的白话文学是压不住的。这二千年之中，贵族的文学尽管得势，平民的文学也在那里不声不响的继续发展……

【编者按：随后，胡适用两页的篇幅追溯了自汉代以降白话文学的演进，将其分为五个时期，每个时期都有一种代表性的文体：汉代乐府诗、唐代的白话诗和佛教文学、宋词、金元杂剧、明清小说。小说是最近500年最有影响力的文学潮流。此处从略。】

中国的国语早已写定了，又早已传播的很远了，又早已产生了许多第一流的活文学了，——然而国语还不曾得全国的公认，国语的文学也还不曾得大家的公认；这是因为什么缘故呢？这里面有两个大原因：一是科举没有废止，一是没有一种有意的国语主张。

一九一六年以来的文学革命运动，方才是有意的主张白话文学。这个运动有两个要点与那些白话报或字母的运动绝不相同。第一，这个运动没有"他们""我们"的区别。白话并不单是"开通民智"的工具，白话乃是创造中国文学的唯一工具。白话不是只配抛给狗吃的一块骨头，乃是我们全国人都该赏识的一件好宝贝。第二，这个运动老老实实的攻击古文的权威，认他做"死文学"。从前那些白话报的运动和字母的运动，虽然承认古文难懂，但他们总觉得"我们上等社会的人是不怕难的：吃得苦中苦，方为人上人"……

　　文学革命的主张，起初只是几个私人的讨论，到民国六年（一九一七）一月方才正式在杂志上发表。第一篇胡适的《文学改良刍议》还是很和平的讨论……

　　陈独秀的特别性质是他的一往直前的定力。那时胡适还在美洲，曾有信给独秀说：

> 　　此事之是非，非一朝一夕所能定，亦非一二人所能定。甚愿国中人士能平心静气与吾辈同力研究此问题。讨论既熟，是非自明。吾辈已张革命之旗，虽不容退缩，然亦不敢以吾辈所主张为必是，而不容他人之匡正也。（六年四月九日）

　　可见胡适当时承认文学革命还在讨论的时期。他那时正在用白话作诗词，想用实地试验来证明白话可以作韵文的利器，故自取集名为《尝试集》。他这种态度太和平了。若照他这个态度做去，文学革命至少还须经过十年的讨论与尝试。但陈独秀的勇气恰好补救这个太持重的缺点。独秀答书说：

> 　　鄙意容纳异议，自由讨论，固为学术发达之原则；独至改良中国文学当以白话为文学正宗之说，其是非甚明，必不容反对者有讨论之余地；必以吾辈所主张者为绝对之是而不容他人之匡正也。

　　这种态度，在当日颇引起一般人的反对。但当日若没有陈独秀"必不容反对者有讨论之余地"的精神，文学革命的运动决不能引起那样大的注意。反对即是注意的表示。

　　民国六年的《新青年》里有许多讨论文学的通信，内中钱玄同的讨论很多可以补正胡适的主张。民国七年一月，《新青年》重新出版，归北京大学教授陈独秀、钱玄同、沈尹默、李大钊、刘复、胡适六人轮流编辑。这一年《新青年》（四卷五卷）完全用白话做文章。七年四月有胡适的《建设的文学革命论》，大旨说：

　　　我的"建设新文学论"的唯一宗旨只有十个大字："国语的文学，文学的国语。"我们所提倡的文学革命只是要替中国创造一种国语的文学。有了国语的文学，方才可以有文学的国语。有了文学的国语，我们的国语方才算得真正国语。

　　【编者按：在第199页至206页，作者评论了1918年北京的几份白话刊物，还谈及了守旧人士反对之激烈，着重讨论的是1919年林纾与蔡元培的论战。学生掀起的五四运动进一步刺激了白话刊物和书籍的出版。此处从略。】

　　民国八年的学生运动与新文学运动虽是两件事，但学生运动的影响能使白话的传播遍于全国，这是一大关系；况"五四"运动以后，国内明白的人渐渐觉悟"思想革新"的重要，所以他们对于新潮流，或采取欢迎的态度，或采取研究的态度，或采取容忍的态度，渐渐的把从前那种仇视的态度减少了，文学革命的运动因此得自由发展，这也是一大关系。因此，民国八年以后，白话文的传播真有"一日千里"之势，白话诗的作者也渐渐的多起来了。民国九年，教育部颁布了一个部令，要国民学校一二年的国文，从九年秋季起，一律改用国语……

依这个次序，须到今年（一九二二），方才把国民学校的国文完全改成国语。但教育制度是上下连接的；牵动一发，便可摇动全身。第一二年改了国语，初级师范就不能不改了，高等小学也多跟着改了。初级师范改了，高等师范也就不能不改动了。中学校也有许多自愿采用国语文的。教育部这一次的举动虽是根据于民国八年全国教育会的决议，但内中很靠着国语研究会会员的力量。国语研究会是民国五年成立的，内中出力的会员多半是和教育部有关系的。国语文学的运动成熟以后，国语教科书的主张也没有多大阻力了，故国语研究会能于傅岳芬做教育次长代理部务的时代，使教育部做到这样重要的改革。

【编者按：第208页至211页讨论了最近旧派学者的反对声音。第211页至213页最后一段评价了新文学最近五年的成就。此处从略。】

第27章

孙中山调整革命的方向

在现代中国的政治领袖中，孙中山的灵活性可谓首屈一指。他不但在不同的时间有不同的观点，甚至在同一时间也有相互矛盾的观点。或许，这种一贯性的缺乏正是政治实践家而非理论家所需要的。孙氏不加采择地吸收各路学说，他的思想是一个大杂烩，缺乏系统性，其著作也是包罗万象。

用西方的政治学说证明中国革命在学理上的正当性，这一思路在孙中山就任南京临时政府总统的典礼上表现得最为明显。各省代表在祝词中说："皇汉慈孙，呻吟深热，慕美利坚、法兰西人平等之制。用是群谋众策，仰视俯划，思所以倾覆虐政，恢复人权……"[①]同时，对民族主义（此民族主义不排斥满族，而是包括满族在内）的强调，也在孙中山接印后的演讲中表现得很明白。他宣布，临时政府的职责就是推动民族之统一、领土之统一、军政之统一、内治之统一、财政之统一。总的看来，革命派早期对共和目标的表述相当随意。他们并未说明，既然这场共和革命效法欧美，那么如何按

---

① 《各省代表祝大总统莅任辞》，见《民国报》，1912年第4期。

照孙中山所指授的"革命方略"①，将社会结构的变化与革命结合在一起呢？

民国建立后，孙中山仍然坚信西方的宪政民主乃是救治中国问题的良药。1912年孙氏辞去总统之位让与袁世凯后，宣布民族主义和民权主义都已达到，自己将致力于改善民生，出任中国铁路公司总办。国民党也在此时成立，主要由孙中山的助手宋教仁出面组织，力求成为国会多数党。1913年，宋教仁被袁世凯暗杀。

中国谋求宪政的首次努力受挫后，孙中山在1914年走向了另一个极端。他在日本组建了中华革命党，自任总理，独揽大权，所有党员皆须宣誓效忠于他个人。他宣称这个集权制的政党的目标是一党执政，而这个党的成立早于俄国革命三年。集权这一招效果平平，孙氏不久就再度与国民党合作。然而孙中山同时还相信，经过训政时期后，宪政民主终将实现。他也始终认为，实施"革命方略"可以解决中国政治重组的问题。他发动的反对军阀的战争一开始称作"护法战争"，他认为1912年北京的合法政府之所以能够成立，全赖反对派的支持。所以，当局必须遵守反对派起草宪法、服从法治的理念。1917年他写成《民权初步》，专门论述了议会程序。同年发生的俄国革命引起了他的兴趣，却没有立刻对他的政治思想产生冲击。社会主义对其学说的影响，已经体现在民生主义之中了。

1921年广州军政府的建立，是孙氏观念变化的又一个转折点。他承认单纯的"护法"不足以推进革命事业，革命者须另立政府，以行革命。与此同时，俄国革命的力量开始吸引他。1922年至1923年间，孙中山再度陷入困境。他不假思索地按照布尔什维克的形式

---

① 见第23章。

改组国民党。当时，他在一系列演说中强调党是国的基础，强调党内严格的组织纪律的重要性，强调党员对组织的服从，强调党义宣传的必要性。以上种种，在1924年的孙中山看来，都是革命事业所亟须的。这大概是因为俄国顾问鲍罗廷（Michael Borodin）整日不离其左右的缘故。

在经济领域，孙中山在1923年之前认为，中国的问题可以用一个两步走的国家计划来解决：第一步，平均地权，资本国有；第二步，举借外债，实现工业化。1917年至1918年间，孙中山写成《实业计划》（英文版题为 *The International Development of China*）一书，规划了第二步的详细措施。《实业计划》基于两个预设：第一，资本主义国家战时经济扩张，战后亟须向外投资；第二，中国可以仅仅通过金融手段，就获得这些资本主义国家的帮助。孙氏的逻辑似乎是，既然中国正在努力成为一个西方式的民主国，西方国家自然会帮助中国摆脱困境。中国吸收西方国家大战后的剩余资本，既可帮助列强避免经济崩溃，又可借以发展本国工业。1919年之后，这个设想连同孙氏的许多其他梦想统统被击碎。随着列宁主义在国民党内的得势，实业理想彻底被扼杀了。

"一战"后，孙中山获得西方支持的希望破灭，转而将目光投向俄国。1923年至1924年间国民党的改组，将他思想的重点转向了政治战略和政治控制。为了扩大革命基础，1923年，孙中山准许新成立的共产党的党员以个人名义加入国民党。

1924年年末，第一部详尽阐释三民主义的著作终于问世了，由孙中山的一系列演说编纂而成。孙中山恰好在此时离开了广州，并于1925年3月病逝，所以该著作中关于民生主义的部分大大缩减了。"孙文学说"自同盟会成立起已经宣传了20年，这些著名的演说成为他政治学说的总纲。① 与此同时，马列主义已经对他的思想产生了明显影响。例如他在1924年极力鼓吹的"三大政策"，就包括了"联俄"一条。

下面的文章体现了联俄、联共之前汗漫庞杂、尚处在摸索状态的孙中山思想。

选文64　孙中山的知行说（1919年）②

当今科学昌明之世，凡造作事物者，必先求知而后乃敢从事于行……是故凡能从知识而构成意像，从意像而生出条理，本条理而筹备计画，按计画而用工夫，则无论其事物如何精妙，工程如何浩大，无不指日可以乐成者也。近日之无线电、飞行机，事物之至精妙者也，美国之一百二十余万里铁路（当一千九百十六年十二月三十一日美国收其全国铁路归政府管理时，其路线共长三十九万七千零十四英里，成本一百九十六万万余元美金，合中国洋银三百九十二万万元）与夫苏伊士、巴拿马两运河，工程之至浩大者也，然于科学之原理既知，四周之情势皆悉，由工师筹定计画，则按计画而实行之，已为无难之事矣。此事实俱在，彰彰可考，吾国人当可一按而知也。

予之于革命建设也，本世界进化之潮流，循各国已行之先例，鉴其利弊得失，思之稔熟，筹之有素，而后订为革命方略，规定革命进行之时期为三：第一军政时期，第二训政时期，第三宪政时期。

---

① 见选文56。
② 见《孙文学说》第六章《能知必能行》，收入《中山全书》（四），第50—63页；又见《孙中山选集》（上），第172—186页。

【编者按：本段后面的部分概述了革命方略，阐述了五权宪法。此处从略。】

　　乃于民国建元之初，予则极力主张施行革命方略，以达革命建设之目的，实行三民主义，而吾党之士多期以为不可。经予晓喻再三、辩论再四，卒无成效，莫不以为予之理想太高，"知之非艰，行之惟艰"也。呜呼！是岂予之理想太高哉？毋乃当时党人之知识太低耶？予于是乎不禁为之心灰意冷矣！夫革命之有破坏，与革命之有建设，固相因而至、相辅而行者也。今于革命破坏之后，而不开革命建设之始，是无革命之建设矣；既无革命之建设，又安用革命之总统为？此予之所以萌退志，而于南京政府成立之后，仍继续停战、重开和议也。至今事过情迁，则多有怪予于民国建元之后，不当再允和议、甘让总统者。然假使予仍为总统，而党员于破坏成功之后，已多不守革命之信誓，不从领袖之主张，纵能以革命党而统一中国，亦不能行革命之建设，其效果不过以新官僚而代旧官僚而已。其于国家治化之源、生民根本之计毫无所补，是亦以暴易暴而已。夫如是，则予无为总统之必要也。

　　【编者按：接下来的一段再次强调了他之所以辞去总统之职，是因为革命党人未能将革命之建设付诸实行。此处从略。】

　　何谓革命之建设？革命之建设者，非常之建设也，亦速成之建设也。夫建设固有寻常者，即随社会趋势之自然，因势利导而为之，此异乎革命之建设者也。革命有非常之破坏，如帝统为之斩绝，专制为之推翻；有此非常之破坏，则不可无非常之建设……此革命方略之所以为必要也。

　　试观民国以前之大革命，其最轰轰烈烈者为美与法。美国一经革命而后，所定之国体至今百余年而不变。其国除黑奴问题生出国内南北战争一次而外，余无大变乱，诚可谓一经革命而后，其国体则一成不变，长治久安，文明进步，经济发达，为世界之冠。而法国一经革命之后，则大乱相寻，国体五更，两帝制而三共和；至八十年后，穷兵黩武之帝为外敌所败，身为降虏，而共和之局乃定。较之美国，其治乱得失，差若天壤者，其故何也？说者多称华盛顿有仁让之风，所以开国之初，有黄袍之拒；而拿波伦野心勃勃，有鲸吞天下之志，所以起共和而终帝制。而不知一国之趋势，为万众之心理所造成，若其势已成，则断非一二因利乘便之人之智力所可转移也。夫华、拿二人之于美、法之革命，皆非原动者。美之十三州既发难抗英，而后乃延华盛顿出为之指挥。法则革命起后，乃拔拿波伦于偏裨之间。苟使二人易地而处，想亦皆然。是故华、拿之异趣，不关乎个人之贤否，而在其全国之习尚也。

美国土地向为蛮荒大陆，英人移居于其地者不过二百余年。英人素富于冒险精神、自治能力，至美而后即建设自治团体，遂成为十三州……法国则不然。法虽为欧洲先进文化之邦，人民聪明奋厉，且于革命之前曾受百十年哲理民权之鼓吹，又模范美国之先例，犹不能由革命一跃而几于共和宪政之治者，其故何也？以彼之国体向为君主专制，而其政治向为中央集权，无新天地为之地盘，无自治为之基础也。

我中国缺憾之点悉与法同，而吾人民之知识、政治之能力更远不如法国，而予犹欲由革命一跃而几于共和宪政之治者，其道何由？此予所以创一过渡时期为之补救也。在此时期，行约法之治，以训导人民，实行地方自治。【编者按：本段和之后三段重申训政时

期之必要性，并指出训政不行使得欧美同情革命的人士大为失望。此处从略。】

或又疑训政六年，得毋同于曲学者所倡之开明专制耶？曰：开明专制者即以专制为目的，而训政者乃以共和为目的，此所以有天壤之别也。譬如今次之世界大战争，凡参加此战争之国，无论共和、君主皆一律停止宪政，行军政，向来人民之行动自由、言论自由、集会自由皆削夺之，甚且饮食营业皆归政府支配，而举国无有异议，且献其身命为国家作牺牲，以其目的在战胜而图存也。人之已行宪政犹且停之，况我宪政尚未发生，方欲由革命之战争以求之，岂可于开战之初即施行宪政耶？此诚幼稚无伦之思想也。

【编者按：接下来的两段，孙中山援引周公摄政和美国统治菲律宾之例，论证自己的训政说。此处从略。】

夫破坏之革命成功，而建设之革命失败，其故何也？是知与不知之故也。予之于破坏革命也，曾十起而十败者，以当时大多数之中国人犹不知彼为满洲之所征服，故醉生梦死，而视革命为大逆不道。其后革命风潮渐盛，人多觉悟，知满清之当革，汉族之当复，遂能一举而覆满清，易如反掌。惟对于建设之革命，一般人民固未知之，而革命党亦莫名其妙也。夫革命事业莫难于破坏，而莫易于建设，今难者既成功，而易者反失败，其故又何也？惟其容易也，故人多不知其必要而忽略之，此其所以败也……

常人有言，中国四万万人实等于一片散沙，今欲聚此四万万散沙而成为一机体结合之法治国家，其道为何？则必从宣誓以发其正心诚意之端，而后修齐治平之望可几也。今世文明法治之国，莫不以宣誓为法治之根本手续也……【编者按：本段后半部分援引外国人民归化、官员就任之例，论证宣誓之必要性，并解释自己为何坚持袁世凯就任总统时必须宣誓。此处从略。】

夫国者人之积也，人者心之器也，国家政治者，一人群心理之现象也。是以建国之基，当发端于心理。故由清朝臣民而归顺民国者，当先表示正心诚意，此宣誓之大典所以为必要也。乃革命党于结党时行之，于建国时则不行之，是以为党人时有奋厉无前之宏愿魄力，卒能成破坏之功，而建国后则失此能力，遂致建设无成，此行与不行之效果也。所以不行者，非不能也，坐于不知其为必要也。故曰"能知必能行"也，理想云乎哉？

【编者按：最末一段是孙中山所拟的一份誓词，主张民国的忠诚国民均应照词宣誓，以奠定民国之基础。此处从略。】

下面一篇文章是孙中山在国民党会议上的长篇讲话，当时孙中山听取鲍罗廷的建议，正在改组国民党。这一讲话和之后30年的历史都有极大关系。

选文65　孙中山效法俄国政党制度（1923年）[①]

各位同志：

此次吾党改组，志在将本党势力在中国内地各省尽力扩充。向来本党势力多在海外，故吾党在海外有地盘、有同志，而中国

---

① 原题《人民心力为革命成功的基础》，见《总理全集》卷二，第314—324页；又见《孙中山选集》（下），第560—570页。

内地势力甚为薄弱。所以吾党历年在国内的奋斗，专用兵力；兵力胜利，吾党随之胜利，兵力失败，则吾党亦随之失败。故此次吾党改组唯一之目的，在乎不单独倚靠兵力，要倚靠吾党本身力量。

所谓吾党本身力量者，就是人民的心力。吾党从今以后，要以人民的心力为吾党力量，要用人民心力奋斗。人民的心力与兵力，二者可以并行不悖。但两者之间，究竟应以何者为基础？应以何者为最足靠？自然当以人民的心力做基础，为最足靠。若单独倚靠兵力，是不足靠的，因为兵力胜败无常。吾党必要先有一种基本力量做基础，然后兵力有足靠之希望。假使没有一种基本力量做基础，虽有兵力，亦不足恃。

吾党在国内以兵力奋斗而胜利者，已有三次。武昌起义，推翻满清，建设共和，是吾党兵力成功的第一次。袁氏称帝，讨袁军兴，推翻洪宪，是吾党兵力成功的第二次。张勋复辟，吾党提倡护法，其后徐氏退位，以至陈炯明谋叛，北方武人亦承认护法，是吾党兵力成功的第三次。但三次之成功，皆不能达革命之目的。是兵力虽成功，而革命仍未成功，因为吾党尚欠缺力量之故。所欠缺者是何种力量？就是人民心力……

以上所述，吾党之奋斗多是倚靠兵力之奋斗，故胜败无常。若长此以往，吾党终无成功之希望，吾党三民主义终无实现之一日。所以，有此次改组事情发生。此次改组所希望者何事？就是希望吾党造成一中心势力。各同志从今日起，要认真去干革命事业，要将革命事业作为本人终身事业，必要使三民主义、五权宪法完全实现，方可算是吾党成功。但是此等成功，不能单靠战争。因为战争要靠军人，而现在一般军人多是不明主义者……

　　从前何以不从事于有组织、有系统、有纪律的奋斗？因为未有模范，未有先例。现在一位好朋友鲍君，是从俄国来的。俄国革命之发动迟我国六年，而俄国经一度之革命，即能贯彻他等之主义，且自革命以后，革命政府日趋巩固。同是革命，何以俄国能成功，而中国不能成功？盖俄国革命之能成功，全由于党员之奋斗。一方面党员奋斗，一方面又有兵力帮助，故能成功。吾等欲革命成功，要学俄国的方法组织及训练，方有成功的希望。

　　但有许多人以为俄国是过激党执政，吾等学俄国，岂不是学过激党？殊不知俄国当革命未发动之初，诚不免有许多过激的思想发生，盖俄国革命党首领多是具有丰富之学识与高深之理想，故立论之间操之过激者，实在难免。但我国人做事，不专尚理想，多是以事实为依据，如行路然，于择其可通行者而后行之。但俄国当革命之时，国内有许多党并立，如社会民主党、民主革命党等，而皆不能成功，今日成功者是共产党。共产党之所以成功，在其能合乎俄国大多数人心，所以俄国人民莫不赞成他，拥护他。

　　鲍君初来时即对我说，俄国革命经过六年间之奋斗，诚不一其道。而今日回头一看，最合乎俄国人民心理者，莫如民族主义。俄国人民受列强之束缚，异常痛苦。俄国人民所受欧洲大战之痛苦，完全是受列强强迫的。俄国皇帝之动摇，就是因为与列强一致参加大战，所以人民莫不反对他，故起而革俄皇之命……共产党革命成功之后，因取消外债，故惹起列强激烈的反对，英、美、法、日本等国均起而攻击之。当时俄国是八面受敌，列强的兵已攻至圣彼得堡，其危险程度实比之前数日的广州更甚。而俄国之所以能抵抗此强敌者，全靠乎俄国人民与党员之奋斗，故能排除外力，造成独立的国家，不再做列强的奴隶，并能排除列强经济的侵略……【编者

按：下文说明布尔什维克主义何以契合于三民主义，此处从略。】

吾党与他们所主张皆是三民主义，主义既是相同，但吾党尚未有良好方法，所以仍迟迟不能成功。他们气魄厚，学问深，故能想出良好方法。吾等想革命成功，一定要学他。吾等在革命未成功之前，既是人自为战，今后应该结合团体而战，为有纪律的奋斗。因为要学他的方法，所以我请鲍君做吾党的训练员，使之训练吾党同志。鲍君办党极有经验，望各同志牺牲自己的成见，诚意去学他的方法。今日各区分部之成立，时间虽甚短，而据各位同志之报告，成绩已大有可观。若继此以往，吾党终有最后胜利之一日……

第 28 章

梁启超对中国进步的回顾

1922年，上海第一大报《申报》创刊五十周年，这一年恰好也逢梁启超先生的五十寿辰。于是，申报馆请梁启超撰文回顾过去半个世纪的历程。梁启超用乐观的笔触评价了中国的进步，但读罢不免有故作乐观之感。梁启超在生命的最后几年中潜心哲学与国故。西方还能带给中国什么呢？"一战"之后，梁启超对这个问题产生了悲观的看法。1920年他写道：

> 自从达尔文发明生物进化的原理，全世界思想界起一个大革命，他在学问上的功劳，不消说是应该承认的。但后来把那"生存竞争，优胜劣败"的道理，应用在人类社会学上，成了思想的中坚，结果闹出许多流弊。这回欧洲大战，几乎把人类文明都破灭了，虽然原因很多，达尔文学说，不能不说有很大的影响。就是中国近年，全国人争权夺利，像发了狂，这些人虽然不懂什么学问，口头还常引严又陵译的《天演论》来当护符呢。可见学说影响于人心的力量最大，怪不得孟子说"生于其心，害于其政；发于其政，害于其事"了。

欧洲人近来所以好研究老子，怕也是这种学说的反动罢。[①]

1923年，梁启超再次提到，西方因追逐物质而导致"精神饥荒"，使得自身萎靡不振："救济精神饥荒的办法，我认为东方的——中国与印度——比较最好。东方的学问，以精神为出发点，西方的学问，以物质为出发点。"[②]

下文作于1922年，梁启超在文中首次强调了中华民族机体的扩大和民族意识的觉醒。我们选取此文作为本书的终篇。

选文66　梁启超对中国进步的回顾（1873—1922）[③]

二

有一件大事，是我们五千年来祖宗的继续努力，从没有间断过的，近五十年，依然猛烈进行，而且很有成绩。是件什么事呢？我起他一个名，叫做"中华民族之扩大"。原来我们中华民族，起初不过小小几个部落，在山东、河南等处地方得些根据地，几千年间，慢慢地长……长……长成一个硕大无朋的巨族，建设这泱泱雄风的大国。他长的方法有两途：第一是把境内境外无数异族叫他同化于我，第二是本族的人年年向边境移殖，把领土扩

---

① 《老子哲学》，见《饮冰室合集·专集之三十五》，第18页；又见刘东、翟奎凤选编：《梁启超文存》，南京：江苏人民出版社，2012年，第77页。
② 《东南大学课毕告别辞》，见《饮冰室合集·文集之四十》，第12页；又见刘东、翟奎凤选编：《梁启超文存》，第382页。
③ 《五十年中国进化概论》，见《饮冰室合集·文集之三十九》，第39—48页。

大了……近五十年，对于这件事，有几方面成功很大，待我说来。

一、洪杨乱后，跟着西南地方有苗乱，蔓延很广，费了十几年工夫才平定下来。这一次平定，却带几分根本解决性质，从此以后，我敢保中国再不会有"苗匪"这句词了。原来我族对苗族，乃是黄帝、尧、舜以来一桩大公案，闹了几千年，还没有完全解决，在这五十年内，才把黄帝伐蚩尤那篇文章做完最末的一段，确是历史上值得特笔大书的一件事。

二、辛亥革命，满清逊位，在政治上含有很大意义……原来东胡民族，和我们捣乱捣了一千七八百年……最后来的这帮满洲人，盘据是盘据得最久，同化也同化得最透。满洲算是东胡民族的大总汇，也算是东胡民族的大结束。近五十年来，满人的汉化，以全速率进行，到了革命后，个个满人头上都戴上一个汉姓，从此世界上可真不会有满洲人了。这便是把二千年来的东胡民族全数融纳进来，变了中华民族的成分，这是中华民族扩大的一大段落。

三、内地人民向东北、西北两方面发展，也是近五十年一大事业。东三省这块地方，从前满洲人预备拿来做退归的老巢，很用些封锁手段，阻止内地人移殖。自从经过中日、日俄几场战争，这块地方变成四战之区，交通机关大开，经济现状激变。一方面虽然许多利权落在别人手上，一方面关内外人民关系之密度确比从前增加好些，东三省人和山东直隶人渐渐打成一片了。再看西北方面，自从左宗棠开府甘陕，内地的势力日日往那边膨胀，光绪间新疆改建行省，于是两汉以来始终和我们若即若离的西域三十六国，算是完全编入中国版图，和内地一样了……

四、海外殖民事业也在五十年间很有发展。从前南洋一带，自明代以来，闽粤人已经大行移殖，近来跟着欧人商权的发达，我们侨民的经济势力也确立得些基础。还有美洲、澳洲等处，从前和我们不相闻问，如今华侨移住，却成了世界问题了……

民族扩大，是最可庆幸的一件事。因此可以证明我们民族正在青春时代，还未成年，还天天在那里长哩……

最可惜的，有几方面完全失败了：第一是台湾，第二是朝鲜，第三是安南……须知我们民族会往前进，别的民族也会往前进，今后我们若是没有新努力，恐怕只有兜截转来，再没有机会继续扩大了。

三

学问和思想的方面，我们不能不认为已经有多少进步，而且确已替将来开出一条大进步的路径。这里头最大关键，就是科举制度之扑灭。科举制度，有一千多年的历史，真算得深根固蒂。他那最大的毛病，在把全国读书人的心理都变成虚伪的、因袭的、笼统的，把学问思想发展的源泉都堵住了。废科举的运动，在这五十年内的初期已经开始，郭嵩焘、冯桂芬等辈，都略略发表这种意见，到"戊戌维新"前后，当时所谓新党如康有为梁启超一派，可以说是用全副精力对于科举制度施行总攻击。前后约十年间，经了好几次波折，到底算把这件文化障碍物打破了。如今过去的陈迹，很像平常，但是用历史家眼光看来，不能算是五十年间一件大事。

这五十年间我们有什么学问可以拿出来见人呢？说来惭愧，简直可算得没有。但是这些读书人的脑筋，却变迁得真厉害。记得光绪二年有位出使英国大臣郭嵩焘，做了一部游记，里头有一段，大概说："现在的夷狄，和从前不同，他们也有二千年的文明。"嗳哟，可了不得，这部书传到北京，把满朝士大夫的公愤都激动起来了，人人唾骂，日日奏参，闹到奉旨毁板才算完事。曾几何时，到如今"新文化运动"这句话，成了一般读书社会的口头禅。马克思差不多要和孔子争席，易卜生差不多要推倒屈原。这种心理对不对，另一问题，总之这四十几年间思想的剧变，确为从前四千余年所未尝梦见……

古语说得好："学然后知不足。"近五十年来，中国人渐渐知道自己的不足了。这点子觉悟，一面算是学问进步的原因，一面也算是学问进步的结果。第一期，先从器物上感觉不足。这种感觉，从鸦片战争后渐渐发动，到同治年间借了外国兵来平内乱，于是曾国藩、李鸿章一班人很觉得外国的船坚炮利确是我们所不及，对于这方面的事项觉得有舍己从人的必要，于是福建船政学堂、上海制造局等等渐次设立起来。但这一期内，思想界受的影响很少，其中最可纪念的，是制造局里头译出几部科学书。这些书现在看起来虽然很陈旧、很肤浅，但那群翻译的人，有几位颇忠实于学问，他们在那个时代能够有这样的作品，其实是亏他。因为那时读书人都不会说外国话，说外国话的都不读书，所以这几部译本书实在是替那第二期"不懂外国话的西学家"开出一条血路了。

第二期，是从制度上感觉不足。自从和日本打了一个败仗下来，国内有心人真像睡梦中着一个霹雳，因想道，堂堂中国为什么衰败到这田地，都为的是政制不良，所以拿"变法维新"做一面大旗，在社会上开始运动，那急先锋就是康有为、梁启超一班人。这班人中国学问是有底子的，外国文却一字不懂。他们不能告诉人"外国学问是什么，应该怎么学法"，只会日日大声疾呼，说："中国旧东西是不够的，外国人许多好处是要学的。"这些话虽然像是囫囵，在当时却发生很大的效力。他们的政治运动，是完全失败，只剩下前文说的废科举那件事，算是成功了。这件事的确能够替后来打开一个新局面，国内许多学堂，外国许多留学生，在这期内蓬蓬勃勃发生。第三期新运动的种子，也可以说是从这一期播殖下来。这一期学问上最有价值的出品，要推严复翻译的几部书，算是把十九世纪主要思潮的一部分介绍进来，可惜国里的人能够领略的太少了。

第三期，便是从文化根本上感觉不足。第二期所经过时间比较的很长——从甲午战役起到民国六七年间止。约二十年的中间，政治界虽变迁很大，思想界只能算同一个色彩。简单说，这二十年间，都是觉得我们政治、法律等等，远不如人，恨不得把人家的组织形式一件件搬进来，以为但能够这样，万事都有办法了。革命成功将近十年，所希望的件件都落空，渐渐有点废然思返，觉得社会文化是整套的，要拿旧心理运用新制度，决计不可能，渐渐要求全人格的觉悟。恰值欧洲大战告终，全世界思潮都添许多活气，新近回国的留学生，又很出了几位人物，鼓起勇气做全部解放的运动。所以最近两三年间，算是划出一个新时期来。

这三期间思想的进步，试把前后期的人物做个尺度来量他一下，便很明白：第一期，如郭嵩焘、张佩纶、张之洞等辈，算是很新很新的怪物。到第二期时，嵩焘、佩纶辈已死去，之洞却还在。之洞在第二期前半，依然算是提倡风气的一个人，到了后半，居然成了老朽思想的代表了。在第二期，康有为、梁启超、章炳麟、严复等辈，都是新思想界勇士，立在阵头最前的一排。到第三期时，许多新青年跑上前线，这些人一趟趟被挤落后，甚至已经全然退伍了。这种新陈代谢现象，可以证明这五十年间思想界的血液流转得很快，可以证明思想界的体气实已渐趋康强。

拿过去若干个五十年和这个五十年来比，这五十年诚然是进化了；拿我们这五十年和别人家的这五十年来比，我们可是惭愧无地。试看这五十年的美国何如，这五十年的日本何如，这五十年的德国何如，这五十年的俄国何如？他们政治上虽然成败不同，苦乐不等，至于学问思想界，真都算得一日千里！就是英法等老国，又那一个不是往前飞跑？我们闹新学闹了几十年，试问科学界可曾有一两件算得世界的发明，艺术家可曾有一两种供得世界的赏玩，出版界可曾有一两部充得世界的著述？哎，只好等第三期以后看怎么样吧。

四

"五十年里头，别的事都还可以勉强说是进化，独有政治，怕完全是退化吧。"这句话，几乎万口同声都是这样说，连我也很难得反对。虽然，从骨子里看来，也可以说这五十年的中国，最进化的便是政治。

原来政治是民意所造成，不独"德谟克拉西"政治是建设在多数人意识之上，即独裁政治、寡头政治，也是建设在多数人意识之上。无论何种政治，总要有多数人积极的拥护——最少亦要有多数人消极的默认，才能存在。所以国民对于政治上的自觉，实为政治进化的总根源。这五十年来中国具体的政治，诚然可以说只有退化并无进化，但从国民自觉的方面看来，那意识确是一日比一日鲜明，而且一日比一日扩大。自觉，觉些甚么呢？

第一，觉得凡不是中国人都没有权来管中国的事。

第二，觉得凡是中国人都有权来管中国的事。

第一种是民族建国的精神，第二种是民主的精神。这两种精神，从前并不是没有，但那意识常在睡眠状态之中，朦朦胧胧的，到近五十年——实则是近三十年——却很鲜明的表现出来了。我敢说，自从满洲退位以后，若再有别个民族想抄袭五胡、元魏、辽、金、元、清那套旧文章再来"入主中国"，那可是海枯石烂不会出来的事。我敢说，已经挂上的民国招牌，从今以后千千万万年再不会卸下，任凭你像尧、舜那么贤圣，像秦始皇、明太祖那么强暴，像曹操、司马懿那么狡猾，再要想做中国皇帝，乃永远没有人答应。这种事实，你别要看轻他了……

总之，在最近三十年间我们国民所做的事业：第一件，是将五胡乱华以来一千多年外族统治的政治根本铲除；第二件，是将秦始皇以来二千多年君主专制的政治永远消灭。而且这两宗事业，并非无意识的偶然凑会，的确是由人民一种根本觉悟经了很大的努力，方才做成。就这一点看来，真配得上"进化"这两个字了。

民国成立这十年来，政治现象诚然令人恼气，但我以为不必失望。因为这是从两个特别原因造成，然而这些原因都快要消灭了。第一件，革命时候，因为人民自身力量尚未充足，不能不借重固有势力来做应援。这种势力，本来是旧时代的游魂。旧时代是有二千多年历史的，他那游魂，也算得"取精用宏"，一二十年的猖獗，势所难免。如今他的时运，也过去大半了，不久定要完全消灭，经过一番之后，政治上的新时代自然会产生出来。

　　第二件，社会上的事物，一张一弛，乃其常态。从甲午、戊戌到辛亥，多少仁人志士，实在是闹得疲筋力倦，中间自然会发生一时的惰力。尤为可惜的，是许多为主义而奋斗的人物，都做了时代的牺牲死去了。后起的人，一时接不上气来，所以中间这一段，倒变成了黯然无色。但我想这时代也过去了，从前的指导人物像是已经喘过一口气，从新觉悟，从新奋斗，后方的战斗力，更是一天比一天加厚。在这种形势之下，当然有一番新气象出来。

　　要而言之，我对于中国政治前途，完全是乐观的。我的乐观，却是从一般人的悲观上发生出来。我觉得这五十年来的中国，正像蚕变蛾、蛇蜕壳的时代。变蛾蜕壳，自然是一件极艰难、极苦痛的事，那里能够轻轻松松的做到。只要他生理上有必变必蜕的机能，心理上还有必变必蜕的觉悟，那么，把那不可逃避的艰难苦痛经过了，前途便别是一个世界。所以我对于人人认为退化的政治，觉得他进化的可能性却是最大哩。

　　30年间，梁启超是学林领袖中文字最具魔力的一位。这篇1922年的回顾及其中的内在关切，向读者展示了中国传统的本族中心主义与现代的民族主义之间的延续性。他的文章指出了最近几十年历史的走向，也为本书画上了一个恰如其分的句号。

卷后语

　　虽然这篇卷后语远不能总结出本书所选文章的意义，但它可以提示进一步分析的线索。本书呈现了中国近代史中一段波澜壮阔、波诡云谲的进程。我们要提醒自己，这一进程是各种纷繁的因素交织而成的；本书所用的词汇其实并不准确，只是为了在人们头脑中勾勒一幅大致图像，才不得不勉强用之。这样的自警看似多余，实则未必。例如，历史上的孙中山就代表着一种复杂的人物。他出身农民，却受过中西两种教育；他既谋求国人福祉，也追求政治权力；既谋求国家复兴，又追求自我实现。我们怎么可能用一个简单的公式就轻易地理解他呢？

　　只要现代学术的几条主要路径还能走得通，我们当然都不能放弃。然而我们最应该探索的，应该是那条能够最深、最广地穿透未知领域的路。要研究1839年至1923年间的近代中国，我们在此推荐两条研究路径：一条是社会-经济的路，一条是心理-思想的路。两条路径并不是相互隔绝的，某种程度上还互相包容。下面，我们试着不用专门术语，而用大白话来解释一下这两条路径。

　　社会-经济方法是两条路中比较直观的一条。例如有人认为，近代中国现代化的失败是其统治阶级和风俗制度的失败，士大夫阶层的生活方式同西化的要求格格不入。李鸿章和他的僚属既要满足一己私欲，又得料理企业的公事。他们也确实是这么做的。但如果官办企业想要基业长青，管事的官员就必须一门心思扎进去，放弃做官，变成真正的投资者和企业家。但他们才不会这么干。19世纪末的中国既没有像日本一样产生自己的"财阀"，也没有像美国一样产生自己的"强盗大亨"。郑观应批评得很对，官员并没有变成生意人。① 相反，他们还怀着地主士绅阶级的古老理想，拿着利润买房置地，而不去提高生产效率，因为土地总是被认为是最保险的投资形式。这一分析太过简单化，但它显示了东方的官本位传统阻碍了可流转的产权制度的出现。在产权制度下，财产受公司法保护，而不必受官府的卵翼，从而能够为工业提供资本。简言之，中国的统治阶级不想或者不能把资源冒险投入现代实业。他们明显是害怕失去自己以农业为基础的特权，也害怕做了资本家之后无法取得和昔日相同的特权。

这种分析如果系统地做下去，我们必然能够深入了解中国传统的社会结构与经济制度。旧式的家族关系、乡野的士绅和庙堂的官员间的联系、官僚在大规模经济活动中的广泛权力——无数此类问题，皆有待通过史料做进一步的分析。

心理-思想的路径则有着不同的侧重。首先，它关乎传统思想，包括支撑着旧秩序的制度、价值观和信念；其次，它还关乎传统思想的崩溃，传统思想在西方势力和西方观念的侵蚀下，方方面面都在缓慢地走向崩溃；再次，它要分析中国人对西方观念的吸收和适应，这些西方观念不断与旧秩序中的顽固因素相互影响。简言之，这一路径研究的是近代中国如何创造新的价值体系以替代旧的。这

————————

① 见第13章（一）。

些旧价值从属于一个正在解体的旧秩序，不再灵验。

在近代中国，理学逐渐失去了对思想的控制，于是第二种研究方法的收获就变得格外丰硕了。当现行的思想和行为不再维护旧制度——当梁启超为拯救国家而抨击君权，当张之洞和袁世凯建议废除科举以改善吏治，当胡适和陈独秀为使书面语言更切合实用而抛弃了文言文——此时，思想不必依傍外物就可以在历史舞台上扮演极其关键的角色。在这种时代，个人的心灵获得了更多创造的自由，更少受风俗习惯、正统思想、个人权威的束缚，更能意识到人类面对的多种多样的可能。在革命的巨变中，革命领袖个人得到凸显。孙中山的"中山"是他的日本化名，后来被用作大学的校名、马路的路名甚至服装款式的名称。革命者从古今中外汲取灵感——从英、日学说到法国革命，从新教《圣经》到今文经学，甚至纽约牙医莫里斯·威廉（Maurice William）的学说也被三民主义称引。可以说，思想领域展开了一场"物竞天择"，各思想流派靠着自身对中国统治阶层的用处（真假姑且不论）获取传播空间。

同时，人们的情绪更加激烈，动机也愈发复杂了。故老相传的政教风俗失去了正当性，知识分子心中满是紧张和焦虑，他们抱着更大的希望，也怀有更深的恐惧。中国近代史除了要从经济、社会角度研究，还须从心理角度考察。个人受爱国和革命目标的裹挟，被卷入巨大的有组织的运动，社会心理是理解这一现象的关键，却常常被忽略。这种洞见现在看来尤其必要——今天，中国人的信仰既建立在前弗洛伊德的、配给经济学和马克思、列宁的社会学说之上，也建立在中华民族强烈的民族主义之上。

研究中国文化转型的第二条路径，即先锋人物的思想和动机，更明显地体现在本书所选的文献中。本书的选文体现的是精英而非普通民众的看法。中国先锋人物的陈述和回应无疑代表了基本制度的运作，为社会-经济分析提供了依据。我们应该把每一位作者当作有血有肉的人来研究，他们的作为有的是为文化自豪感所激发，有的是为天子鞠躬尽瘁，有的是因为憎恨官场的腐败，有的是因为切齿外国的欺凌，情形不一。

把不同的历史放在一起加以比较，就能看到大趋势和一致性——只要看看英国在整个19世纪、日本在1911年之前的十年、美国在第一次世界大战期间和之后以及后来苏联在华影响的后果，就清楚了。有一点是显而易见的，西方影响很多时候是以日本为中介传入中国的，因而西方影响中又掺杂了日本的影响。日本的影响比我们通常认为的更为深远。中国知识精英逐渐开始关心人民大众的政治觉悟了。这是一个意义最为重大的政治潮流，他们在民族复兴的大业中教育人民、动员人民。农民将成为现代国家的公民——进入20世纪后，中国上层阶级对这一问题越来越重视。五四新思潮终于开始直面这个大问题：怎样将目不识丁的农民大众和知识精英连接起来？然而，双方的割裂方便了一党训政，甚至是训政所必需的；现如今，这种割裂仍然没有完全改变。

研究的道路千千万，无论我们走哪条道路，中国的先锋人物为解决现代问题而上下求索，都是世界历史的一条主线。研究这条线索不但切实可行，而且对未来西方的民主也有至为重要的作用。纵观这百年的历史，最迫切的还是让当时的统治阶层增进对世界历史的了解。经过进一步研究之后，我们或许会发现，晚清的统治阶层未能避免革命，多半是因为他们的教育改革未能广泛地吸纳本土人才，也未能及时培养出堪当重任的接班人。同理，我们也可以说，国民党的最终命运早在孙中山在世时就已注定了，因为他未能让北大师生相信三民主义可以给他们智识上的指引。

　　我们很难说，19世纪结束时，中国的先锋人物在欧美接受的教育发挥了建设性的作用。其中的教训大概是，如果我们想要真正帮助一个社会，就要真正地理解它。

出版后记

　　本书是美国著名汉学家费正清等多名学者为西方中国研究学者编写的，一部中国近现代历史的研究指南和文献选集。本书初版于1954年由哈佛大学出版社出版，并得到了美国太平洋国际学会和洛克菲勒基金会人文学部的赞助。

　　20世纪50至60年代，"冲击-回应"模式在美国和西方学界相当流行，在持这种观点的西方学者中，以费正清的影响最大。费正清认为，近代中国的历史是传统的遗产和西方的影响相互交织的产物，强调对中国的"真正理解"。他在对近现代中国的研究中可谓将这一模式贯穿始终，并在其多部著作中进行了极为深刻的论述。该模式关注的核心问题是中国传统社会和近代西方影响之间的关系与互动。在费正清看来，中国传统的意识形态和政治体制使中国社会长期保持高度稳定，而西方的挑战对中国是一种刺激，为中国提供了一种进步的机遇。

　　本书在"冲击-回应"模式的框架下，试图分析中国近代历史上一条重要的线索：面对西方的强势扩张，中国精英阶层如何理解这个陌生的文明，以及如何存续本国的文化、政治和社会体制。本书通过选取近代历史文献中的部分核心史料和经典篇章，全景式地展现了近代中国几代先锋人物对现代化道路的探索。

　　为方便读者检索，中文版在注释中附有较易寻得的文献版本。译者为本书的翻译工作付出了辛勤劳动，我们在此致以谢意。由于编辑水平所限，错漏之处在所难免，敬请广大读者批评指正。

服务热线：133-6631-2326　188-1142-1266
读者信息：reader@hinabook.com

后浪出版公司

2019年5月

© 民主与建设出版社，2019

图书在版编目（CIP）数据

冲击与回应 / (美) 费正清 (John K. Fairbank)，
邓嗣禹编著. -- 北京 : 民主与建设出版社，2019.8（2023.9重印）
书名原文: CHINA'S RESPONSE TO THE WEST
ISBN 978-7-5139-2247-0

Ⅰ.①冲… Ⅱ.①费… ②邓… Ⅲ.①文化交流—文
化史—史料—中国、西方国家—近代 Ⅳ.①K250.3

中国版本图书馆CIP数据核字(2018)第174650号

冲击与回应
CHONGJI YU HUIYING

出 版 人	李声笑			
著　　者	[美] 费正清　邓嗣禹		译　　者	陈少卿
出版统筹	吴兴元		责任编辑	王颂　袁蕊
特约编辑	陈顺先　林立扬		营销推广	ONEBOOK
封面设计	徐睿绅		装帧制造	墨白空间

出版发行　民主与建设出版社有限责任公司
电　　话　（010）59417747　59419778
社　　址　北京市海淀区西三环中路 10 号望海楼 E 座 7 层
邮　　编　100142
印　　刷　北京盛通印刷股份有限公司
版　　次　2019 年 8 月第 1 版
印　　次　2023 年 9 月第 4 次印刷
开　　本　889 毫米 × 1194 毫米　1/32
印　　张　11.75
字　　数　273 千字
书　　号　ISBN 978-7-5139-2247-0
定　　价　72.00 元

注：如有印、装质量问题，请与出版社联系。